STORIA D'ITALIA

Indro Montanelli
Mario Cervi

L'ITALIA
DEL MIRACOLO
(14 luglio 1948 - 19 agosto 1954)

Biblioteca Universale Rizzoli

ISBN 88-17-86498-6

prima edizione Superbur saggi: settembre 2000

AVVERTENZA

Questo libro avrebbe dovuto chiamarsi «L'Italia di De Gasperi», e in realtà lo è. Ma l'editore suggerì che questo titolo non avrebbe facilitato le vendite, e noi abbiamo avuto la debolezza d'inchinarci a queste ragioni commerciali e di accettare «L'Italia del miracolo», titolo certamente più attraente, ma non altrettanto pertinente almeno dal punto di vista cronologico.

Il «miracolo» infatti venne dopo l'episodio conclusivo del libro: la morte dello statista trentino, nel '54. Se non come scusante, almeno come attenuante, noi possiamo tuttavia addurre il fatto che, anche se sbocciò più tardi, il miracolo ebbe le sue premesse in questo periodo, che vide il definitivo inserimento dell'Italia nella famiglia delle democrazie occidentali, e non solo come vincolo di politica estera col Patto atlantico e la Comunità europea, ma anche come accettazione delle regole del giuoco economico. Se non ci fossero state, grazie soprattutto a De Gasperi, queste decisive scelte contro le resistenze sia della sinistra comunista che si batté all'ultimo sangue contro di esse al servizio dell'Urss, sia della destra nazionalista, nostalgica e rancorosa verso gli ex nemici, nessun miracolo sarebbe stato possibile. De Gasperi non fece in tempo a vederlo. Ma ce lo lasciò in eredità.

Purtroppo non altrettanto possiamo dire della sua eredità politica, perché di eredi De Gasperi non ne lasciò. E proprio la sua caduta, pochi mesi prima della morte, lo dimostra. Prima che amareggiato, De Gasperi dovette restare stupefatto dalla mancata unanimità del Partito intorno al suo nome come segretario generale. Evidentemente egli non si era accorto che la Dc, come del resto anche tutti gli altri partiti, non era più quella ch'egli aveva voluto che fosse e che in realtà era stata fino ai primi anni Cin-

quanta: una grande cinghia di trasmissione, intesa a interpretare e rappresentare la volontà degli elettori.

Che la Dc e gli altri partiti democratici lo avessero fin allora sempre fatto e sempre fatto bene non si può dire. Ma che De Gasperi così intendesse e manovrasse il Partito, è sicuro. Quella che si trovò di fronte al Congresso del '53 era però una tutt'altra Dc in mano a una categoria di apparatchik – come li chiamano i sovietici che di questo sistema sono stati i grandi maestri –, cresciuti a sua insaputa nelle pieghe della «macchina» partitica, e diventatine i padroni.

In questi anni il Paese subisce infatti un'autentica rivoluzione con l'apertura delle sue frontiere, l'accettazione delle regole del mercato internazionale e le tumultuose migrazioni interne dalla campagna alla città e dal Sud al Nord. Le premesse di tutto questo erano state poste da De Gasperi e dalla sua «squadra»: gli Einaudi, gli Sforza, i La Malfa, i Merzagora, i Menichella con le misure di liberalizzazione avversate sia dai comunisti che dalla parte più retriva dell'imprenditoria nazionale avvezza da sempre ai pannicelli caldi dell'autarchia. Ma, scomparso De Gasperi, tutto questo prese a svolgersi al di fuori di una classe politica sempre più chiusa nella sua cittadella, e quindi sempre più estranea al Paese. Sicché, mentre la vita italiana si sviluppava – sia pure nel più totale disordine e con drammatici scompensi – nel campo economico, sociale, culturale eccetera, quella politica si sclerotizzava riducendosi a un giuoco di potere fra partiti, «correnti» e clans e dando inizio a quel deleterio fenomeno che si chiama «partitocrazia», e che oggi è arrivato alla sua fase di putrescenza.

Noi abbiamo cercato di rendere chiaro il groviglio di avvenimenti che segnarono questa fase del dopoguerra. Ci auguriamo di esserci, almeno in parte, riusciti.

I.M.

CAPITOLO PRIMO

L'ATTENTATO

Dopo la valanga democristiana del 18 aprile 1948 Alcide De Gasperi, forte della maggioranza assoluta in Parlamento, capo d'un governo di coalizione che gli riconosceva un'incontestata autorità politica e morale, avrebbe potuto sperare in una estate tranquilla. I travagli, i pentimenti, le lotte intestine dovevano, secondo logica, essere appannaggio del Fronte popolare, uscito malconcio dalla prova elettorale.

Il vento delle polemiche interne squassò infatti furiosamente il Partito socialista, che nella spartizione dei seggi era stato penalizzato, con cinica deliberazione, dal Pci, e che sfogava i suoi rancori e confessava i suoi errori. Il Congresso che il Psi tenne dal 27 giugno al primo luglio a Genova – il ventisettesimo della sua storia – fu convulso, pasticciato, una sceneggiata patetica. Nonostante tutto, non si placò la lotta per la conquista dei posti, «e non avvertono che sono posti che soltanto i pazzi possono desiderare» commentava Nenni, per l'occasione spettatore più che protagonista. Protagonista fu invece, come sempre, Sandro Pertini, cui sarebbe spettato il compito di difendere una mozione di saldatura tra la sinistra e il centro del Partito: ma lo fece «accentuando fino all'esasperazione le note dell'operaismo, dell'unità d'azione, addirittura del frontismo». Dalla sala gli gridarono «hai sbagliato mozione» e lui replicò «non voglio la vostra approvazione». Così dopo l'intervento di Pertini, che era atteso come chiarificatore, la confusione divenne ancor più grande. *In extremis* fu varato un programma scialbo e fragile, con Alberto

Jacometti alla segreteria (Riccardo Lombardi, il cui passaggio dall'azionismo al socialismo era troppo recente, l'aveva rifiutata), e alla carica di vice-segretario Carlo Matteotti. Di Jacometti, Nenni disse benignamente che era un bravo compagno «ma forse inferiore al compito». Quanto a Carlo Matteotti si trattava di un «mediocre acchiappanuvole con un nome illustre». Lombardi ebbe la direzione dell'*Avanti!*. «È una cattiva scelta – commentò Nenni – prima di tutto per lui. Lombardi, che non sa cosa sia un giornale, che non conosce il Partito socialista, ci darà una brutta copia della fu *Italia libera*.»

Il Psi era allo sbando, e Nenni, politico guidato dalle emozioni più che da strategie a lungo raggio, assisteva alle convulsioni epilettiche del Partito, che erano una conseguenza diretta dell'abbraccio con i comunisti nel Fronte popolare, come se gli fossero estranee. La sua debolezza era pari solo alla sua vanità. Durante la discussione alla Camera sul programma del quinto governo De Gasperi – quello appunto che fu formato dopo il 18 aprile – aveva così scritto sul suo diario: «Quella di oggi (11 giugno, *N.d.A.*) è considerata la miglior giornata parlamentare della appena iniziata legislatura. Ci sono stati due discorsi: quello del democristiano Cappi e il mio».

Se i socialisti, ancora impegolati nelle liturgie del Fronte popolare ma ansiosi di liberarsene, si davano al gusto acre del litigio, i comunisti opponevano invece all'opinione pubblica un monolitismo tanto più impermeabile quanto più difficile e sofferto. Per loro il 18 aprile 1948 andava messo nel conto della guerra fredda, e nella guerra fredda inserito come un episodio importante e in qualche modo fatale. Nel suo freddo realismo Togliatti, che aveva previsto probabilmente la sconfitta, ma non le sue dimensioni, si proponeva un obbiettivo preciso: quello di dare totale sostegno alle tesi sovietiche di politica internazionale. La battaglia interna era parte del grande scontro planetario. Gli avvenimenti consolidavano questa sua convinzione. Tutto si legava. Lo scisma di Tito maturò, è vero, prima del 18 aprile. Una lettera intimidatoria di Stalin e Molotov, che volevano ricondurre all'obbedienza il maresciallo ribelle, e se necessario sbarazzarsene con la scomunica, era stata recapitata a Tito il 29 marzo, e il 13 aprile la dirigenza iugoslava approvò una replica epistolare molto ferma. Ma la rottura giunse a compimento in maggio, quando Tito respinse l'invito a inviare delegati iugoslavi a una conferenza del Cominform, e il 28 giugno il Cominform stesso espulse la Iugoslavia dalla «famiglia» comunista. Non è il caso di tessere, in base a semplici ipotesi, una storia mai realizzatasi. Ma si può ragionevolmente affermare che, se il Fronte popolare avesse avuto la maggioranza in Italia e fosse andato al governo, il maresciallo eretico, stretto in una tenaglia ideologica e politica, anche se non militare, avrebbe dovuto con molta probabilità rientrare nei ranghi.

Un altro fatto di prima grandezza turbò quell'agitata stagione. In una implacabile *escalation* di misure restrittive i sovietici recisero, uno dopo l'altro, i cordoni ombelicali grazie ai quali i settori occidentali di Berlino si alimentavano. Dapprima fu stabilito – 30 marzo 1948 – che il personale militare occidentale diretto a Berlino attraverso la zona d'occupazione sovietica della Germania, dovesse presentare documenti d'identità; poi che i trasporti fossero ammessi a transitare per i posti di blocco solo se disponevano d'un permesso dell'Armata Rossa; infine – 24 giugno – fu annunciato che era stata interrotta la circolazione dei passeggeri e delle merci sulla linea Berlino-Helmstedt, l'unica che fosse rimasta aperta. Gli angloamericani decisero di rifornire i settori occidentali dell'ex capitale per via aerea: impegnandosi così a scaricare nella città suppergiù 3.500 tonnellate di merci al giorno. Solo il 5 maggio del 1949 il blocco, che segnò uno dei momenti più drammatici e acuti della tensione tra sovietici e «occidentali», ebbe termine.

Quando Palmiro Togliatti pronunciò alla Camera, il 10 luglio 1948, un discorso contro l'adesione italiana al «piano Marshall» – che prendeva il nome dal segretario di Stato americano, e che assicurava ai Paesi pronti a beneficiarne larghi aiuti economici –, aveva ben presente l'insieme della situazione.

Il dibattito su quello che tecnicamente si chiamava «piano di ricostruzione europea» (*European recovery program*, Erp in sigla) era seguito con scarso interesse dai deputati, e Togliatti se ne rammaricò. Ma il ministro Corbino, che aveva il senso dell'umorismo, gli diede una spiegazione tagliente: «Perché dovremmo discutere e appassionarci dal momento che ci siamo già schierati? Ci siamo schierati nel corso della battaglia elettorale pro o contro la politica del piano Marshall. Nulla può cambiare adesso». Era vero. Ma Togliatti non pretendeva di cambiare, pretendeva invece di dimostrare, nel Parlamento italiano, che la decisione con cui Mosca aveva rifiutato l'adesione al piano Marshall era legittima e sensata non solo dal punto di vista degli interessi dell'Urss, ma anche dal punto di vista tecnico. Stalin aveva respinto, dopo non poche esitazioni, la mano tesa degli americani perché sospettava che la collaborazione economica sottintendesse o implicasse una ingerenza politica: il che solleticava la sua smisurata diffidenza. *Obtorto collo* i vassalli di Mosca s'erano adeguati alle direttive del Cremlino e avevano a loro volta rifiutato il piano Marshall: che era stato così confinato nell'ambito occidentale (e ai Paesi europei messi in ginocchio dalla guerra, fossero vincitori o vinti, avrebbe dato una spinta decisiva per lo straordinario sviluppo degli anni successivi).

«Piano Marshall, piano di guerra» è il titolo che gli Editori Riuniti hanno dato a questo intervento parlamentare di Togliatti, nel quinto volume delle sue opere. Vale la pena di citare largamente: per capire la posizione del Pci, ma anche per costatare quanto il capo carismatico che l'agiografia comunista vuole lungimirante e quasi infallibile fosse vincolato a schemi e parole d'ordine: acritico e, per l'occasione, miope. Togliatti disse che «il capitalismo europeo, nel suo sistema, quale era esistito nel periodo tra le due guerre mondiali, è stato profondamente scosso: si può anzi affermare che per gran parte è crollato». Si erano salvati dal disastro i Paesi dell'Europa orientale. «Essi... hanno modificato profondamente la propria struttura economica e sociale, si sono staccati dalla vecchia tradizionale economia agraria arretrata, hanno realizzato nelle campagne profonde riforme...; e in pari tempo si sono posti sulla strada di una rapida industrializzazione preceduta e condizionata dalla espropriazione dei vecchi gruppi monopolistici e realizzata attraverso piani di rapido sviluppo industriale che oggi sono tutti in corso di ottima attuazione. Una sola parte d'Europa... ha dimostrato... nonostante un'atroce guerra di quattro anni, di avere una struttura organica capace di resistere a quella prova cui non hanno resistito le strutture dell'Europa capitalistica.»

Insistendo, Togliatti spiegò che il risultato elettorale del 18 aprile «ottenuto con quegli indegni mezzi che voi sapete» aveva posto un ostacolo, in Italia, al progresso ormai inevitabile, e condannava «a maggiori dolori la collettività nazionale». Il piano Marshall, proseguì Togliatti, avrebbe asservito l'Europa occidentale all'imperialismo politico ed economico statunitense, e non avrebbe raggiunto nessuno degli scopi che gli venivano attribuiti: nemmeno lo scopo di riportare l'economia e i consumi dei Paesi ad esso associati, entro il 1951, ai livelli del 1938. «Questo, mentre abbiamo in Europa un Paese, come la Russia sovietica, che già oggi ha raggiunto e superato il livello di produzione industriale e agricola di prima della guerra... Questo mentre sulla stessa strada procedono ormai tutti i Paesi che stanno al di là della famosa cortina di ferro, con maggiore o minore rapidità di evoluzione, secondo i problemi più o meno gravi che ciascuno di essi deve risolvere. Concludiamo dunque che secondo il metodo che in questo piano viene proposto l'Europa capitalistica rimane in ogni modo legata a quella crisi, che è la crisi delle proprie strutture economiche e in particolare della propria industria, e le masse lavoratrici rimangono legate a una grave situazione di sottoconsumo.»

Poste queste premesse, le previsioni – se il piano Marshall fosse stato accettato, ed era certo che lo sarebbe stato – diventavano apocalittiche. «Si partirà da una crisi economica, sempre più acuta; si arriverà a un vero crollo, provocato da altri crolli in campo internazionale; vi sarà il tentativo di trascinare direttamente l'Italia nella guerra oppure, il che è forse più probabile, si farà di tutto per trasformare sempre più il nostro Paese in base di guerra di un imperialismo straniero? Oggi non sappiamo ancora come le cose andranno, ma tutte queste prospettive sono esiziali, sono tragiche, sono, per l'Italia e per il popolo italiano, prospettive di catastrofe.»

Alla fine del discorso Togliatti, che non improvvisava se non molto raramente, e che quindi doveva aver meditato anche questa frase, ebbe un'uscita minacciosa: «Desidererei dirvi però anche un'altra cosa: ed è che se il nostro Paese dovesse essere trascinato davvero per la strada che lo portasse a una guerra, anche in questo caso noi conosciamo qual è il nostro dovere. Alla guerra imperialista si risponde oggi con la rivolta, con la insurrezione per la difesa della pace, dell'indipendenza, dell'avvenire del proprio Paese! Sono convinto che nella classe operaia, nei contadini, nei lavoratori di tutte le categorie, negli intellettuali italiani, vi sono uomini che saprebbero comprendere, nel momento opportuno, anche questo dovere».

Erano, quelli di Togliatti, toni d'acceso patriottismo sovietico, in sintonia con una polemica nella quale si perdeva spesso, da una parte e dall'altra, il senso della misura. Tanto che il famoso gesuita padre Lombardi, soprannominato «il microfono di Dio» per gli accenti biblicamente anticomunisti delle sue prediche radiofoniche, aveva qualche settimana prima, davanti all'Ara Coeli, parlato in questi termini a mezzo milione di giovani cattolici: «Avventurieri erano venuti da lontani e cattivi Paesi con liste di gente da assassinare brutalmente. Migliaia e migliaia di italiani furono uccisi e dei loro cadaveri fu fatto scempio. Questo spettacolo orrendo si rinnovò in tutte le città d'Italia ma allora Roma fu salva da questo pericolo. Gli assassini ancora onorati, saranno un giorno colpiti dalla giustizia». Sull'*Unità* Pietro Ingrao aveva bollato padre Lombardi, dopo la sua concione esagitata, come «gesuita di Salò». A sua volta Carlo Andreoni, direttore del quotidiano socialdemocratico *l'Umanità*, non aveva lasciato passare sotto silenzio l'esplicito accenno di Togliatti, il 10 luglio, ad una possibile esplosione rivoluzionaria. «Per quanto ci riguarda – aveva scritto Andreoni il 13 luglio – dinnanzi a queste prospettive ed alla jattanza con la quale il russo Togliatti parla di rivolta, ci limitiamo ad esprimere l'augurio, e più che l'augurio, la certezza che se quelle ore tragiche dovessero suonare per il nostro popolo, prima che i comunisti possano consumare per intiero il loro tradimento, prima che armate straniere possano giungere sul nostro suolo per conferire ad essi il miserabile potere di Quisling al quale aspirano, il governo della Repubblica e la maggioranza degli italiani avranno il coraggio, l'energia, la decisione sufficiente per inchiodare al muro del loro tradimento Togliatti e i suoi complici. E per inchiodarveli non solo metaforicamente.» La lapidaria frase finale di

13

Andreoni apparteneva al repertorio, non di prima scelta, della polemica tra comunisti e «saragattiani»: questi ultimi apostrofati con monotona insolenza come «socialtraditori»

Per sfortuna di Andreoni quella sua chiusa retoricamente truculenta precedette di poche ore l'attentato a Togliatti: e fu presentata nelle settimane successive come un'istigazione a commetterlo. All'indomani dell'articolo, il 14 luglio, uno sconosciuto studente siciliano, Antonio Pallante, ferì gravemente Togliatti con tre colpi di rivoltella, e l'Italia si trovò veramente a un passo dall'insurrezione armata.

Quel 14 luglio 1948 era una giornata afosa. La Camera dei deputati si dedicava, piuttosto distrattamente, alla discussione di provvedimenti che non gremivano né accendevano l'emiciclo. Secondo Massimo Caprara, che era allora segretario di Togliatti, e che ha scritto, sull'attentato, un libro ricco di informazioni preziose e di vividi ricordi personali – anche se influenzato, e non poteva essere altrimenti, dal legame umano e politico con Togliatti – ci si occupava di contratti sul fitto dei fondi rustici e di vendite delle erbe per il pascolo: era presente, per il governo, il ministro dell'Agricoltura Antonio Segni. Secondo Andreotti «stavo parlando io sul non affascinante problema della fornitura di carta ai giornali quotidiani». Quale che fosse il tema del momento «era più che naturale – citiamo ancora l'Andreotti di *De Gasperi visto da vicino* – che Togliatti scegliesse un modo migliore per impiegare il suo tempo; e decise di andare a prendere un gelato da quel Giolitti, a due passi da Montecitorio, che è ormai divenuto più noto dello statista di Dronero».

Nonostante il linguaggio volta a volta intimidatorio e sferzante dei suoi discorsi, e nonostante la disfatta elettorale del 18 aprile, il *leader* comunista viveva una stagione umana radiosa. Qualcuno ha supposto che Togliatti non avesse poi troppo spasimato per il successo del Fronte popolare. Ipotesi ammissibile per motivi politici: egli sapeva in quale contesto internazionale si muovesse l'Italia, e quali complicazioni sarebbero derivate da un risultato delle urne in contrasto con la divisione del continente che, a torto o a ragione, ha preso nome dal vertice dei tre grandi – Roosevelt, Churchill, Stalin – a Yalta. Ma ipotesi ancor più ammissibile per motivi privati. L'esistenza di Togliatti era divenuta per taluni aspetti più difficile, ma per molti altri meno grigia e intrisa di ideologia, da quando era cominciata la sua relazione con Nilde Jotti. Il gelido cospiratore, il funzionario del Comintern refrattario alle emozioni e ossessionato unicamente dalla ragione di partito, si concedeva parentesi affettive, e di svago, che mai aveva conosciuto. Ufficialmente Togliatti non era separato dalla moglie Rita Montagnana, anche se la fine della loro unione appariva ormai irrevocabile.

Questa posizione ambigua – e sempre spiacevole benché non infrequente in un partito che in fatto di *pruderie* rivaleggiava con la Democrazia cristiana – determinava problemi logistici e problemi di sicurezza: i quali affioreranno infatti, nel corso delle polemiche sulle responsabilità dell'attentato. Le guardie del corpo designate dal Pci e gli agenti della Questura non sapevano bene cosa sorvegliare, se l'abitazione ufficiale di Togliatti o il suo «nido d'amore». Per di più «Ercoli» si compiaceva di talune monellerie che in altri tempi non avrebbe neppure pensato, e che compiute da altri lo avrebbero indignato. Depistava i suoi sorveglianti, per brevi fughe con la Jotti. Alla vigilia del 18 aprile il Partito aveva adottato anche per lui misure prudenziali, in vista d'un possibile *golpe*, d'una retata sempre temuta. Ma tutto questo sembrava passato, e anche la guerra fredda era un fantasma remoto, in quel 14 luglio – presa della Bastiglia – così caldo.

Quel giorno, insieme a Nilde Jotti, Togliatti aveva lasciato Montecitorio dalla porta secondaria di via della Missione, anziché dal portone principale, con l'intenzione appunto di prendersi in pace un gelato da Giolitti, in via Uffici del Vicario. L'aveva detto a Ugo La Malfa, incrociandolo, e La Malfa aveva ribattuto che lui invece andava a Mosca per trattare la questione delle riparazioni di guerra. «Hai il *billet de confession* dell'ambasciatore americano?» scherzò un po' pesantemente Togliatti. Quindi sboccò in via della Missione. In quel momento un giovane magro e bruno esplose contro di lui, da brevissima distanza, quattro colpi di pistola. Tre arrivarono a segno. Ha raccontato Caprara: «Colpito alla nuca e al torace, Togliatti cadde senza un grido, in ginocchio: prima si appoggiò al cofano dell'auto, una 1100 nera dell'onorevole Randolfo Pacciardi, ministro della Difesa, poi, raggiunto da un proiettile accanto al cuore, scivolò all'indietro, gli occhi sbarrati. L'urlo di Nilde Jotti che si chinò con le mani tese, sporcandole vistosamente di sangue, chiamando per nome Togliatti, fece accorrere i due carabinieri di servizio, altri poliziotti, alcuni giornalisti e deputati. Più giù, all'angolo dei magazzini Zincone, lo sparatore consegna la pistola scarica, una Smith and Wesson, a un ufficiale di polizia in borghese che lo sospinge alle spalle».

Il ferito fu trasportato in autoambulanza al Policlinico dove il professor Valdoni stava operando, e fu subito introdotto in camera operatoria. Era assopito, debole, ma non incosciente. Il professor Valdoni s'era rivolto all'anestesista professor Mazzoni, prima di incidere, rilevando con stupore che Togliatti aveva, sotto *choc*, una frequenza di trentadue respiri al minuto e sessanta battiti cardiaci. Togliatti, che aveva sentito, mormorò: «Sono un brachicardico: ho quarantotto battute al minuto». Valdoni operò, e intanto sopravvenne, a dargli assistenza, il professor Cesare Frugoni. Nella sventura, Togliatti era stato due volte fortunato: perché il proiettile nel torace aveva sfiorato ma non raggiunto il cuore, e perché un altro proiettile, schiacciatosi alla nuca, non era penetrato in profondità. Il paziente aveva retto bene, e si riprese con rapidità confortante. Da Torino era arrivato, con un aereo messo a disposizione dal consigliere delegato della Fiat Valletta, il figlio Aldo; era venuta anche la moglie, Rita Montagnana. A Caprara, appena uscito dall'anestesia, Togliatti si rivolse con la sua aria ironica: «Ciao, illustre, come va la salute?». E al figlio, mostrando la pallottola deformata dall'impatto con l'osso della nuca: «Non ce l'ha fatta».

La prima informazione che volle dal segretario e dal figlio riguardava il Giro di Francia, nel quale Bartali si batteva per la vittoria. Togliatti seguiva con molto interesse la corsa, e aveva dato disposizioni perché *l'Unità* sostenesse Bartali. Solo alcuni mesi dopo, il campione, che aveva fatto dono al Papa della prima bicicletta uscita dalla sua fabbrica, ricevette dalla stessa *Unità* il rude consiglio di darsi all'ippica. È abbastanza paradossale che proprio Bartali e il Tour, cui si rivolse subito il pensiero di Togliatti scampato alla morte, siano stati indicati come l'elemento decisivo per scongiurare, dopo l'attentato, la rivoluzione. In effetti il 14 luglio Gino Bartali trionfò in un tappone di montagna. «È una leggenda dura a morire» ha scritto Andreotti «quella secondo cui, senza il successo di Bartali, vi sarebbe stata, a Montecitorio e fuori, una vera strage.» Ma la leggenda «è l'esagerazione amplificata di un momento nel quale la tensione effettivamente si allentò: quando il deputato contadino Matteo Tonengo, entrato in aula tutto concitato, dette a gran voce l'annuncio dello strepitoso successo nelle tappe alpine del Tour del nostro supercampione». Questo si allaccia comunque al sussulto politico e sociale – quasi un terremoto – che l'attentato provocò. Ne percorreremo le fasi dopo aver completato la cronaca della convalescenza di Togliatti.

La quale ebbe alti e bassi, con qualche allarme per il manifestarsi d'una broncopolmonite, e accenni di febbre, ma fu tutto sommato regolare, e abbastanza rapida. Palmiro Togliatti era un cinquantacinquenne senza vizi, e gli esami non gli avevano riscontrato menomazioni fisiche serie tranne le tracce di una forma tubercolare giovanile. La mattina del 31 luglio una Zis nera, antiquata e blindata, dell'ambasciata sovietica andò a prelevare Togliatti – accolto dal primo consigliere Kiril Bogomolowskij – e lo depositò nella villa dov'era la scuola centrale del Partito, alle Frattocchie, sulla strada che da Roma porta ad Albano. La discrezione, e l'opportunità, avrebbero sconsigliato il gesto sovietico, che sottolineava un legame stretto, e una dipendenza. Ma Togliatti e il suo *entourage* non avvertivano, allora, disagi di questo tipo. Mosca restava la chiesa madre; naturale che si preoccupasse di chi svolgeva opera di missione in *partibus infidelium*. Il *leader* comunista completò il periodo di ripresa e di riposo sul lago d'Orta, prima nella villa Rothschild, poi in albergo. In settembre era pronto a nuovi cimenti politici. Si dice che Valdoni gli avesse fatto recapitare una parcella molto salata per le sue prestazioni. Quando la ricevette, Togliatti accompagnò il pagamento con queste parole: «Eccole il saldo, ma è denaro rubato». Valdoni rispose: «Grazie per l'assegno. La provenienza non mi interessa».

Torniamo al 14 luglio. Mentre Togliatti era sotto i ferri, il presidente della Camera Gronchi esprimeva «profonda e indignata deplorazione» per l'atto sciagurato, e dava quindi la parola a De Gasperi: che tentò di iniziare il suo discorso dicendo che «l'attentato esecrando non è rivolto solo contro la persona dell'onorevole Togliatti, ma finisce con il colpire anche il metodo democratico». Senonché l'interruppero subito urli ed invettive: «Ne siete voi i responsabili. Vergognatevi. Assassini! Siete coperti di sangue. Andatevene...» gridò Giorgio Amendola. E Giancarlo Pajetta: «Lei onorevole Saragat, anzi tu traditore del socialismo, tu traditore, hai affidato il giornale d'un partito che si chiama socialista a quel delinquente professionale che si chiama Carlo Andreoni...». Walter Audisio, l'uomo cui è stata ufficialmente accreditata dal Pci l'«esecuzione» di Benito Mussolini e di Claretta Petacci, indicò in De Gasperi l'istigatore dell'assassinio di Togliatti così come Mussolini lo era stato di quello di Matteotti. Nel tumulto che ne seguì De Gasperi seppe rispondere che il confronto «ripugna a me, aventiniano convinto, come non tutti voi che m'insultate».

Era un inferno a Montecitorio, ed era un inferno nel Paese. *L'Unità* preparava un titolo a tutta pagina in cui veniva intimato: «Dimissioni del governo della discordia e della fame, del governo della guerra civile»; fabbriche, strade, piazze, ferrovie, centrali telefoniche, anche caserme di polizia o addirittura città intere cadevano nelle mani di masse di scioperanti e dimostranti. Come già era avvenuto l'anno prima, su scala locale, per l'occupazione della Prefettura di Milano, emersero dai nascondigli le armi, oliate e in perfetta efficienza, che vi erano state occultate in vista dell'ora X: o piuttosto in vista di quel piano di cui i dirigenti comunisti – compreso Pietro Secchia, che per piani di questo tipo aveva una spiccata propensione – hanno sempre negato l'esistenza, ma che il ministro dell'Interno Mario Scelba diede per certo. La marea della ribellione crebbe spontaneamente, tanto che Luigi Longo, capo del Partito in quei frangenti, disse al vecchio militante Barontini: «Se l'onda cresce, lasciala montare; se cala, soffocala del tutto». Ma alcune iniziative obbedivano senza dubbio a un disegno vasto: così i blocchi delle strade; così il sequestro dei dirigenti di una trentina di fabbriche a Torino – incluso il professor Valletta –, l'interruzione ad Abbadia San Salvatore del cavo telefonico che collega il settentrione della penisola con le altre regioni, i chiodi a tre punte buttati un po' dappertutto per impedire il transito di automezzi della polizia, le lastre blindate fissate ai binari del tram a Genova, e dovunque violenze, minacce, spari, disarmo di carabinieri e poliziotti, sangue e morti.

Il Pci fu colto di sorpresa dall'ampiezza della sollevazione: lo fu anche la Cgil che finalmente – assente Giuseppe Di Vittorio in quel momento a San Francisco, a una riunione dell'Ilo, l'organizzazione internazionale del lavoro, e rientrato precipitosamente – proclamò lo sciopero generale. Una decisione che i rappresentanti cattolici Pastore Rapelli e Cuzzaniti, il repubblicano Enrico Parri e il socialdemocratico Giovanni Canini non approvarono (ne parleremo ampiamente più avanti): disposti anch'essi – i dissenzienti – a una dichiarazione di condanna dell'attentato e a fermate facoltative del lavoro, non alla grande paralisi che avallava e legittimava un moto insurrezionale. Ma tutto questo avveniva, in campo comunista, in mezzo a molte incertezze: il Partito veniva trascinato, era alla retroguardia, non all'avanguardia. Lo era perché lo stesso Togliatti, che nel suo letto d'ospedale non poteva conoscere la situazione, ma la intuiva, aveva sussurrato parole incitanti alla calma: e lo era perché Matteo Secchia, fratello di Pietro, era corso all'ambasciata sovietica a chiedere lumi: «Si può fare l'insurrezione?». Gli era stato risposto: «No, oggi non si può». Eppure, come telegrafavano e telefonavano i prefetti, alcuni dei quali assolutamente impari alla prova, «...colonna di cinque autoblinde della polizia assalita da forze soverchianti et catturata piazza De Ferrari. Sono altresì piazzate armi automatiche sul ponte monumentale et su diversi caseggiati via XX Settembre» (Genova); «...primi automezzi usciti per pattugliamento fatti segno reiterato colpi di arma da fuoco cui agenti hanno risposto ...due negozi di armi svaligiati...» (Livorno).

Scelba, anche in ore di caos e di disorganizzazione, s'era mostrato degno della sua fama di «ministro di polizia». Non perdette la calma, e chiese l'aiuto del ministro della Difesa, Pacciardi. «Quando Scelba mi disse che a Genova i comunisti avevano disarmato la polizia e occupato i posti chiave – ha raccontato Pacciardi – io diedi ordine alla flotta di salpare e feci entrare in città un reparto di bersaglieri.» Nel suo bilancio dello sciopero – che s'era andato esaurendo com'era inevitabile: perché a quelle temperature da calor bianco uno sciopero o diventa rivoluzione, o si spegne – Scelba fornì queste cifre: 9 morti e 120 feriti tra le forze dell'ordine, 7 morti e 86 feriti tra i civili. Il ministro rievocò anche qualche episodio di estrema ferocia: «A Monte Amiata un gruppo di facinorosi si è impadronito del maresciallo dei carabinieri. Questi è stato trovato stamane ucciso: il corpo era completamente denudato. È risultato che egli era stato dapprima strozzato e poi finito con un colpo alla nuca. A Civita Castellana un carabiniere ha avuto la testa fracassata. A Taranto alcuni carabinieri sono stati aggrediti e calpestati dalla folla». Si ebbero poi incriminazioni e processi in gran numero, contro i responsabili – o presunti tali – degli eccessi: processi cui il Pci attribuì le caratteristiche deteriori d'una caccia alle streghe.

Antonio Pallante, lo studente di venticinque anni il cui gesto aveva portato l'Italia sull'orlo della guerra civile, era nato in provincia di Avellino ma risiedeva a Bronte, la località siciliana che in una certa riscrittura banalizzata – sia pure in senso antitradizionale – della storia patria è diventata celebre per la dura repressione dei moti contadini compiutavi da Nino Bixio durante la campagna dei Mille. Figlio di un ex-milite forestale, Pallante aveva ultimato gli studi medi superiori e si era iscritto al primo anno della facoltà di legge. Dopo d'allora aveva fatto credere alla famiglia che la sua frequentazione universitaria fosse regolare: invece covava torbide ideologie e ambizioni politiche, degenerate in fanatismo. Le ultime 3.500 lire inviategli dalla famiglia per il pagamento delle tasse universitarie erano state destinate all'acquisto della vecchia pistola con cui sparò a Togliatti. A Roma era senza un soldo. La valigetta rinvenuta nella pensione in cui aveva preso alloggio conteneva un paio di slip e una copia dell'hitleriano *Mein Kampf*. In tasca aveva cinquanta lire.

Questo ragazzo sbandato, la cui cultura abborracciata s'intrecciava a nostalgie del peggiore fascismo, era stato iscritto ad una sezione del Partito liberale, anzi ne divenne segretario: ma, conosciutolo, l'avevano cacciato; così come lo espulsero, non appena capirono il tipo, dal movimento dell'Uomo Qualunque. Aveva velleità giornalistiche, ed era stato corrispondente del *Buonsenso*, un organo qualunquista, dalla Sicilia. Durante l'istruttoria a suo carico polizia e magistratura non accertarono l'esistenza di mandanti e di complicità. Un biglietto d'ingresso alla Camera per la seduta del 14 luglio gli era stato dato a richiesta dall'onorevole Turnaturi, che garantì di non conoscere Pallante, e probabilmente diceva la verità. Aveva voluto, con il favore, assicurarsi un voto, e si assicurò un guaio. Pallante confessò senza esitazioni – come poteva negare, del resto? – e affermò d'avere agito, da solo, perché Togliatti era «l'elemento più pericoloso della politica italiana che con la sua attività di agente di potenza straniera impedisce il risorgere della Patria». La sinistra non si ritenne soddisfatta – per taluni elementi del comportamento di Pallante e per esigenze politiche – di queste spiegazioni ufficiali.

Massimo Caprara ha puntualizzato le circostanze che indicavano Pallante come sicario d'una organizzazione di destra. «Il *milieu* nel quale s'aggira Pallante vede al primo posto il conte Benedetto Majorana della Nicchiara, già vice-federale fascista di Catania; l'avvocato Mazza, vice-segretario in carica del Partito liberale italiano; l'operatore cinematografico Alfio Somma, organizzatore del Movimento sociale. Non manca un pizzico di esotismo conservatore. Fra gli assidui frequentatori del giovane Pallante vi sono la figlia del console di una repubblica sudamericana, non altrimenti definita, e alcuni ufficiali del Corpo di spedizione polacco comandato dal generale Anders... Pallante parte da Bronte il giorno 9 luglio, e nel lungo viaggio lo accompagna un funzionario del ministero dell'Africa italiana, un signor Caracciolo, che con lui prende alloggio in una pensione di via del Macao, numero 6, dietro la stazione Termini di Roma. Altri personaggi che Pallante incontra a Roma sono in fama di nostalgici fascisti: Pippo Zerbo, il capitano Arena e il commendator Colito che è cognato del maresciallo fascista Rodolfo Graziani.» Alberto Jacoviello elencò sull'*Unità* del 29 luglio «otto punti sui quali Scelba tace». Eccoli: «i fascisti di Randazzo; i fascisti di Bronte, dove per qualche ora fu fermato e subito rilasciato l'agitatore Zerbo; i fascisti di Catania; il comportamento di Pallante prima di partire; il legame Pallante-Caracciolo; la pensione di via del Macao; come Pallante ha passato i giorni prima dell'attentato; i rapporti pratici con l'ambiente ecclesiastico e il ruolo ispiratore dei bollettini parrocchiali».

Ce n'era a sufficienza, anzi in abbondanza, per alimentare sospetti e per dare rigoglio a una selva dietrologica. Ma i processi cui l'attentatore fu sottoposto non trovarono nulla. In primo grado il difensore Giuseppe Bucciante concluse la sua arringa col cuore in mano rivolgendosi idealmente alla vittima, Palmiro Togliatti: «perché quel giovane pallido, magro, bruno, così come lo videro nel momento in cui si curvava per colpirvi (anzi il testo reca colpirVi con la V maiuscola, *N.d.A.*), da chi sarà compreso e perdonato se non da voi, che egualmente abbandonaste giovinetto casa, famiglia, patria, amici, e andaste per vie sconosciute, ramingo pel mondo, inseguito e perseguitato dalle stesse leggi del vostro Paese, solo col vostro fantasma nel cuore?». L'accostamento era audace, la condanna (13 anni e otto mesi) non fu troppo pesante, e l'appello la ridusse a 9 anni. Gli avvocati comunisti di parte civile non insistettero, nemmeno loro, sulla tesi del complotto.

Pallante riacquistò la libertà, grazie a uno dei tanti provvedimenti di clemenza che si sono susseguiti nel dopoguerra, dopo quattro anni di carcere, scontati a Noto. Libero cittadino, seguì le orme professionali paterne, un impiego nell'Ispettorato forestale, come economo. Si sposò, ebbe dei figli: un quieto burocrate del profondo Sud. A un giornalista ha detto che «non farei più quel gesto, per nessun motivo. Me ne pento. È stato un caso perché non sapevo che Togliatti sarebbe uscito proprio da quella porta. Era tutto così facile... Non mi aveva mandato nessuno, non avevo mai parlato della mia decisione. Quello che hanno detto (d'una congiura e di mandanti, *N.d.A.*) sono tutte bugie, invenzioni».

L'attentato lasciò segni profondi non solo sul corpo di Togliatti ma anche sulla vita politica italiana. Le piaghe più dure a cicatrizzarsi furono quelle del Pci, che era stato prima spettatore, poi protagonista d'un fenomeno incontrollato e possente di collera di massa: e che, svaporata l'ebbrezza della dimostrazione di forza, si trovava a fare i conti con gli strascichi dell'episodio insurrezionale. Su una dirigenza acefala era piombato come una mazzata, la sera del 15 luglio, il telegramma con cui Stalin aveva espresso – alla sua maniera – solidarietà per il compagno ferito. «Il Comitato centrale del Partito comunista bolscevico dell'Urss – diceva il messaggio da Mosca – è indignato per il brigantesco attentato compiuto da un essere che è al di fuori del genere umano contro la vita del capo della classe operaia e di tutti i lavoratori d'Italia, il nostro caro compagno Togliatti. Il Comitato centrale del Partito comunista bolscevico è contristato dal fatto che gli amici del compagno Togliatti non siano riusciti a difenderlo dal vile attentato a tradimento.»

Era uno schiaffo in piena faccia ai vertici del Pci: e come tale fu sentito. Per i comunisti italiani di allora era impensabile che ad una reprimenda di Stalin fosse data una risposta che non equivalesse a una confessione di colpa. Infatti una risoluzione della direzione, il 7 agosto, ammise che «è stata insufficiente la vigilanza» e aggiunse che «il rammarico manifestato dal compagno Stalin deve suonare come grave e autorevole monito per tutti noi». Non bastandogli questo atto di contrizione, il deliberato del Pci citò ciò che Stalin aveva detto nel 1937, dando il via alle terribili purghe dopo l'assassinio (molto misterioso, come è noto) di Kirov: «Bisogna finirla con la bonomia opportunistica derivante dalla errata supposizione che, nella misura in cui aumentano le nostre forze, il nemico diventi sempre più mansueto e innocuo. No. Una tale supposizione è radicalmente errata». Fu peraltro approvato anche un invito a «colpire severamente coloro che prendono iniziative di atti inconsulti, riprovevoli, contrari alla linea politica del Partito, e che fanno, in tal modo, il gioco e l'interesse del nemico». Con ciò il Pci prendeva le distanze da quelli, tra gli arrestati, che avevano perpetrato le violenze peggiori. Tuttavia Longo e Secchia – benché schierati su posizioni opposte, Secchia sempre per il partito armato, Longo più aderente alla duttilità togliattiana – non vollero, ammettendo le proprie responsabilità, scagionare il governo che era stato «negligente». Scelba ribatté che ben 16 agenti vigilavano i due alloggi di Togliatti, e aggiunse che erano stati rilasciati permessi di porto d'arme a Ca-

25

prara, a Walter Audisio, all'«accompagnatore personale» (termine che sta per l'odierno «gorilla») Armando Rosati, ad un autista. A questo punto Togliatti intervenne in prima persona con una dichiarazione: «L'onorevole Scelba vorrebbe far credere che io giravo per Roma e per l'Italia con una scorta di bravi, come un bandito. Per fortuna sono decine di migliaia i cittadini di Roma, dove io risiedo, che mi hanno visto girare per le vie tutto solo».

Quando, il 23 settembre, riprese le redini del Partito e presiedette una riunione della direzione, Togliatti non fu prodigo di elogi né si abbandonò alle mozioni degli affetti. Non era nel suo stile. Distribuì invece rimproveri, ma rimproveri politici: ignorò totalmente il telegramma di Stalin. «Parte dei compagni – disse – dopo il 18 aprile non ha saputo dare un giudizio esatto della situazione. Una parte di loro ha pensato che il 18 aprile fosse una sconfitta dalla quale ci si potesse rialzare soltanto con un vasto movimento di carattere insurrezionale, spazzando via con le armi un nemico che, con gli espedienti a noi noti, era riuscito a conseguire un successo sul terreno elettorale.» Stabilito così che la linea Secchia, della rivoluzione prossima ventura, era sbagliata e «avventuristica», Togliatti si addentrò in lunghe disquisizioni ideologiche per convalidare il suo assunto senza sembrare un riformista rassegnato. Accennò allo scisma di Tito: «Che cosa significa il profondo contrasto dei dirigenti del Partito comunista iugoslavo? Che cosa significa il tradimento da parte di questi dirigenti della causa del fronte unico delle forze democratiche e progressive socialiste? Che cosa significa tutto questo se non una manifestazione di un'accentuata resistenza dei gruppi reazionari?». Pagò un tributo d'obbligo alle vessazioni censorie di Zdanov, esecutore degli ordini di Stalin, nell'Urss: «Se ci domandiamo perché nell'Unione Sovietica è stata, fino a questo momento, condotta una lotta sul terreno dell'arte, della letteratura, della musica, delle dottrine scientifiche, della biologia, noi vedremo che questo è stato fatto perché nello stesso Paese del socialismo si è sentito il pericolo di penetrazione della influenza di classi avversarie e del nemico di classe». Studiare, capire, fronteggiare. Ma l'insurrezione no.

Dovette scriverlo e spiegarlo (probabilmente a malincuore), in una serie di articoli sull'*Unità*, anche Pietro Secchia. «Questa ridicola concezione di una insurrezione che si sviluppa sulla base di piani prestabiliti chissà quando, un anno o due prima, in condizioni del tutto diverse, partendo da uno sciopero generale di protesta, il quale dovrebbe svilupparsi gradatamente fino a sboccare nella lotta armata insurrezionale è semplicemente ridicola, assurda, e degna della mentalità dell'on. Scelba.» Di queste cose Scelba lasci discutere noi che ce ne intendiamo, aveva l'aria di argomentare Secchia, aggiungendo: «Un movimento insurrezionale per essere vittorioso deve tra l'altro (si tratta dell'abc) contare sul massimo slancio iniziale, deve immobilizzare sin dal primo momento il governo e i suoi organi, sin dalle prime ore non deve dargli la possibilità di orientarsi e di prendere fiato, deve infliggere al nemico i colpi più forti fin dalle prime ore... Ma i ministri e dirigenti della Democrazia cristiana... hanno bisogno di far credere che lo sciopero generale del 14-16 luglio ha avuto carattere insurrezionale per giustificare le migliaia di arresti arbitrari, le violenze della polizia, gli illegalismi del governo, le scandalose circolari segrete dei ministri Scelba e Grassi, le pressioni sulla magistratura». Più sincero, e meno propenso ad avvolgere i fatti politici in un involucro ideologico, Pietro Nenni diede della rivoluzione mancata («ciò causerà una atroce disillusione nella avanguardia proletaria che si era impegnata a fondo») una spiegazione chiara: «Battere la polizia di Scelba non sarebbe impossibile. Ma poi? È davanti a questo poi che le masse hanno arretrato, non davanti ai carri armati».

Le circolari segrete di Scelba cui faceva allusione Secchia non erano un'invenzione propagandistica. Il 18 agosto 1948 *l'Unità* pubblicò il testo d'una di esse. Era diretta ai prefetti e aveva l'impronta rude del ministro. «Agire con urgenza contro responsabili noti fatti quale che fosse carica o qualifica sindacale ricoperta. Poiché in taluni centri varie azioni hanno assunto aspetti insurrezione armata le Signorie Loro vorranno richiamare attenzione autorità giudiziaria su ciò e sulla necessità rapida persecuzione nei confronti responsabili. Risultando altresì che centri organizzativi atti insurrezionali blocchi stradali ecc. sono stati Camere lavoro occorre disporre immediate indagini per accertare ogni singola Camera azione svolta ed agire energicamente contro dirigenti Camere lavoro stesse. Attesa esito giudiziario autorità competente le Signorie Loro dovranno resistere con ogni mezzo ai tentativi di rilascio arrestati.» Duro quanto si vuole, Scelba, ma almeno chiaro.

CAPITOLO SECONDO
LO STRAPPO SINDACALE

La scissione sindacale che l'attentato del 14 luglio rese inevitabile, ed ufficiale, covava da molto tempo. Nella Cgil unitaria la corrente comunista aveva la maggioranza assoluta, la socialista e la cristiana seguivano a lunga distanza. Questa indiscutibile e schiacciante superiorità numerica si traduceva in una volontà – del resto comprensibile – di modellare l'attività sindacale sulla politica del Pci. In quel periodo di tensioni acute e di decisioni importanti il collegamento delle diverse correnti sindacali con partiti diversi, che sulla scena nazionale si battevano senza esclusione di colpi, dava origine ad attriti continui. Giuseppe Di Vittorio, comunista fino al midollo ma anche sindacalista genuino, impregnato di ideologia senza esserne schiavo, faceva l'impossibile per smussare gli angoli e risolvere le crisi, al vertice. Ma nei congressi, alla periferia, alla base e anche al vertice se arrivava l'ora delle grandi scelte i comunisti volevano fare di testa loro. Lo volevano per il problema cruciale degli scioperi politici, che coinvolgeva problemi di schieramento nazionale. C'era chi, tra le minoranze sindacali, ostentava forse più del dovuto l'obbedienza alla linea democristiana o socialdemocratica o repubblicana, e l'adesione alla politica occidentale di De Gasperi. A sua volta il sindacalismo comunista si ostinava a presentare l'Urss staliniana come il paradiso dei lavoratori, infaustamente negato ai derelitti dell'Occidente.

Per dirimere la questione degli scioperi politici era stato approvato un emendamento all'articolo 9 dello Statuto della Cgil il quale, nella sua formulazione originaria, prevedeva che l'organizzazione prendesse posizione «su tutti i problemi politici». Era la via libera a ogni strumentalizzazione dello sciopero. Fu corretto così: «La Cgil potrà prendere posizione su quei problemi politici che interessino non già questo o quel partito ma la generalità dei lavoratori...». Molto, troppo vago. Infatti la corrente cristiana si astenne. Nel secondo Congresso della Cgil, che s'era tenuto a Firenze nel giugno del 1947 – l'aveva preceduto di poco l'estromissione di comunisti e socialisti dal governo –, gl'interventi democristiani si susseguirono stentatamente tra interruzioni e salve di fischi, tanto che Giulio Pastore dovette afferrare il microfono e minacciare: «O lasciate che esprimiamo il nostro pensiero, o la corrente cristiana abbandona la sala». La Cgil non andò in pezzi, allora. O piuttosto lo era già; ma veniva tenuta insieme con la colla di provvisori compromessi: determinati soprattutto dal fatto che nessuna corrente intendeva assumersi la responsabilità della frattura definitiva. Ci furono prese di posizione pubbliche dei «cristiani» contro scioperi indetti dalla maggioranza comunista, che sostenevano rivendicazioni di massa ma volevano anche mettere in difficoltà De Gasperi e il suo governo. Altro scontro si ebbe per il «caso Troilo» a Milano, ossia per la mezza insurrezione scatenatasi dopo il licenziamento di questo prefetto politico (che, contrariamente a quanto continua a sostenere molta pubblicistica, aveva accettato e anzi chiesto il licenziamento stesso, purché seguito da un incarico diplomatico).

Finché arrivò la campagna elettorale per il 18 aprile 1948, e poi la valanga democristiana: nella campagna il duello tra democristiani e Fronte popolare era degenerato in rissa, alla spada era stata sostituita la mazza ferrata. Se tra i due schieramenti era guerra, nella Cgil non poteva esserci idillio, e nemmeno tregua. Alle manifestazioni del primo maggio 1948 le bandiere bianche dei cristiani furono prese di mira dai comunisti, che le seppellirono sotto la loro marea rossa. Giulio Pastore a Roma e Renato Cappugi a Milano indissero, dissociandosi dalla manifestazione della Cgil unitaria, dei contro-comizi. Un altro passo verso il divorzio fu compiuto quando, l'11 giugno 1948, in una sala di Montecitorio, Giulio Pastore per i «cristiani», Enrico Parri per i repubblicani e Giovanni Canini per i socialdemocratici firmarono un «patto di alleanza per l'unità e l'indipendenza del sindacato». Al tempestoso viaggio della Cgil verso il bivio della scissione si intrecciavano manovre «esterne» per accaparrarsi i «cristiani» quando, liberi dall'involucro della Cgil, fossero divenuti disponibili. Taviani, vicesegretario della Dc, voleva un 18 aprile sindacale, ossia un'alleanza che cementasse in un unico sindacato le minoranze. Le Acli, legate all'episcopato, volevano invece che i «cristiani» rimanessero soltanto cristiani. Pio XII intervenne nella questione, troncandola, com'era nel suo stile, con un discorso a 60 mila aclisti (29 giugno) in cui ammoniva: «Se la forma presente del sindacato venisse a mettere in pericolo il vero scopo del movimento dei lavoratori, allora le Acli non verrebbero certamente meno a quel dovere di vigilanza e di azione che la gravità del caso richiedesse». Era un preannuncio della scissione, e insieme l'avvertimento che nella nuova struttura sindacale le Acli avrebbero avuto un ruolo trainante.

La spinta risolutiva venne dai tumulti del 14 luglio. Di Vittorio, lo si è già detto, era assente, la Cgil non aveva istigato allo scoppio insurrezionale che fu spontaneo, ma inizialmente lo secondò. La sera del 14 luglio fu deliberato lo sciopero generale, e i rappresentanti cristiani, presenti, votarono contro, come sappiamo. Bruno Storti litigò con Teresa Noce, la moglie di Longo, che nel suo oltranzismo pretendeva che incrociassero le braccia anche i servizi essenziali. Quella stessa sera fu diffuso un manifesto della Cgil nel quale l'attentato veniva collegato – e sap-

31

piamo quanto ciò fosse falso – «alle decine di aggressioni e di arbitri perpetrati a danno di organizzazioni sindacali». S'era avuto uno scatenamento di violenze antidemocratiche, con la «sicurezza dell'impunità per gli assassini», anche per «l'atteggiamento fin qui tenuto dal governo nelle lotte sindacali, l'appoggio concesso dalle forze di polizia alla classe padronale, i rigurgiti di fascismo affioranti in modo sempre più sfacciato nella stampa reazionaria». Il senso era esplicito: Pallante aveva sparato per colpa del governo.

Non a torto De Gasperi diramò un comunicato in cui si affermava che lo sciopero insurrezionale voleva capovolgere, nelle piazze, i risultati che il 18 aprile s'erano avuti nelle urne. Gli undici «cristiani» che erano nel direttivo della Cgil fecero recapitare ai segretari generali Di Vittorio, Santi e Bitossi, il 15 luglio, una lettera in cui affermavano che «la decisione (di sciopero generale) presa ieri sera in esecutivo ha contribuito e contribuisce ad aggravare la situazione»: era quindi inderogabile «la fine dello sciopero entro oggi». La Cgil – senza democristiani – ordinò il ritorno al lavoro per l'indomani, 16 luglio, a mezzogiorno. In altre condizioni questo ritardo sulla scadenza ultimativa dei «cristiani» non sarebbe stato giudicato grave: in quelle condizioni, fu una conferma dell'insanabilità del dissidio. Quello stesso 16 luglio Pastore e gli altri annunciarono che, d'intesa con le Acli, era stata promossa una convocazione straordinaria della corrente cristiana per sottolineare «la necessità di un sindacato autonomo e democratico che, in clima di rinnovata fraternità, sia veramente libero da ogni e qualsiasi influenza di partito».

La Conferenza sindacale cristiana preannunciata il 16 luglio si tenne una settimana dopo. «La corrente cristiana – fu deliberato – non può rompere l'unità, perché non si può rompere quello che è già stato distrutto, ma deve solo prendere atto, non senza amarezza, che una simile formula è stata ormai definitivamente compromessa.» Fu garantito che mai più il sindacalismo cattolico avrebbe fatto ricorso allo sciopero generale «che costituisce, anche se proclamato per solidarietà in seguito a vertenze di carattere economico, un atto eversivo, in quanto paralizza la vita del Paese». I cristiani facevano parte per se stessi, ma non avevano lasciato, formalmente, la Cgil, che fu costretta a buttarli fuori, dichiarandoli «decaduti», con una risoluzione del 5 agosto.

Dal libro di Sergio Turone dedicato alla *Storia del sindacato in Italia* traggo questo episodio, che riguarda proprio Giulio Pastore, e le sue reazioni alla cacciata. «In quei giorni il capo dei sindacalisti cattolici si trovava a Grottaferrata per partecipare ai lavori del Consiglio nazionale democristiano in corso nella casa di riposo dei francescani minori. Un cronista politico, redattore allora di un quotidiano liberale (Vittorio Gorresio, *N.d.A.*), vi giunse da Roma per seguire i lavori e, incontrato Pastore, lo informò su quanto aveva deciso poco prima il direttivo della Cgil. "Dici davvero?" chiese Pastore. "No, non è possibile, sarebbe troppo bello!" Poi, ragguagliato sui particolari, "fu preso – riferisce il giornalista – da un accesso di euforia. Nell'enorme podere che circonda la casa di riposo francescana, in libertà correvano galline, oche e maialetti: carabinieri e guardie vigilavano che non entrassero importuni, frati laici zappavano impazienti intorno ai cespi d'insalata negli orti. Pastore andava lieto verso la campagna, come fatto leggero dalla buona notizia, e al primo frate che vide curvo batté la mano sulla schiena: 'Allegri, disse, è andata, è fatta'."»

Per il momento solo i cristiani – «magari fossero cristiani, democristiani!» aveva commentato sarcasticamente Di Vittorio – abbandonarono la Cgil. Vi rimasero, ed era scontato, i socialisti che pure avvertivano profondo disagio – Fernando Santi, il loro *leader*, se ne fece eco – perché la preponderanza comunista era diventata, con l'emorragia, ancora più vistosa: e vi rimasero, tra mille perplessità, socialdemocratici e repubblicani, allarmati dall'impronta confessionale che il «patronato» delle Acli aveva dato all'operazione di Pastore, e dissuasi perciò dal condividerla. Domandarono peraltro – con una insistenza resa patetica dalla loro infima forza contrattuale – che la Cgil accentuasse «la sua autonomia dai partiti e dai governi». Alla corrente «cristiana» fu attribuita – dopo una lunga discussione nella quale giuristi eminenti, Piero Calamandrei per Di Vittorio e Francesco Carnelutti per Pastore, patrocinarono le ragioni delle parti in conflitto – una quota del patrimonio confederale: 23 milioni che non erano trascurabile cosa ove si pensi che il salario di un operaio si aggirava sulle 25 mila lire al mese. La corrente sindacale cristiana adottò l'impronunciabile sigla Lcgil, Libera confederazione generale italiana dei lavoratori.

Nella Cgil il più accentuato dominio comunista comportava anche una più sfacciata adesione alle tesi politiche del Pci. Venivano indetti, se possibile con maggiore frequenza, scioperi troppo palesemente antigovernativi e antiamericani, si lottava contro l'«Europa marshallizzata».

Di Vittorio tuonava contro una situazione per cui l'economia italiana era «completamente prigioniera di quella americana». Sicuramente gli allora potentissimi sindacati statunitensi, in particolare l'Afl (*American Federation of Labor*), premevano, e alle pressioni univano più sostanziosi argomenti, perché i laici seguissero l'esempio di Pastore. Un episodio di intolleranza alla periferia facilitò il salto a Canini e Parri, che nella Cgil mordevano il freno. A Molinella, dov'era la radice storica del sindacalismo prampoliniano e massarentiano, nel maggio del 1949 i socialdemocratici avevano avuto la maggioranza in una votazione per la Camera del lavoro. Incapaci, per acquisita mentalità di detentori del potere sindacale, d'accettare il responso delle urne, i comunisti si sfogarono in disordini, e occuparono la sede. Si contò una quarantina di feriti, tra essi una donna spirata successivamente, dovettero intervenire le forze dell'ordine. E fu la goccia che ci voleva per far traboccare il vaso.

Il 4 giugno del 1949 fu fondata la Federazione italiana del lavoro (Fil, segretari Parri e Canini), presto fusa con i «cristiani». Dalla saldatura nacque la Cisl, Confederazione italiana sindacati lavoratori, dove i «laici» erano senza dubbio in posizione di sudditanza, così come lo erano i socialisti nella Cgil. Infine – completiamo questo *excursus* cronologicamente anticipatore delle vicende e delle sigle sindacali – i sindacalisti socialisti che con Romita erano usciti dal Partito, e si erano poi aggregati alle file saragattiane – e che di conseguenza erano stati espulsi dalla Cgil, con tanti saluti alla pretesa di apoliticità del sindacato di sinistra crearono l'Unione italiana del lavoro (Uil), a capo della quale fu posto Italo Viglianesi.

Era il 1950: lo stesso anno in cui l'ultimo sindacato «storico» e non «autonomo» – nel senso di non settoriale – del panorama italiano vide la luce. Fu il sindacato che si ispirava al Msi e che mutuava alcune posizioni «sociali» della Repubblica di Salò. Fu chiamato Confederazione italiana sindacati nazionali dei lavoratori, Cisnal. Ancora un'osservazione. La confluenza di socialdemocratici e repubblicani nella Cisl fu più di notabili che di gregari: Ugo La Malfa espulse addirittura dal Pri Enrico Parri e Appio Claudio Rocchi, che avevano concordato l'operazione. Nonostante il benestare che Saragat diede invece ai suoi, anche molti socialdemocratici nicchiarono. Cosicché la Cgil fu un sindacato comunista con una appendice – sostanziosa – socialista, e la Cisl fu un sindacato democristiano con appendici, non sostanziose, socialdemocratiche e repubblicane; e infine la Uil raggruppò apporti socialisti e «laici», i primi più importanti.

Tuttavia ad alcuni cattolici parve che la Cisl, avendo sacrificato l'appellativo di cristiana per attirare forze laiche, avesse tradito una sua missione. «L'integralismo della Dc non può escludere la vita sindacale dalla sua concezione cristiana della vita sociale» affermò Guido Gonella.

L'Italia aveva certamente bisogno, dopo il velleitario corporativismo – fascista che aveva fatto da copertura a un capitalismo pasticcione con qualche apertura sociale –, di un sindacato forte, intelligente, combattivo ma non asservito alla politica. In quel momento ebbe, nella Cgil, un sindacato forte (nelle piazze e nelle fabbriche) che tuttavia era irrimediabilmente inquinato e impastoiato dall'obbedienza alla politica e alla mitologia della sinistra comunista: e che non esitava – lo si vide nel 1951 quando fu proclamato uno sciopero contro una visita in Italia del generale Eisenhower, comandante supremo della Nato – a sacrificare concreti interessi dei lavoratori agl'interessi politici del Pci o addirittura dell'Unione Sovietica. Ebbe nella Cisl un sindacato meno forte, ma egualmente vincolato dal cordone ombelicale con le Acli, dal rapporto preferenziale con il governo, dall'obbedienza alle direttive della Santa Sede. Infine la Uil, la meno condizionata politicamente, era anche la più debole.

Nessuno di questi sindacati seppe dimostrarsi moderno, efficiente ed anticipatore. Era difficile dar prova di queste qualità in una Italia che cambiava con rapidità sorprendente: senza che coloro cui spettava di controllare e guidare il cambiamento s'accorgessero ch'esso era già in atto, e di quanto fosse intenso e profondo. Non capivano molto i politici, almeno la maggior parte di loro: vivevano e agivano – ma è poi cambiato qualcosa, con il trascorrere dei decenni? – se non alla giornata, al mese, tutt'al più all'anno. I piani a lunga scadenza, quando venivano abbozzati, erano sballati. Gli economisti, peggio che andar di notte: lo stesso saggio, scettico, prudente Einaudi non intuì l'Italia che stava nascendo, e che in qualche modo già si delineava.

I sindacalisti, che avrebbero dovuto essere, più d'altri, a diretto contatto con la realtà, rimasero schiavi del colore politico, e dell'immediato. Troppe delle loro battaglie furono di retroguardia. Eppure avevano davanti agli occhi, sia pure un davanti che era al di là dell'Oceano, l'esempio di cosa possa diventare, in breve volgere d'anni, un Paese sviluppato, industriale, basato sulla economia di mercato. Andavano negli Stati Uniti, e ne tornavano senza avere nulla appreso e nulla dimenticato. Andavano in Unione Sovietica, tornavano (soprattutto i sindacalisti comunisti) senza aver capito nulla, o fingendo di non aver capito nulla. L'Italia incubava il «miracolo», e il sindacato la credeva votata alla povertà e al passaporto rosso. Le diagnosi economiche del Congresso della Cgil che si tenne a Genova nell'ottobre del 1949 furono scoraggianti per la loro superficialità e la loro faziosità.

L'Italia, fu detto, va alla rovina, importa troppo dagli Stati Uniti ed esporta troppo poco nei Paesi dell'Est, meravigliosi clienti potenziali. L'avvenire era buio, i salari non bastavano al mantenimento d'una famiglia. Sull'ultimo punto la Cgil aveva perfettamente ragione. Era sbagliato tutto il resto, ogni pronostico un'eresia. Mai Di Vittorio sarebbe riuscito a immaginare che la Cecoslovacchia, anteguerra la quarta potenza industriale d'Europa – De Gasperi pensava, anche lui in errore, che fosse possibile trovarvi lavoro per operai italiani – famosa per le tecnologie sofisticate della sua industria, sarebbe stata ridotta proprio dalla cura politica e sociale che a lui piaceva ad essere un Paese esportatore di materie prime in Occidente, ed esportatore di tecnologia solo all'Est, dove non possono rifiutarne i prodotti: mentre l'Italia «marshallizzata» sarebbe diventata uno dei sette Paesi più industrializzati del mondo occidentale, vitale, prospera.

Svarioni analoghi, intendiamoci, avvennero in altri campi ad opera d'altri «esperti»: la riforma agraria, che si fondava sui presupposti arcaici d'una agricoltura parcellizzata e ricca di mano d'opera; le industrializzazioni forzate del Sud, con le cattedrali nel deserto. Vedevano con miopia anche molti imprenditori, che La Malfa e Merzagora terrorizzeranno, infatti, con la loro idea d'un mercato europeo aperto nel quale l'industria italiana dovesse competere ad armi pari con l'industria mondiale. E non mancavano gl'industriali incapaci di vivere con un sindacato libero e aggressivo, affetti da inesausta nostalgia per le barriere doganali e le pastoie poliziesche dei bei tempi. Si assisté allo spettacolo d'una classe dirigente che – con le dovute e fortunate eccezioni, che poi consentirono all'Italia di diventare ciò che è diventata – pensava il futuro economico e sociale come una ripetizione, suppergiù, del passato. Semmai partiti e sindacati vedevano le possibili diversità sul terreno politico e ideologico nel quale alcuni temevano e altri auspicavano un terremoto.

Il terremoto che veramente venne – le immense migrazioni interne, la fuga di braccia dalla terra, il proliferare di decine di migliaia di piccole industrie sulle quali, non sui colossi pubblici tanto cari a politici e sindacalisti, si sarebbe basata la impetuosa ripresa – non era previsto. Furono accettati i suoi effetti benefici, poco fu fatto per attenuarne gli effetti dirompenti. Veder lontano era faticoso, richiedeva onestà intellettuale e impegno, e contraddiceva troppi luoghi comuni. Anche De Gasperi fu miope, in materia economica. Non se n'intendeva molto e non pretendeva d'intendersene. Ma fecero a gara, in molti – all'opposizione o nella stessa Dc –, per impedirgli la visuale.

È diventato di moda, dagli anni Settanta in poi, parlar male del professor Valletta, capo tirannico della Fiat, incentivatore del sindacalismo «giallo», schedatore degli operai. La verità è che il vecchio Valletta fu, in alcune realizzazioni, un uomo moderno, che vide in avanti e vide grande. I sindacati lamentavano che alla Fiat si scioperasse poco o niente, anche quando l'appello era pressante. Non si trattava di coercizione padronale, o non soltanto. È che alla Fiat si guadagnava di più che altrove – anche se non abbastanza –, con più sicurezza e con orari migliori. Là dove Valletta commise un errore terribile, nel volere cioè il gigantismo di Mirafiori e nello snaturare Torino con l'afflusso di decine di migliaia d'immigrati meridionali, avrebbe dovuto essere corretto dal governo e dal sindacato. Né l'uno né l'altro si resero conto di cosa stesse avvenendo. Perché sia il governo sia il sindacato avevano l'ossessione dei posti di lavoro, comunque e dovunque ottenuti. Una mentalità, appunto, da Paese arretrato con una dirigenza arretrata. E con due partiti di massa dei quali l'uno era idealmente vincolato all'assistenzialismo cattolico, l'altro al marxismo politicamente potente e scientificamente fallito, restava poco posto per la razionalità economica e sociale. Chi avesse detto allora a Di Vittorio, che pure era un uomo di notevole intelligenza e di spiccato buon senso, che il proletariato era in via di estinzione e che gli operai e i contadini sarebbero presto diventati minoranza nella comunità nazionale, sarebbe stato trattato da matto, o da provocatore. Il sindacato italiano del dopoguerra denunciava chiaramente le sue caratteristiche: ansioso di fughe politiche in avanti e d'ingerenza nelle decisioni economiche, per non sembrare remissivo o esclusivamente rivendicativo; sempre in grave ritardo sull'evoluzione produttiva, tecnologica e sociale del Paese. O troppo veloce o troppo lento, mai ad andatura giusta.

Oltre che nei campi della politica e dell'economia, le elezioni del '48 – con il loro seguito di avvenimenti drammatici e di contraddizioni interne e internazionali – segnarono una grossa svolta anche in quello della cultura.

Gl'intellettuali non avevano dato, nelle vicende dell'immediato dopoguerra, grandi prove di carattere. Quelli che col fascismo non avevano avuto nulla a che fare, e che erano praticamente vissuti in esilio anche se erano rimasti in patria, erano pochissimi e, salvo rare eccezioni come quelle di Silone, Lussu, Valiani, Garosci (non è un elenco, è solo una esemplificazione), non di alto livello. Gli altri, tutti gli altri, avevano dovuto convivere col regime e quindi scendere con esso a compromessi, resi tanto più facili dal fatto che Mussolini aveva usato con loro più carota che bastone. L'Accademia era stata il sogno di tutta una generazione, e bisogna riconoscere che aveva saputo abbastanza bene difendere i valori reali dalle contaminazioni partitiche. A parte Croce, che non aveva voluto entrarci, ma che se avesse voluto vi sarebbe stato accolto trionfalmente, furono pochissimi coloro che vi vennero cooptati per meriti politici, e meno ancora coloro che ne vennero esclusi per demeriti politici. Ma, oltre l'Accademia, non si contano i premi, gl'incoraggiamenti, le provvidenze che il regime aveva disposto in favore degl'intellettuali. Ancor oggi, dopo cinquant'anni, negli archivi del Ministero della Cultura popolare (o Minculpop, come ironicamente veniva chiamato) si continuano a scoprire liste di «beneficati»: letterati di pochi lettori, artisti e musicisti di poco mercato, giornalisti disoccupati: nomi oscuri, ma anche illustri. In cambio, il regime chiedeva poco: qualche omaggio formale, e talvolta nemmeno quello.

Questo passato di compromessi da cui quasi nessuno era rimasto immune, aveva impedito l'epurazione (ce ne furono soltanto casi isolati e di breve durata che finirono invece per castigare non i più colpevoli, ma i più coerenti). Ma la paura di sentirselo rinfacciare spinse molti, i più, a un antifascismo tanto più zelante quanto più aveva da farsi perdonare, e a cercare protezione presso le forze politiche che più erano disposte ad assicurargliela. E le maggiori garanzie in questo senso le offrivano i partiti di sinistra, e specialmente quello comunista, che diventò infatti il rifugio dei «pentiti» del ventennio.

Fu un poco edificante spettacolo di reciproche accuse e di fratricidio quello che diedero gl'intellettuali fra il '45 e il '48, cioè fin quando prevalse la convinzione che il Fronte popolare avrebbe finito per vincere. E questo dimostrava che, come avevano servito quello vecchio, gl'intellettuali si preparavano a servire il nuovo regime in vista di una nuova Accademia, di un nuovo Minculpop, di nuove provvidenze e bustarelle.

Le elezioni del '48 ridiedero animo e voce a coloro che si erano rifiutati di partecipare a quel grande Barnum dell'antifascismo senza per questo scadere nelle banalità e rozzezze del qualunquismo. I settimanali umoristici, e specialmente il *Candido* di Guareschi e Mosca, svolgevano già una parte importante nel frenare, ridicolizzandoli, i furori dell'antifascismo, così come il suo predecessore *Il Bertoldo* aveva fatto con quelli del fascismo. Ma una parte ancora più importante svolsero, sulla fine degli anni Quaranta e per tutti i Cinquanta, *Il Mondo* di Pannunzio a Roma, e *Il Borghese* di Longanesi a Milano.

Della generazione cresciuta nel fascismo, Mario Pannunzio era uno dei pochissimi che non avevano mai avuto nemmeno la tessera del Partito, obbligatoria per qualsiasi professione. Ma era riuscito ugualmente a intraprendere quella di giornalista nell'*Omnibus* di Longanesi, anni Trenta, il primo e più bel rotocalco che l'Italia abbia avuto allora e dopo. *Omnibus* era stato il ricettacolo e la palestra di tutta la «fronda» al fascismo, e Pannunzio vi aveva affinato, alla scuola di Longanesi, un gusto editoriale e grafico squisito. Subito dopo la Liberazione, aveva diretto *Risorgimento liberale*, organo dell'omonimo partito che, come tutti gli organi di partito, aveva avuto vita breve. Ma la misura delle sue qualità intellettuali e morali la dette col *Mondo*, un settimanale di poche pagine e di pochi mezzi, ma di grandissima eleganza, che riuscì a fare, come già *Omnibus*, da punto di raccolta e di raccordo di tutto il pensiero liberaldemocratico, ugualmente e rigorosamente avverso sia al fascismo che all'antifascismo viscerale. Da strumenti discordi (i Panfilo Gentile, i Mario Ferrara, i Manlio Lupinacci non erano certamente molto in sintonia con gli Ernesto Rossi, i Forcella, i Gorresio), Pannunzio seppe trarre e dirigere alla perfezione un'orchestra, che ebbe nei Moravia, nei Brancati, nei Flaiano, nei Laurenzi, nelle Massari, nei disegnatori Bartoli e Maccari i suoi solisti.

Il Mondo non superò mai le 30.000 copie. Ma fu qualcosa più di un semplice settimanale. Fu, in armonia col suo nome, un mondo: un mondo che esercitò una notevole influenza non sul pubblico, che non raggiunse mai – e nemmeno se lo proponeva –, ma sui quartieri alti della politica, della cultura, dell'economia. Gli uomini del Palazzo, gli scrittori, gli artisti, i finanzieri ne temevano il giudizio e facevano di tutto per ingraziarselo. I suoi redattori e collaboratori avevano eletto a loro bivacco e santuario i caffè di via Veneto, specie Rosati, di cui fecero il surrogato dei salotti parigini. Ai loro tavoli sostavano per precauzione e pagavano tributo ministri, diplomatici, banchieri. Ma i cacciatori di streghe del dilagante sinistrismo non vi trovarono mai ospitalità. E questa esclusione fece loro – abituati a infliggerla agli altri – perdere slancio e mordente.

Il Mondo fu un prodotto tipicamente romano. *Il Borghese* nacque a Milano, e anche per questo fu tutt'altra cosa. Scese in guerra non solo contro il sinistrismo, ma contro i tempi moderni in nome di un'Italia tradizionalista e paesana, anzi strapaesana, che poi era sempre stata la bandiera di Longanesi anche nella fronda al fascismo. Ma più

42

che da raccordo ideologico e da strumento di battaglia politica, fu uno sfogo di umori o meglio di malumori che avrebbero potuto diventare anche una forma di qualunquismo se a correggerli non ci fosse stato, onnipresente e rigoroso, il gusto di Longanesi. Della vecchia guardia di *Omnibus* si schierarono con lui alcuni uomini – Ansaldo, Prezzolini, Furst, e uno dei due autori di questo libro – uniti non tanto da concordanze ideologiche (*Il Borghese* non ebbe un'ideologia definita) quanto dalla fedeltà al vecchio (aveva poco più di quarant'anni!) Maestro che, anche per la scontrosità del suo carattere, era rimasto solo e inviso a tutti, fascisti e antifascisti. Aveva rotto anche con Pannunzio cui forse sotto sotto rimproverava di avergli portato via tutti o quasi tutti i vecchi collaboratori. E fu solo un mese prima della morte (nel '57) che si riconciliò con lui. Ma per quanto d'ispirazione e con stile diversi i due settimanali svolsero un'analoga funzione di rottura nel coro del sinistrismo trionfante. Fu sulle pagine di questi periodici, e specialmente del *Borghese*, che cominciò la revisione di molti tabù, a cominciare dalla Resistenza, e la riabilitazione di certi valori.

Questi gruppi non ebbero nessun legame, sebbene ne facilitassero l'opera, con la Democrazia cristiana. De Gasperi disse un giorno, a chi scrive, che, da parte del potere politico, l'unico modo di rispettare la cultura era di ignorarla. Forse questo atteggiamento era dettato dallo scrupolo di non corromperla, come aveva fatto il fascismo. Ma c'era anche la diffidenza del cattolico verso un mondo che, da quando non era più servo della Chiesa, le era sempre stato nemico, e proprio perché per secoli aveva dovuto restarle servo. Fatto sta che anche dopo il suo trionfo la Democrazia cristiana non sollecitò e non trovò nessun appoggio negl'intellettuali. E di questo approfittarono largamente le forze di sinistra per annetterseli con metodi non molto diversi da quelli usati da Mussolini. Coi renitenti il bastone fu duro, ed ebbe due facce: o l'accusa di «fascismo», o il silenzio di tomba su tutto ciò che facevano e dicevano. La carota fu abbondante. Il Pci dimostrò la sua maestria nell'uso e abuso dei premi artistici e letterari, nel *battage* pubblicitario di chiunque – scrittore, pittore, scultore, regista – si prestasse al suo gioco, nell'amministrazione delle cattedre universitarie. Insomma fu lui il nuovo Principe di una classe intellettuale che, nei secoli, di un Principe non ha mai saputo né voluto fare a meno.

CAPITOLO TERZO

NEL PATTO ATLANTICO

L'adesione italiana al Patto atlantico fu sofferta e più contrastata di quanto abbiano detto, poi, i risultati di un voto parlamentare deciso *a priori*. Lo stesso De Gasperi, il cui «occidentalismo» non era in discussione, ebbe molte perplessità: per l'ambigua situazione dell'Italia vincolata dalle norme del Trattato di pace, per la forte opposizione socialcomunista nelle piazze e in Parlamento, per la resistenza di settori non trascurabili della Democrazia cristiana – in particolare dei dossettiani, che si riconoscevano nella rivista *Cronache sociali* –, per l'avversione di personaggi influenti in Vaticano.

Il miraggio di un'Italia neutrale, immune dalle tensioni della guerra fredda, faceva presa su una parte dell'opinione pubblica che non s'identificava soltanto con lo schieramento del Fronte popolare, ma tendeva ad allargarsi a macchia d'olio. Pochi si ponevano gl'interrogativi seri che la neutralità comportava: doveva essere armata o disarmata? E nel primo caso, quale sarebbe stato l'onere finanziario, umano, organizzativo, tecnico imposto all'Italia? Insieme al filosovietismo comunista, cui rimanevano svogliatamente agganciati molti socialisti, congiurava contro il Patto atlantico il nazionalismo di estrema destra: che non ammetteva l'ingresso italiano nell'alleanza mentre si preparava, dopo le amputazioni territoriali subite dalla madrepatria, la perdita delle colonie, e mentre i laburisti inglesi al governo non si stancavano di ribadire la loro diffidenza verso un'Italia che, insieme debole e arrogante, usava toni e avanzava richieste da alleata, dimenticando il suo passato di nemica.

Il primo invito americano al governo di Roma perché si unisse ai Paesi che avevano in cantiere la grande alleanza difensiva del Nord Atlantico fu formulato il 3 settembre 1948 da un funzionario del Dipartimento di Stato in un colloquio con l'incaricato d'affari Mario di Stefano (l'ambasciatore Tarchiani era in quel momento assente). Il modesto livello gerarchico degl'interlocutori dimostra una certa goffaggine, o una certa prudenza, da parte degli americani. Roma nicchiò, e a Washington ne furono stupefatti, osservando piuttosto pesantemente che l'adesione italiana «non era del resto ritenuta essenziale per il funzionamento del sistema». Quando il segretario di Stato Marshall fu a Roma a metà ottobre, De Gasperi e Sforza, che lo videro lungamente, non accennarono al patto. «I nostri due ministri – fu spiegato – aspettavano un accenno da Marshall per entrare in argomento: questi si attendeva che gli altri attaccassero quel soggetto, perché li stimava i maggiori interessati, e non voleva imbarazzarli.» Nella gara di delicatezza, andò a finire che il tema fondamentale fu ignorato: e così Sforza, congedandosi l'indomani da Marshall, gli riassunse in tutta fretta la posizione italiana. «Noi eravamo *toto corde* cogli Usa per la tutela della civiltà occidentale... Ma visto che l'Italia è molto più esposta degli altri Paesi, anzi lo è due volte perché, disarmata com'è, può essere oggetto di due diverse aggressioni, interna ed esterna, dovevamo avvertirlo che su un solo punto non potevamo transigere: nessuno iato tra eventuali nostri impegni da un lato e garanzie e aiuto per riarmo dall'altro.» Ossia, in parole povere: se ci volete come alleati, bisogna che siamo davvero alleati, e non ex-nemici. Si può discutere se questa fosse la posizione di Sforza, di De Gasperi, o del governo nella sua collegialità. Certo è che De Gasperi era più cauto del suo ministro degli Esteri, che uno dei vice-ministri degli Esteri, Aldo Moro (l'altro era Brusasca), era più cauto di De Gasperi, e che nel gruppo saragattiano le opposizioni al progetto erano tanto forti che in una votazione del 4 marzo 1949 la direzione del Psi si schierò, con la maggioranza d'un voto, contro l'adesione al trattato: e Saragat dovette poi faticosamente ottenere che il verdetto fosse rovesciato.

Gli americani premevano perché ci decidessimo. A loro stava a cuore che l'Italia fosse tra i firmatari: ma non mancavano di sottolineare che l'assenza italiana sarebbe stata da altri – inglesi, canadesi, norvegesi – ritenuta benefica. Si parlava anche di adesione differita. In novembre Harry Truman fu confermato alla presidenza degli Stati Uniti, smentendo tutti i pronostici che davano il suo avversario repubblicano Dewey gran favorito. L'energico Harry poté così insistere in una politica estera che rifiutava ogni tentazione di isolazionismo, e che presupponeva legami molto stretti con l'Europa occidentale.

Truman aveva voluto la «dottrina» che garantiva Grecia e Turchia contro ogni minaccia dell'Est e contro l'eversione interna, e ora intendeva allargare questo scudo con l'alleanza atlantica. A fine dicembre i rapporti di Tarchiani da Washington assunsero un'accentuazione ansiosa: «In assenza di ogni indicazione circa i nostri propositi, il Dipartimento di Stato si limita a costatare che la nostra opinione pubblica è contraria e che il nostro governo non sembra molto deciso... Acciocché esso (Dipartimento di Stato, *N.d.A.*) possa assumere un atteggiamento diverso occorrerebbe una decisa, tempestiva, diretta definizione della posizione nostra, sia pure in via confidenziale». Sforza rassicurò gli americani, facendo loro pervenire un *memorandum* che anticipava l'adesione italiana, purché le garanzie di sicurezza per il nostro territorio, incluso il Territorio libero di Trieste, fossero esplicite. Tarchiani s'incontrò con Dean Acheson, che proprio in quei giorni aveva sostituito il generale Marshall come segretario di Stato, e che fu in grado di dare questi affidamenti: «Il Patto atlantico è un trattato di mutua assistenza e garanzia, tale da far sì che l'eventuale attacco contro uno dei suoi membri sia considerato come rivolto contro tutti. Con ciò l'Italia, se vi aderirà, entrerà automaticamente a far parte della zona che gli Stati Uniti intendono difendere in caso di conflitto».

Questo telegramma di Tarchiani, che eliminava gli ultimi ostacoli sulla via dell'adesione, era del 15 gennaio 1949. Eppure quello stesso giorno De Gasperi – ricevendo Manlio Brosio, ambasciatore a Mosca, che era a Roma – parlò del Patto come di una prospettiva remota, e non gradevole: «De Gasperi – citiamo dal diario di Brosio – mi ha intrattenuto su argomenti generali e mi ha spiegato che l'Italia non assumerà impegni automatici... Era evidente la sua preoccupazione di non destare in me inutili preoccupazioni. Quando insistei sulla necessità di non confermare impegni automatici e sulla fatalità di una politica prudente e destinata a svincolarsi eventualmente all'ultimo momento da interventi bellici, mi rispose con un sorriso: "ma se io facessi questa politica credi che lo direi?". È un abile uomo politico, un temporeggiatore, maestro nel contentare tutti o almeno nel non scontentare nessuno. Sforza mise invece più l'accento sul Patto atlantico, e più ancora Zoppi: ma entrambi mi assicurarono che non vi è ancora nessun impegno e che non vi sarà impegno automatico». Anche per ragioni d'incarico – svolgeva la sua missione a Mosca, da dove partivano veementi bordate propagandistiche e politiche contro il Patto atlantico Brosio, che poi diventerà segretario generale della Nato, era allora di orientamento piuttosto neutralista. Addirittura era dell'opinione che all'Italia convenisse una «neutralità disarmata», sul tipo di quella che fu successivamente imposta all'Austria.

Come già era avvenuto alla vigilia delle elezioni del 18 aprile 1948 con il colpo di Stato cecoslovacco, il blocco orientale diede una mano agli atlantisti italiani esibendosi in una nuova prova di ottuso fanatismo e di cinica repressione. L'8 febbraio 1949 il cardinale primate d'Ungheria, Giuseppe Mindszenty, fu condannato all'ergastolo per alto tradimento. Pio XII non era un Papa che si contentasse di reagire blandamente alla provocazione. Giudici, poliziotti e funzionari di Budapest – lo ha ricordato Gino Pallotta nelle sue *Cronache dell'Italia repubblicana* – furono colpiti dalla scomunica *latae sententiae*, e vennero indette pubbliche preghiere per il «martire».

Il «martire» era certo stato un vescovo di temperamento combattivo e aveva, come sacerdote, precedenti non irreprensibili. Nei suoi *Mémoires* François Feitö, rievocando la sua infanzia in Ungheria, ha scritto: «Uno dei predicatori più popolari della nostra provincia era un curato di nome Jozsef Péhm, d'origine tedesca, che veniva ogni anno a tenere dei sermoni quaresimali nella chiesa dei francescani. Ogni sua predica, sempre stigmatizzante gli ebrei popolo deicida, era seguita da manifestazioni nel centro commerciale della città al grido di "Morte agli ebrei!". Venivano rotte delle vetrine, ma non si andava mai più oltre... Qualche anno più tardi Jozsef Péhm magiarizzò il suo nome in Mindszenty e divenne vescovo, poi cardinale primate d'Ungheria. Tentò allora di far dimenticare i suoi eccessi di gioventù». L'uomo si prestava insomma a critiche fondate. Ma il processo, con l'imputazione assurda, obbediva esclusivamente a una volontà politica, la condanna era stata scritta negli uffici del Partito comunista ed era in sintonia con l'instaurazione d'un regime senza oppositori.

D'altro canto un promemoria del Dipartimento di Stato sugli scopi del Patto *in fieri* fu del tutto rassicurante per il governo di Roma. In cinque punti, Washington così delineava gli scopi dell'alleanza: rendere meno probabile la guerra dimostrando la ferma volontà di resistenza collettiva e concorde a un eventuale aggressore; garantire l'assistenza reciproca; istituire un sistema di consultazione su richiesta d'uno Stato aderente, nell'eventualità di un attacco o d'una minaccia d'attacco; impegnare gli Stati aderenti, nel caso di aggressione armata contro uno di essi, ad adottare singolarmente e collettivamente le misure ritenute capaci di ristabilire la situazione; istituire organismi di reciproca consultazione politico-militare.

L'8 marzo il Consiglio dei ministri deliberò di accettare l'invito ad entrare nel Patto dell'Atlantico del Nord conosciuto con la sigla Nato corrispondente alla dizione inglese di *North Atlantic treaty organisation*.

La discussione parlamentare fu accesa, con momenti tumultuosi. Tanto che a un certo punto De Gasperi dovette dire: «Se l'opposizione vuole privarmi del diritto di replicare a 27 oratori, posso anche convenire». Poi riuscì a pronunciare, tra continue interruzioni, il suo discorso, nel quale negò che esistessero clausole segrete di cui il Parlamento non era informato, e aggiunse: «Poiché nei Paesi democratici l'intervento in un conflitto armato è vincolato alla previa decisione del Parlamento, il Patto non prevede che l'obbligo dell'intervento abbia effetto automatico immediato». Tuttavia la pazienza di De Gasperi, messa a dura prova, non resse quando un deputato dell'opposizione gli gridò: «Tu non capisci cos'è la pace!». «Giovanotto, mi dia del lei» lo fulminò De Gasperi. I *leaders* di altri partiti della coalizione sostennero posizioni che, per voler conciliare l'inconciliabile, risultavano piuttosto confuse, o capziose. Così Ugo La Malfa che volle a tutti i costi collegare il Patto all'idea europea, e al concetto di terza forza. La Dc stessa, lo s'è già accennato, era tutt'altro che unanime. Annotando, il 12 marzo, i contenuti del suo discorso, Nenni affermava: «Ho denunciato oggi il Patto atlantico come patto di divisione del mondo, e, all'interno, un patto che non garantisce ma compromette la nostra indipendenza e la nostra sicurezza. Ho parlato due ore turbando visibilmente la maggioranza che voterà l'adesione ma è, nell'intimo suo, tutt'altro che convinta (nel gruppo Dc Gronchi ha preso posizione nettamente contraria)». Secondo Nenni «si voleva portare l'Italia in un patto militare che voi affermate essere difensivo, che noi affermiamo essere offensivo e che, in ogni caso, vi è stato suggerito non dagli interessi del Paese ma dalla paura e dall'odio».

Togliatti fu duro. Sviluppò due tesi. La prima era una risposta a quanti sostenevano che l'Occidente, rinsaldando i suoi legami, non faceva altro che replicare all'azione politica e militare con cui l'Unione Sovietica aveva creato, nel nome dell'ideologia se non nel nome della ragion di Stato, altre e ben più vincolanti alleanze; la seconda si riassumeva nella domanda: «Cosa fareste, voi comunisti, se l'Italia fosse costretta a combattere contro l'Unione Sovietica?». Per il primo punto Togliatti fu più causidico che convincente. «Voi sollevate, a questo punto, la questione del Cominform. Desidero oggi dare una risposta precisa su questo tema, perché il tema in questo momento è molto serio. La classe operaia, nelle sue formazioni di avanguardia, ha sempre rivendicato il diritto di stabilire legami di solidarietà internazionale, e anche di organizzazione e di azione comune, con i proletari di tutti gli altri Paesi. Nel nome di questo ideale, al grido di "proletari di tutto il mondo unitevi!" è sorto il socialismo. Per rivendicare questo diritto noi abbiamo combattuto e decine o centinaia di assertori del socialismo hanno rischiato o sacrificato la libertà o la vita!» «*Mondolfo* (socialdemocratico): ma non al servizio di uno Stato.» «*Togliatti*: Onorevole Mondolfo, perché la solidarietà dei lavoratori dovrebbe cessare quando la classe operaia diventa, in un Paese, classe dirigente? Può darsi che il fatto che la classe operaia conquisti il potere in uno Stato e diventi per ciò dirigente dello Stato stesso renda più difficile e delicata l'organizzazione e la manifestazione concreta della solidarietà internazionale dei lavoratori: in questo posso essere d'accordo con lei. Ma un assurdo sarebbe se noi rompessimo la nostra solidarietà con i proletari dell'Unione Sovietica solo perché essi non sono più oppressi e sfruttati come da noi ma sono alla testa dello Stato.»

Quanto al secondo punto, Togliatti fu perentorio. «Contro l'Unione Sovietica la guerra non si farà, perché il popolo vi impedirà di farla. Questo è nella tradizione della classe operaia e dei lavoratori dell'Italia, della Francia, dell'Inghilterra, degli Stati Uniti, di tutto il mondo capitalistico... Non fatevi, a questo proposito, alcuna illusione: la guerra contro l'Unione Sovietica non si può fare e non si farà.»

Il 18 marzo 1949, dopo una seduta durata ininterrottamente tre giorni e tre notti – l'orologio di Montecitorio era stato fermato, per una finzione procedurale più volte usata prima e dopo d'allora – l'adesione al Patto atlantico fu approvata con 342 sì, 170 no e 19 astensioni. Tra gli astenuti 11 socialdemocratici, compresi il citato Mondolfo, Matteo Matteotti, Zagari, Vigorelli; 6 missini (tra essi Almirante e Michelini); il sindacalista democristiano Rapelli. Il sottosegretario agli Esteri Moro era assente: cinque giorni dopo, in sede di processo verbale, dichiarò che era stato costretto a disertare la seduta per ragioni di famiglia, ma che, se presente, si sarebbe associato al voto della maggioranza. In Senato alle astensioni di alcuni socialdemocratici e del missino Franza si aggiunsero quelle dei notabili prefascisti Vittorio Emanuele Orlando, Francesco Saverio Nitti e Alberto Bergamini.

Mentre il Parlamento discuteva, l'Italia intera era teatro di violente manifestazioni, proteste, cortei contro il Patto atlantico: spesso sfociati in scontri tra dimostranti e polizia. A Terni ci fu un morto, addebitato a Scelba, e al grilletto facile dei suoi celerini. Ma il 4 aprile il Patto fu solennemente firmato a Washington e Nenni commentò: «Se la guerra non è soltanto un fatto militare, ma un fatto politico e psicologico, la terza guerra è cominciata oggi. Non è detto che debba tradursi in fatto bellico. Può non esserci il conflitto armato. Ma da oggi tutto viene compiuto e attuato nell'ambito del rapporto delle forze militari». Lo stesso Nenni aprì il 20 aprile, nella sala Pleyel di Parigi, il Congresso dei partigiani della pace sovrastato dalla colomba di Picasso e paragonò, tra gli applausi d'una platea inneggiante all'Unione Sovietica, l'esercito rosso a quelli della Rivoluzione francese definendolo «una forza di progresso».

Nenni riprese presto le redini del Partito socialista. Il ventottesimo Congresso nazionale, tenuto a Firenze dall'11 al 16 maggio 1949, pose fine al fragile e interlocutorio assetto uscito dal Congresso che a Genova, poco meno di un anno prima, aveva bocciato Nenni. Questi, ostinatamente frontista, restava di gran lunga il *leader* più prestigioso, più capace di convincere una platea, e più abile nella tattica delle alleanze, sul quale il Psi potesse contare. A Firenze egli ebbe così la sua pronta rivincita. Invano Romita, ormai in rotta con i compagni, e pronto ad abbandonarli, ammonì che le concezioni sociali della dirigenza erano anacronistiche. Invano rivendicò al socialismo il dovere d'essere «il trionfo dell'umanità sull'inumanità, della libertà sulla necessità». De Martino se la prese invece con chi negava vi fosse coincidenza tra gli interessi dello Stato russo e quelli del proletariato internazionale. «È evidente – disse – che l'azione che condurrà il proletariato in Italia e negli altri Paesi europei deve essere appoggiata dalla politica generale che guida i Paesi del socialismo e di democrazia popolare». La forma era contorta, ma il senso chiaro. Le masse devono guardare al modello sovietico.

Nenni si occupò principalmente del Patto atlantico. Disse che alla politica del governo il Psi contrapponeva l'alternativa della neutralità, da non confondere col neutralismo ideologico e politico e con la tesi dell'equidistanza. Quella politica doveva essere «una piattaforma di lotta contro l'imperialismo, nella sua forma positiva di lotta contro il Patto atlantico». La mozione di sinistra, che poi prevalse, pareva ricalcata su uno schema comunista, con la sua solidarietà «ai popoli dell'Unione Sovietica e ai Paesi di democrazia popolare contro i quali è diretto il tentativo di accerchiamento». Veniva definita «disperata» la situazione cui il Paese era stato «sospinto in odio a ogni idea innovatrice».

Nenni e la sinistra vinsero, di misura. Quasi metà del Partito rimaneva autonomista. Al *leader* romagnolo toccò di diritto la segreteria, e a Pertini la direzione dell'*Avanti!*. Questo Nenni ancora pateticamente affezionato, nonostante le amarezze, ai miti del Fronte popolare, fu tra agosto e settembre in Unione Sovietica, per una visita di due settimane. Partecipò al Congresso dei partigiani della pace, fu «acclamato da un'immensa folla» («Lo meriti» ha la bontà di riconoscere Velio Spano. Quanto a Guttuso ne fa un «motivo d'orgoglio nazionale») e buttò giù le sue impressioni. Vedeva l'Urss attraverso le lenti magiche dell'ideologia; vedeva e non capiva: «Una società in progresso, qualcosa di più, una società che scopre le leggi della vita. Tutto sembra nuovo e meraviglioso a chi ha secoli di miseria dietro di sé. Non ci sono più classi anche se ci sono differenze sociali di cui non so misurare se rispondono a una diversità delle funzioni o a vere e proprie nuove gerarchie sociali».

CAPITOLO QUARTO

I PULEDRI DI RAZZA

Nei mesi tra l'estate del 1948 e la primavera del 1949 c'erano stati l'attentato a Togliatti, il piano Marshall, la scissione sindacale, l'adesione italiana al Patto atlantico. Quanto basta, e avanza, per renderli memorabili. Ma oggi, retrospettivamente, il 1948 e il 1949 sono importanti anche per l'emergere, sulla scena politica, di due personaggi che la occuperanno, come protagonisti, durante decenni: i «cavalli di razza» Amintore Fanfani e Aldo Moro.

La Dc era dominata da De Gasperi con piglio di mediatore – com'era nel suo temperamento – più che di dittatore: e i notabili provenienti dalle file prefasciste del Partito popolare (Piccioni, Gronchi, Scelba, Jacini, Zoli etc.) erano ancora influenti, oltre che rispettati. De Gasperi, che aveva la stessa loro radice, li sentiva più vicini alla sua umanità e al suo passato. Antifascista, e con ancora nell'animo le cicatrici degli anni di inattività e di umiliazione, era insieme sospettoso e sdegnoso verso i troppi giovani o quasi giovani intelligenti, ambiziosi, capaci di presentare con abilità piani millenaristici, che nell'acqua fascista avevano nuotato disinvoltamente quando non lietamente, e che ora avevano l'aria di insegnargli cosa dovesse essere fatto, e come. Ma De Gasperi, che aveva capacità e intuito da vero *leader*, non si lasciava influenzare a lungo dalle idiosincrasie personali. Nell'interesse del Partito, e se capitava anche del Paese, sapeva riconoscere gli elementi di spicco, e valorizzarli: anche se erano lontani dai suoi principi di liberalcattolico, e portavano nell'azione politica certezze integraliste e visioni messianiche.

La sinistra del Partito stava assumendo una fisionomia precisa, sotto l'impulso di Giuseppe Dossetti: alla cui scuderia erano iscritti, con diversa partecipazione, Fanfani e Moro. Professorini, entrambi. E risoluti a fare della Dc qualcosa di assai diverso dal grande aggregato interclassista che De Gasperi aveva saputo creare. O piuttosto si deve dire che De Gasperi aveva fatto della Dc, la sua Dc, il recipiente capace di accogliere, al momento delle elezioni, italiani di ogni ceto e di varie tendenze, uniti da un tenue mastice confessionale e, assai più fortemente, dalla convinzione che il voto per la Dc garantisse stabilità, sicurezza e libertà. (Mario Missiroli diceva che in Italia avrebbe dovuto esserci un solo partito, la Dc: esso comprendeva tutti gli altri.) Per ingenui e sommari che fossero, questi sentimenti avevano procurato lo straordinario consenso del 18 aprile a una Dc che faceva molto assegnamento sulla sacrestia, e molto meno sull'ideologia. Non che le sacrestie, i confessionali e le tonache contassero poco per Fanfani e Moro: contavano anzi più che per De Gasperi (Dossetti, spirito integro e troppo alto, forse, per la lotta politica, diventerà sacerdote). Ma l'organizzazione della Chiesa era per De Gasperi uno strumento indispensabile, un vincolo, un limite a volte ingombrante: per Fanfani e Moro era il supporto operativo d'una dottrina politica e sociale. Nella sinistra cristiana la sottolineatura clericale e la sottolineatura progressista andavano a scapito dell'impronta liberale. Questo, De Gasperi lo sentiva: ma sentiva egualmente che quei *poulains* tanto cari alla gerarchia cattolica gli erano fastidiosamente indispensabili.

Nel governo uscito dal trionfo del 18 aprile Fanfani era ministro del Lavoro, Moro sottosegretario agli Esteri, con l'incarico di sovrintendere ai problemi dell'emigrazione sotto l'esperta e altezzosa guida del ministro Carlo Sforza. Amintore Fanfani aveva compiuto da poco i quarant'anni, era nato il 6 febbraio 1908 a Pieve Santo Stefano, fra i monti dell'Alto Tevere, a nord di Arezzo. Il padre era avvocato, e l'aveva battezzato con il nome piuttosto inconsueto d'un amico, autore d'un inno socialista: Amintore. La famiglia era numerosa e non ricca, il ragazzo non cresceva molto, ma in compenso era parecchio sveglio, generoso, ciarliero, prepotente. La sua fede fu precoce, e manifestata – caratteristica questa che conserverà sempre – nella pratica quotidiana. Giovinetto, Amintore si prodigava per i poveri, con l'abnegazione e insieme la rassegnazione a una volontà superiore che è tipica della misericordia cattolica.

Fattosi giovanotto, atticciato e bassino, Fanfani studiò alla Cattolica di Milano dove si laureò in scienze economiche nel 1930. Due anni dopo era libero docente, sei anni dopo andava in cattedra, non ancora trentenne, per insegnare storia dell'economia. Nel 1939 prese moglie: Bianca Rosa Pravasoli, figlia d'un costruttore lombardo. Tra queste date sta racchiusa la frenetica attività d'un professorino saldamente inserito nell'ambiente cattolico che ruotava attorno a padre Gemelli, fondatore e rettore della Cattolica; un professorino prolifico di libri, articoli, recensioni, partecipazioni a simposi e corsi estivi di lezioni. Un biografo di Fanfani, Piero Ottone, riferisce che alla Cattolica avevano coniato per lui un caustico motto latino: *Tantillus homo quantum rumorem facit*. Non è necessario tradurre, crediamo. Più tardi vi sarà chi, riecheggiando una frase del repertorio fascista, lo definirà «il motorino del secolo».

I saggi economici di Fanfani (*Storia delle dottrine economiche* e *Protestantesimo e cattolicesimo nella formazione del capitalismo* in particolare) erano il riflesso dell'ambiente culturale nel quale si muoveva. Rifiuto del liberismo puro, rifiuto del concetto protestante secondo il quale la ricchezza – e i modi in cui viene conseguita – non sono in contrasto con l'insegnamento cristiano, rifiuto del marxismo. E il riconoscimento d'un nesso doveroso – per il cristiano – tra principi economici e principi morali. Dunque una via diversa sia dal liberismo, sia dalla riforma protestante, sia dal marxismo. La scelta di Fanfani, e della scuola che lo aveva ispirato, era più convincente nelle negazioni che nelle affermazioni. Robusti gli argomenti contro le teorie che venivano respinte, e che la realtà – si trattasse dei fallimenti economici sovietici per il marxismo o della crisi del 1929 per il capitalismo – aveva fortemente indebolito. Meno persuasiva la linea che veniva indicata. In effetti Fanfani, quali che siano stati e siano gli entusiasmi dei suoi adulatori, non era allora e non fu mai dopo d'allora un pensatore astratto. Fu un pragmatico, un uomo d'azione. Con gl'impeti, le astuzie e le imprudenze dell'uomo d'azione. Ebbe qualche simpatia per il corporativismo fascista, che pretendeva d'affondare le sue radici nel Medio Evo, prediletto dai cattolici per l'afflato religioso che vi spirava. L'antifascismo intransigente gli rimproverò talune concessioni apologetiche verso il fascismo. A Santander – prima che scoppiasse la guerra civile spagnola – disse durante una lezione che «lo Stato corporativo ha per meta la più alta giustizia sociale e il massimo di benessere e di potenza morale e materiale della Nazione italiana». Dopo la campagna d'Etiopia rese merito a Benito Mussolini per la «preveggente preparazione di forze nuove» e per aver dato «all'interno pace politica, sociale, religiosa»; all'estero «il più forte amor di Patria e in ogni straniero ammirazione e rispetto per l'Italia nuova, conquistatrice di ogni primato nella lotta per la civiltà». Peccati veniali di gioventù e d'ambizione.

Questo Fanfani a valvole in testa, incapace di star quieto e incapace di star zitto, trovò l'uomo che seppe incanalare le sue grandi energie in Giuseppe Dossetti, professore incaricato di diritto ecclesiastico alla Cattolica: integro, religioso, mosso alla politica – dalla quale fu poi disgustato –

dalla visione d'un mondo pacifico e giusto, guidato dalla parola di Dio. Dossetti era la versione austera di quello stesso disinteressato e nobile integralismo cattolico che aveva in Giorgio La Pira la sua versione giullaresca. Siciliano trapiantato a Firenze, La Pira era, o poteva sembrare, più una macchietta che un maestro di vita. Il suo antifascismo era stato tuttavia senza tentennamenti. Quando la Polonia fu invasa e spartita lamentò «l'assassinio di un'intera Nazione» ad opera di due Stati non cristiani, l'hitleriano e lo staliniano.

Richiamato alle armi e assegnato, nel 1943 a Milano, ad una mansione stupida e comica – il controllo retrospettivo delle forniture belliche per la guerra d'Etiopia –, Fanfani si rifugiò, dopo l'armistizio, in Svizzera. Quando rimpatriò non sapeva bene cosa il destino gli riservasse, ma sapeva che ciò che gli riservava, lui lo voleva fortissimamente. Ebbe fortuna. Dossetti fu nominato vicesegretario della Dc, e si circondò di persone, anzi di personalità, che conosceva e in cui aveva fiducia. Fanfani era del numero.

Si formò così a Roma la comunità detta «del porcellino», in cui la sinistra cristiana, che in Dossetti aveva un capo carismatico, cominciò ad avere anche uno stato maggiore. Quanto al porcellino, viene riferito che il nome fu adottato perché una professoressa Bianchini di Brescia che era del gruppo – e che anzi ne aveva scovato la sede – si lasciava scappare qualche «porco qui» e «porco là». Tanto che Fanfani, non solo pittore ma anche poeta a tempo perso, le dedicò quando già era diventato ministro del Lavoro questa invero modesta quartina:

> Lazzati Dossetti Gotelli Bianchini
> furono a Roma... da porcellini.
> In eterna memoria di loro
> eresse... il ministro del Lavoro.

Così, nel 1947, Fanfani fu ministro, e La Pira gli fece da sottosegretario. (Lo strano è che in precedenza la carica di ministro era stata offerta allo stesso La Pira, che aveva rifiutato: e che invece accettò di essere in subordine a Fanfani, ignaro, quest'ultimo, sia della pregressa offerta, sia del rifiuto.)

Quando l'Italia fu messa a soqquadro dall'attentato a Togliatti, e De Gasperi – che per i dossettiani non aveva gran simpatia – era in cerca di diversivi pacificatori, Fanfani avviò a tambur battente un suo piano per la costruzione di alloggi popolari. Il bello – o il brutto – è che De Gasperi vedeva probabilmente nel progetto soltanto un espediente. Fanfani, che invece l'aveva preso sul serio, si lamentò perché l'*iter* parlamentare della legge procedeva a rilento. De Gasperi si stupì. «Pensi sempre al tuo piano?» gli chiese. E forse ancora più stupito fu che quel piano fosse dei pochi che giunsero bene o male in porto.

Se Fanfani fu prezioso a De Gasperi in un momento critico, Aldo Moro, in un altro momento critico, lo mise in collera. Durante la discussione sul Patto atlantico, Giuseppe Dossetti aveva pronunciato un discorso che prendeva le distanze dalla linea governativa; e che era fitto di dati i quali – secondo De Gasperi – potevano provenire soltanto dal Ministero degli Esteri. Chi li aveva passati a Dossetti? Non certo Sforza che era, umanamente e culturalmente, l'antitesi del casto e mistico Dossetti. *Ergo* Aldo Moro, il sottosegretario dossettiano. Cui De Gasperi tenne il broncio: e quando Moro uscì dal governo non ve lo fece mai più rientrare.

Aldo Moro, classe 1916 – sottosegretario, dunque, a soli trentadue anni – era nato a Maglie, in provincia di Lecce, da genitori entrambi insegnanti. La famiglia si trasferì prima a Taranto e quindi a Bari dove il ragazzo ebbe la sua formazione culturale e morale. Due qualità dimostrò subito in modo spiccato: la religiosità – spinta fino al bigottismo – e una capacità straordinaria di applicazione allo studio. A tutti i livelli scolastici ebbe splendidi voti. I suoi compagni lo ricordano come un ragazzo gentile, distaccato, scettico, che non rifiutava mai ai compagni somari il suo aiuto, dato senza farlo pesare. Sottile, un po' molle, malinconico, apparentemente timido, tenace e ambizioso, si fece notare presto. Entrato in università (facoltà di legge) si affiliò al Guf, l'organizzazione universitaria fascista, e alla Fuci, l'organizzazione universitaria dei cattolici: due universi giovanili tra i quali s'erano avuti momenti di aspra battaglia, ma che negli anni della guerra d'Etiopia e del massimo consenso al fascismo convivevano, e spesso collaboravano. Infatti Moro «cresceva» nel suo Guf, che rappresentò più volte ai Littoriali, e «cresceva» nella Fuci barese, della quale assunse la presidenza nel 1937, in attesa di diventarne – il che accadde presto – il presidente nazionale. Difensori d'ufficio di Moro affermarono, quando i missini nel 1960 lo presero di petto come voltagabbana, che l'iscrizione al Guf e la partecipazione ai Littoriali erano obbligatorie. Non è vero. Ma è vero che lo diventavano, in qualche modo, per chi come Moro sentisse, sotto quella sua superficie d'acqua cheta, una gran smania d'arrivare. Le pubblicazioni giuridiche di Moro – che, presa la laurea nel 1938, ebbe in piena guerra la libera docenza di diritto penale e poi l'incarico di filosofia del diritto – sono migliori, secondo gli esperti, delle pubblicazioni economiche di Fanfani. Meno caduche, meno frettolose, meno legate al momento.

Per gli universitari del 1916 – che la bizzarria burocratica volle privilegiare rispetto a quelli tartassati del 1921, volontari con cartolina precetto – la chiamata alle armi venne tardi: e quando venne, Moro non rispose con entusiasmo. I cavalli di razza democristiani correvano a tutto galoppo verso le glorie della Roma ministeriale, non verso le glorie del fronte. Si ha la sensazione, dalle loro biografie, che la guerra gli scorresse accanto, senza investirli. Così Moro fu – sempre a due passi da casa – prima sergente presso il Tribunale Militare, poi ufficiale – col grado di capitano, che carriera anche lì! – del commissariato aeronautico dove fu destinato all'ufficio disciplina. Gli impegni militari gli fecero lasciare la presidenza della Fuci nazionale che passò a un altro vispo puledro di razza anche lui, Giulio Andreotti.

Dopo la tragedia dell'8 settembre Moro si faceva spesso vedere all'Eiar di Bari, per avere informazioni. Annibale del Mare lo ha ricordato in questi termini: «Quasi ogni giorno, intorno alle 17, veniva a farci visita... Sempre elegante nella sua divisa nuova di capitano d'aviazione (talvolta vestiva anche quella bianca estiva)... Scorreva i nostri bollettini di intercettazione telefonica e commentava con noi gli avvenimenti... Quasi ogni mattina, quando mi soffermavo nella cappella adiacente all'Università, mi capitava di incontrarlo e lo trovavo assorto nel seguire la Messa e nel ricevere la comunione». Il matrimonio fu coerente con il suo stile di vita. Noretta Chiavarelli, la prescelta, aveva il merito d'essere «seria e fortemente caratterizzata dalla fede» e di frequentare anche lei gli ambienti dell'Azione Cattolica.

Consolato della perduta presidenza della Fuci con quella, non meno prestigiosa e più duratura, di presidente dei laureati cattolici, Moro aveva allora fama di moderato. Tra monarchia e repubblica, sapendo quali fossero gli umori dell'elettorato pugliese – secondo solo alla Campania, il 2 giugno 1946, nella opzione sabauda –, non si pronunciava. Teneva comizi tra maree di bandiere con lo stemma dei Savoia. Poi professava simpatie di sinistra. Era incerto. Corse voce, allora, d'un suo tentativo d'entrare nel Partito socialista. Italo Pietra nel suo *Moro fu vera gloria?* ha indugiato su questo episodio, dal *leader* democristiano sempre smentito come calunnioso. Comunque Moro fu candidato democristiano per la Costituente, e rastrellò, alla sua maniera soave, 27 mila preferenze: forte delle quali, trentenne, approdò definitivamente a Roma: e, nella Costituente, ebbe un posto nella commissione dei 75, quella che elaborava le proposte di articoli e poi le passava all'assemblea plenaria. È stata attribuita a lui la formulazione del principio di «repubblica fondata sul lavoro» con cui esordisce la Costituzione. Nilde Jotti ha ricordato che Togliatti fu impressionato dagl'interventi di Moro: i quali dovevano essere musica comprensibile per l'orecchio d'un incallito cremlinologo abituato ai sottintesi e alle sfumature, alla forma ovattata che nasconde la sostanza dura. Questo saper teorizzare più che fare, questa presbiopia politica, che faceva vedere nitidamente traguardi remoti, e in maniera confusa esigenze impellenti e attuali, erano fatti apposta per piacere ai più dottrinari tra i dossettiani, su cui Moro infatti fece colpo. E si unì al gruppo nonostante i precedenti non progressisti e l'agnosticismo su molti temi incalzanti, tranne uno: la necessità di una presenza costante della fede nell'azione politica.

Il Moro di quel tempo era d'una onestà personale rimasta leggendaria. Antonio Rossano, un giornalista pugliese che ne *L'altro Moro* ha dato un'immagine non convenzionale, e ricavata da esperienze personali, del *leader* ucciso dai brigatisti, rievoca questo episodio. Trasferitosi a Roma, il professor Aldo Moro andò al Commissariato per le requisizioni degli alloggi di Bari e disse che l'abitazione a suo tempo concessagli non gli serviva più. «L'impiegato non fiata. S'alza di scatto e corre negli uffici della direzione dal commissario, generale Ferraro: "Generale, venga fuori lei. C'è un provocatore, dice che vuole lasciare la casa che gli avevamo assegnato".»

Il giovane professore e parlamentare aveva ancora qualche indecisione sul suo avvenire, era tentato dalla professione di avvocato, però capiva che gli mancava la grinta necessaria per presentare parcelle salate. Le elezioni del 18 aprile 1948 dissolsero ogni dubbio. I quasi 70 mila voti di preferenza di Moro furono un piccolo trionfo personale nel grande trionfo del Partito. Erano voti caduti dal cielo: nel senso che li aveva fortemente agevolati il clero con una campagna insistente per quel cattolico esemplare, rassicurante, cortese, benevolo, fedele alla sua terra. Anche l'arcivescovo di Bari Marcello Mimmi s'era impegnato a fondo per la buona riuscita del suo protetto: che fu sottosegretario agli Esteri in un settore – quello dell'emigrazione – che a un Fanfani avrebbe servito su un piatto d'argento l'occasione agognata per far valere le sue capacità organizzative e la sua instancabilità motoria, ma che per Moro era troppo poco adatto a teorizzare, tessere, discettare con infinita pazienza. Il «dottor Divago» non si sentì a suo agio.

Il nodo dell'emigrazione era importante, e dava esca a polemiche. Monsignor Baldelli, a nome della Pontificia commissione di assistenza, insisteva perché si desse impulso a questa valvola sociale, e sosteneva che i maggiori ostacoli erano frapposti dal Ministero del Lavoro – l'emigrazione aveva doppia dipendenza, dagli Esteri e dal Lavoro – rimasto un feudo socialista, anche se il ministro era Fanfani. Forse questa dietrologia era infondata: secondo l'opinione di Stefano Jacini i due ministeri procedevano, sulla questione, parallelamente, e come le parallele, non s'incontravano mai. Moro, che inventerà solo molto più tardi le convergenze parallele, leggeva molti rapporti di ambasciatori, sapeva tutto e non faceva nulla. Non per questo, s'è accennato, De Gasperi s'impermalì. Ci fu il sospetto per l'intervento dossettiano. Ma ci fu anche dell'altro. Ci occuperemo più tardi del no opposto dai democristiani che si riconoscevano in *Cronache sociali* – la rivista sulla quale comparivano articoli di don Mazzolari – all'ingresso nel sesto governo De Gasperi. E Moro fu del numero. Ma Italo Pietra crede probabile che «anche prima di quell'episodio (la discussione sul Patto atlantico) De Gasperi avesse un'ombra di perplessità verso Moro, così come verso Fanfani, per via della tessera fascista. Fanfani affascinò il Presidente con l'attivismo, con l'abilità organizzativa, con la ricchezza di stupende immagini nel modo di esporre i problemi. Risorse di quel genere, Moro ne aveva ben poche».

CAPITOLO QUINTO

L'ULTIMA COLONIA

Il 1950 – proclamato Anno Santo da Pio XII – si avviò piuttosto male per Alcide De Gasperi: con una crisi di governo aperta, e con un grave scontro a Modena tra polizia e dimostranti: sul terreno, sei morti. L'episodio non fu che il più grave della febbre agitatoria che percorreva l'Italia, nelle campagne e nelle fabbriche. Esso aveva fondati moventi economici, anche se tra l'inizio e la fine del 1949 il prezzo del pane passò, a Milano, da 150 a 115 lire, e a Roma, da 140 a 120. L'emergenza delle «saldature» di grano era finita, per sempre. Non per questo s'era placato il malessere sociale al quale si sommavano, nel provocare agitazioni e tumulti, una effervescenza e una turbolenza politica che la Cgil, ormai cinghia di trasmissione del Pci, tollerava o favoriva, e che l'ansia di rivincita di molti militanti di sinistra alimentava.

Le condizioni di disagio nelle fabbriche erano una realtà, così come la fame di terre del Sud, opposta a un latifondo anacronistico chiuso e ottuso. C'era però chi soffiava sul fuoco. E sul versante opposto si trovavano forze dell'ordine tecnicamente poco preparate, e tuttavia autorizzate ad agire per le spicce da un ministro risoluto. Il quale divenne, nel mito contestatore, «Scelba bara e spara», «Scelba massacratore del popolo», ma non ne fu intimorito, né sminuito nella sua energia a volte brutale. Un primo serio incidente era avvenuto, il 18 febbraio del 1949, a Isola del Liri, qualche decina di chilometri lontano da Frosinone, dove funzionavano – anzi non funzionavano – alcune grandi cartiere prive di ordinazioni. S'era parlato di licenziamenti massicci, poi ridotti. Come accade in molti di questi drammi – a testimonianza della volontà di scontro che da qualche parte covava – si era vicini a un accordo. D'improvviso gli operai proclamarono lo sciopero e occuparono alcuni stabilimenti. La polizia intervenne e – secondo i suoi verbali – fu fatta segno «dall'interno dello stabilimento occupato ad una fitta sassaiola, al lancio di pezzi di ferro, di un petardo, e di alcuni colpi di arma da fuoco». Gli agenti risposero al fuoco e si contarono tra gli operai 35 feriti e un morto, quet'ultimo travolto da un automezzo dei carabinieri. Il 7 maggio fu uccisa a Molinella una mondina (contro un carabiniere accusato d'avere sparato avventatamente fu aperta un'inchiesta e Scelba concesse l'autorizzazione a procedere, necessaria per l'incriminazione: l'unica autorizzazione della sua gestione come ministro).

Altro sangue a Mediglia nei dintorni di Milano (un morto) durante una dimostrazione di braccianti, altro ancora a Forlì (anche lì un morto) in una manifestazione operaia. «Il motivo – ha scritto Corrado Pizzinelli in una sua biografia di Scelba – è sempre lo stesso: la polizia, sentendosi minacciata, spara.»

Il 29 ottobre, a Melissa, borgo calabrese nei pressi di Crotone, la protesta bracciantile assunse le connotazioni d'una *jacquerie* d'altro secolo, e la repressione della polizia non fu meno antiquata e dura. Un'area, quella di Melissa, dove ancora esisteva il vero, classico latifondo (assai meno diffuso in Italia di quanto certa propaganda volesse far credere): e i contadini venivano incitati a farsi giustizia da soli, con ogni mezzo. «Da mesi migliaia di contadini a piedi e sui somari, bandiere e bande in testa, partono di buon mattino da paesi come Strongoli, Cutro, Rocca di Nato, San Giovanni in Fiore, raggiungono proprietà incolte, si spartiscono la terra, la picchettano e cominciano a dissodarla.» La vita di quelle plebi di campagna era miserabile, ma queste invasioni non servivano certo ad alleviarne le asprezze. Economicamente erano un nonsenso, socialmente un pericolo. Servivano soltanto a fini politici ed elettorali. Scelba, figlio egli stesso d'un bracciante senza terra, capiva la ribellione contadina, ma capiva con altrettanta chiarezza che, se si dava sfogo a queste spinte anarchiche, era la fine per l'ordine pubblico nel profondo Sud.

Nel pomeriggio del 29 ottobre trecento uomini irruppero nel feudo Fragalà, di proprietà del barone Berlingieri. Quel che poi accadde è difficilmente ricostruibile in maniera obbiettiva. La formula guareschiana del «visto da destra, visto da sinistra» si attaglia perfettamente a questo tipo di avvenimenti. Scrisse il *Corriere della Sera* che il commissario di Ps dottor Rossi si era precipitato con un gruppo di agenti nel feudo, quando lo avevano avvertito dell'invasione: «Dopo quasi mezz'ora alle intimazioni del dott. Rossi i braccianti rispondevano con il lancio di bombe. Gli agenti reagivano immediatamente: nasceva così un conflitto a fuoco durato parecchi minuti nel corso del quale rimanevano freddati...». Bilancio: due morti sul posto, una ragazza spirata all'ospedale, una ventina di feriti. Per *l'Unità* i fatti si erano svolti alquanto diversamente: «Risulta che i celerini sono giunti a Melissa in camion. Scesi a terra, prima di recarsi sul fondo Berlingieri occupato dai contadini, sostavano nell'osteria di un certo Filosa dove mangiarono e bevvero abbondantemente. Mezzo ubriachi, s'avviarono poi verso il fondo Fragalà. I contadini appena li videro li accolsero al grido: "Viva la polizia della Repubblica". In risposta i poliziotti ingiunsero loro di posare gli attrezzi; poi, senza preavviso alcuno, cominciarono a lanciare dapprima bombe lacrimogene, poi bombe a mano e infine scariche di mitra».

Scelba ripeté inflessibilmente che la polizia non era dotata di bombe a mano, di cui erano invece muniti i braccianti. Ma poi, riservatamente, rivolse una reprimenda al prefetto di Catanzaro in quanto «essendo a conoscenza dello speciale dato di fatto e potendo, quindi, con elementi già acquisiti, facilmente prevedere le reazioni locali» aveva «impartito disposizioni perché gli organi di polizia procedessero in tali condizioni anzitutto a molteplici arresti... e successivamente a sgomberi forzati delle terre occupate».

Quando il sottosegretario all'Agricoltura e foreste Emilio Colombo, precipitatosi a Catanzaro, sanzionò un accordo tra contadini e proprietari, Scelba rilevò sarcasticamente in un telegramma alle prefetture calabresi che «l'incomprensione dimostrata dai proprietari terrieri e dalla commissione provinciale di Catanzaro ha finito per indurre i proprietari stessi a cedere sotto la pressione degli avvenimenti il quadruplo di quanto era stato richiesto dai contadini all'inizio dell'agitazione».

Altro stillicidio di morti nelle settimane successive, sempre nel Sud e sempre per moti contadini: una ragazza a Nardò, due dimostranti nel Foggiano, altri due a Montescaglioso. In tutto quindici morti nel 1949. All'inizio del 1950 l'episodio più grave, sul fronte dell'industria. A Modena le fonderie Orsi erano in crisi. La tensione era forte, in fabbrica e fuori. Nella zona, il Pci e la Cgil spadroneggiavano. In *De Gasperi e il suo tempo* il pur cauto Giulio Andreotti ha così presentato l'antefatto della tragedia: «Qualche sintomo di anormalità si era avuto nella città emiliana specie dopo il trasferimento a Palermo (per la repressione del banditismo) del questore Marzano. La polizia aveva rinvenuto armi in quantità eccezionale, e proprio nel giorno di Capodanno, presso due comunisti, erano state trovate ottantaquattro casse di armi in ottima tenuta di lubrificazione... La prefettura non tralasciava occasione per agevolare la conclusione delle vertenze, in particolare quella delle fonderie riunite (Orsi, *N.d.A.*) di Modena e si era riusciti a ottenere l'impegno di riapertura degli stabilimenti, a partire dal 9 gennaio, dopo un mese di chiusura, con la riassunzione della maggior parte degli operai disoccupati. La Camera del lavoro, non paga del risultato o forse irritata dal fatto che l'accordo fosse ascritto a merito delle autorità statali del luogo, indisse una manifestazione di protesta...».

Si trattò in realtà della proclamazione d'uno sciopero generale, dalle 10 alle 18. Diecimila dimostranti eccitati si riunirono davanti ai cancelli delle fonderie. Secondo la Cgil (ancora una volta il visto da destra e visto da sinistra) gli agenti spararono freddamente contro operai «inermi, fermi a gruppi davanti ai cancelli o presso un passaggio a livello a un centinaio di metri». Secondo la polizia ci fu una vera e propria battaglia. Andreotti afferma che «il magistrato recatosi subito sul posto reperì: cinque bombe a mano, una mazza ferrata, centosessantasei bulloni per rotaie ferroviarie del peso di quattrocento grammi ciascuno, otto bastoni di ferro, ventisette randelli. Insieme a questo arsenale proprio o improprio purtroppo giacevano sul terreno anche sei morti». La figlia di uno di loro, Marisa Malagoli, fu adottata da Palmiro Togliatti che in piazza Sant'Agostino, a Modena, disse rivolgendosi retoricamente ai caduti: «Chi vi ha condannati a morte? Chi vi ha ucciso? Un prefetto, un questore, irresponsabili scellerati. Un cinico ministro degli Interni. Un Presidente del Consiglio cui spetta solo il tristissimo vanto di aver deliberatamente voluto spezzare quella unità della Nazione che si era temprata nella lotta gloriosa contro l'invasore straniero; di aver scritto sulle sue bandiere quelle parole di odio contro i lavoratori e di scissione della vita nazionale che ieri furono del fascismo e oggi sono le sue». Nenni annotava: «C'è molta eccitazione negli animi. Mi sono sentito dire ripetutamente: "Quand'è che ci lasciate liberi di rispondere ai mitra coi mitra?"».

70

De Gasperi, che aveva questi guai nelle piazze, nelle fabbriche, nei latifondi e ad opera dell'opposizione in Parlamento, era tormentato anche da fastidiose punzecchiature all'interno della sua coalizione. Le frecciate, i piccoli o non piccoli boicottaggi, le dissidenze, le minacce di dimissioni, gli venivano dagli esterni al Partito, ma anche dalla stessa Dc. In primo luogo dai dossettiani, che ancora riconoscevano in *Cronache sociali* il loro breviario. Nel Congresso Dc che s'era tenuto a Venezia dal 2 al 6 giugno del 1949 i delegati che più o meno accentuatamente condividevano la linea di Dossetti avevano ottenuto un terzo dei voti. De Gasperi, cui l'avanzata della sinistra di partito non piaceva molto, aveva avuto verso Dossetti qualche espressione agra: «Egli si è preparato a questo Congresso per molti mesi, ha detto, in consultazioni cellulari, come dire per cellule, e in analisi meditative. Io disgraziatamente non ho avuto questo tempo perché ho dovuto occuparmi di realizzazioni e di esperienze costruttive. È vero che il governo ha bisogno di un certo stimolo, se volete di un pungolo (non mi piace molto la parola perché ricorda i buoi), ma comunque io accetto anche il pungolo ad una condizione: che a un certo momento quelli che stanno pungolando si mettano anch'essi alla stanga e dimostrino di saper tirare».

Dossetti capì, almeno per il momento, l'antifona e accettò di tornare alla vice-segreteria del Partito, che aveva già avuta nel 1945. Ma era una tregua, non una pace, perché il suo linguaggio differiva profondamente da quello di De Gasperi, per non dire da quello d'un Pella. Si batté per cause giuste, come la riforma della pubblica amministrazione: «La struttura degli organi esecutivi – disse – non può essere quella dei tempi di Quintino Sella». Probabilmente su questo De Gasperi era in cuor suo d'accordo, perché aveva conosciuto un'altra e ben più efficiente amministrazione. Ma sapeva quanta fatica costasse spostare un ingranaggio, anche il più piccolo, nella macchina burocratica, e pensava che altre incombenze fossero più urgenti. Forse sbagliava. O forse era realista. «Dossetti – confidò a Fanfani – non può essere un buon ministro perché non è sposato. Chi non ha moglie non ha contatto coi problemi pratici della vita.» Massima che Giovanni Spadolini contesterebbe fieramente, e che lo stesso De Gasperi trasgrediva perché tra le figure emergenti della Dc, e con incarichi governativi, era Emilio Colombo, anche lui scapolo di ferro. E massima, si noti, tanto più stupefacente e rivelatrice in uno che aveva trascorso tanti anni nel mondo vaticano, dominato dai non sposati.

Andreotti (nella *Intervista su De Gasperi* a cura di Antonio Gambino) ha spiegato bene che tra Dossetti e De Gasperi il conflitto era insieme di personalità e di ideologia, anche se entrambi riconoscevano in Toniolo e Maritain i loro maestri. «L'idea di Dossetti era che il Partito dovesse elaborare un programma di fondo, slegato dalle esigenze quotidiane del governo, mentre De Gasperi non vedeva affatto le cose in questo senso. Per De Gasperi l'importante era ciò che si faceva giorno per giorno, dare agli italiani un'educazione alla libertà, e impostare la politica estera secondo linee molto chiaramente definite. Tutto il resto sarebbe venuto dopo, da solo. De Gasperi, cioè, era sostanzialmente convinto che siano i fatti a educare gli uomini, mentre per Dossetti il problema era di creare dei programmi che poi andavano attuati, e ai quali bisognava tenersi rigidamente fedeli.» I programmi di Dossetti, il suo «angelismo», il suo integralismo, presupponevano una Dc a sinistra e non interclassista, uno Stato postfascista di massa e non la restaurazione dello Stato liberale, un vago neutralismo. Insomma (Ugoberto Alfassio Grimaldi) una Dc «cristiana» capace di resistere alla triplice tentazione della materia, del successo e del dominio. Era, e qui stava l'errore fondamentale una Dc dei democristiani e dei dossettiani, non una Dc dell'elettorato democristiano, cosa ben diversa.

Se la Dc, forte del suo peso politico e di una *leadership* degasperiana sotterraneamente insidiata, ma apparentemente incontestata, denunciava qualche disagio, il Psli era in preda alle convulsioni. L'uscita dal Psi della sua ala destra (Romita, Silone e altri) aveva dato inizialmente al Psli più fastidi che vantaggi. Gli scissionisti di seconda generazione (se vogliamo definirli così per distinguerli da quelli di Palazzo Barberini) si allearono alla sinistra del Psli e così nacque alla fine del 1949 un effimero Psu, Partito socialista unitario. I tre – ormai – partiti socialisti lottavano per avere l'*imprimatur* del Comisco, Comitato del consiglio dell'Internazionale socialista, che l'aveva tolto al Psi, ma ora lo rifiutava anche al Psli, preferendogli il Psu. In questo travaglio – che porterà alla costituzione del Psdi, Partito socialista democratico italiano – il Psli deliberò di ritirare almeno provvisoriamente la sua «delegazione» dal governo. De Gasperi, che sapeva di dover fare la crisi, ma preferiva farla quando le acque si fossero un po' chiarite in casa socialdemocratica, finse che il contrattempo fosse di poco conto: e sostituì i dimissionari con democristiani *ad interim*, riservandosi di procedere, in gennaio, al varo d'un nuovo ministero, che vide infatti la luce – non senza fatica – all'inizio del 1950. Ma l'instancabile mediatore dovette registrare due defezioni importanti, una esterna e l'altra interna. Restarono fuori dal governo i liberali, che non imboccarono la strada d'una totale opposizione, ma si defilarono; e non rientrarono i dossettiani che avevano chiesto due ministeri, il Lavoro per La Pira e l'Industria per Fanfani. De Gasperi non voleva o non poteva soddisfare questi appetiti, per sua personale decisione e anche per le ostilità di altri settori della Dc. A un certo punto era così scoraggiato e innervosito che manifestò a Einaudi il proposito di «passare la mano». Ma il Capo dello Stato, che in De Gasperi riponeva ancor maggiore fiducia di quanta ne riponesse nei suoi liberali, disse di no.

Non fu, il sesto di De Gasperi, un gran ministero, anche perché Saragat non volle più parteciparvi e rimase sull'Aventino insieme a Tremelloni, lasciando la rappresentanza del Psli al barbuto D'Aragona, ministro del Lavoro, a Simonini (Marina mercantile) e a Ivan Matteo Lombardo che passò dall'Industria al Commercio estero. Nei dicasteri chiave degli Interni e degli Esteri rimasero Scelba e Sforza. Ugo La Malfa, entrato come ministro senza portafoglio con il compito di occuparsi delle società a partecipazione statale, si affiancò a Pella e Campilli – quest'ultimo ministro senza portafoglio per la produzione e l'occupazione – nella gestione dell'economia. Pella era la garanzia che la linea Einaudi di difesa della lira e del mercato sarebbe stata proseguita. Quanto a Raffaele Petrilli, padre del futuro presidente dell'Iri, incaricato di elaborare la riforma amministrativa e burocratica, cozzò contro il muro contro cui si sono sempre arresi questi tentativi. Del resto il sesto governo De Gasperi durò poco più di un anno. Il 30 gennaio, tre giorni dopo il giuramento del governo, De Gasperi volle vedere Nenni per ottenerne l'adesione alla decisione italiana di accettare il mandato sulla Somalia. «Mi ha parlato con irritazione – scrisse Nenni – degli intrighi dei suoi minori alleati e della rivolta dei "santi" (La Pira, Dossetti, Fanfani)... Dopo tanto tempo e tante polemiche ho ritrovato un De Gasperi affettuoso. Ma guai a parlargli di Togliatti!»

La prima «grana» che il nuovo governo dovette affrontare fu la liquidazione dei possedimenti coloniali italiani. Per salvare, in tutto o in parte, le vecchie colonie – essendo stato pregiudizialmente accettato che l'Etiopia riacquistasse l'indipendenza – De Gasperi e i suoi ministri degli Esteri avevano combattuto una guerra diplomatica estenuante e, nell'ottica distaccata d'oggi, inutile e anacronistica. Ma De Gasperi, il ricostruttore che, rimosso il fascismo, avrebbe voluto ricollocare tutto dov'era e com'era, pensava sinceramente che gli ex-nemici dell'Italia, e le Nazioni Unite, potessero riconoscerle il diritto a conservare in Africa una zona d'influenza e uno sfogo per il nostro eccesso demografico. Alle propensioni personali dello statista trentino si sommavano le pressioni nazionaliste della destra, e anche dei comunisti: i quali incollavano sui muri manifesti con l'immagine di De Gasperi e scritte che l'accusavano d'avere «giocato le colonie a Parigi» nelle discussioni sul Trattato di pace. Sforza, che al riguardo aveva opinioni chiare, venate di realismo e se vogliamo anche di cinismo, ribatteva: «L'Africa non si è perduta né all'Onu né alla Conferenza di Parigi né all'atto dell'Armistizio. L'Africa si è perduta nel 1943 e l'ha perduta il fascismo ed esso solo, facendo cancellare dal punto di vista giuridico qualsiasi nostro diritto e titolo sui territori coloniali che l'Italia democratica aveva acquistato e sviluppato».

La diplomazia italiana ebbe, nella sua battaglia, un appoggio tiepido degli Stati Uniti, vincolati alla loro filosofia anticolonialista, pieno sostegno dei Paesi latinoamericani – i cui voti contavano nell'Assemblea delle Nazioni Unite, dalle quali restavamo esclusi –, ma doveva fronteggiare l'opposizione del governo laburista inglese, mosso da residui appetiti – mentre l'Impero britannico si sfasciava – e soprattutto da un malcelato desiderio di rivalsa e di punizione. Il conte Sforza non era il migliore avvocato delle tesi italiane, per il semplice fatto che non le condivideva. Al ministro degli Esteri inglese Bevin aveva scritto, con disarmante franchezza: «Perché gli italiani vogliono tornare in Africa sebbene privi di denaro, d'esercito? Personalmente, io preferirei una gigantesca ricostruzione nel Meridione e in Sicilia, piuttosto che spendere un solo centesimo in Africa. Ma Ella sa troppo bene che certe tradizioni costituiscono una forza che non è possibile ignorare: non si può andare contro corrente».

Un inopinato intervento dell'Unione Sovietica, che rivendicò un mandato fiduciario su parte delle ex-colonie italiane, preferibilmente la Tripolitania, caricò la questione di altre complicazioni. Ad un certo punto parve che Sforza e Bevin, con l'assenso degli Usa, avessero raggiunto un compromesso su queste basi: affidamento della Cirenaica a tutela internazionale con amministrazione inglese; affidamento del Fezzan a tutela internazionale con amministrazione francese; affidamento della Tripolitania e della Somalia a tutela internazionale con amministrazione italiana; cessione dell'Eritrea all'Etiopia, con statuto speciale per le città di Massaua e dell'Asmara.

Bevin s'impegnò a portare la proposta alle Nazioni Unite. Ma poi si pentì, e nella votazione all'Onu le richieste italiane per la Tripolitania furono respinte con un solo voto di maggioranza. E che voto! Rivelò Sforza nelle sue memorie: «Tragicomico apparve ciò che si seppe negli Stati Uniti e qualche ora dopo in Europa: cioè che il voto contrario fu dato dal rappresentante di Haiti, un tipo di cui le personalità più serie di Haiti – e ce ne sono – ammisero quasi scusandosi che quella sera era ubriaco e comunque non sapeva nulla della Somalia». Ancor più esplicitamente Tarchiani – citiamo da *Vent'anni di politica estera* di Alfonso Sterpellone – rivelò che «quel rappresentante (di Haiti, *N.d.A.*) ottenuto un relativamente lauto compenso per cambiare parere all'ultima ora bevve un doppio *whisky* ed entrò nell'aula per votare contro». In definitiva dovemmo accontentarci d'un mandato per dieci anni sulla Somalia, in nome delle Nazioni Unite. Avrebbe assistito l'Italia, nella gestione dell'ex-colonia, un consiglio composto da Colombia, Egitto e Filippine. Per il primo anno del mandato fu stanziata la somma di 16 miliardi di lire, e mentre continuavano le proteste per il rinunciatarismo di

De Gasperi, altre se ne levavano, contraddittoriamente, per una spesa considerata eccessiva e improduttiva.

Il contentino coloniale strappato con tanta fatica causò immediatamente al governo un incidente internazionale. Come amministratore a Mogadiscio era stato designato il vecchio generale Nasi, veterano d'Etiopia, lodato anche dal Negus per il suo spirito umanitario. Ma quando fu fatto il suo nome, l'Etiopia pose il veto: Nasi era stato un «occupante». Lo si dovette sostituire in fretta e furia con un diplomatico, Fornari. Dopo che il Parlamento ebbe approvato il mandato somalo con 287 voti contro 153, De Gasperi, per dare quel tanto o quel poco di solennità che era possibile al ritorno italiano in Africa, andò a Caserta, il 27 febbraio 1950, a salutare le truppe in partenza per Mogadiscio.

De Gasperi, lo si è accennato, volle dar prova della sua volontà riformatrice con due provvedimenti che, in varia misura e con varia – e comunque mediocre – fortuna decollarono nei primi mesi del 1950: l'istituzione della Cassa per il Mezzogiorno e la riforma agraria.

Erano due provvedimenti legati tra loro, e creati per fronteggiare due questioni nazionali, una delle quali – una più equa distribuzione delle terre – andò perdendo con il trascorrere degli anni i suoi caratteri acuti, e fu in sostanza risolta dalle mutazioni sociali; mentre l'altra, la questione meridionale, prese via via connotati diversi, ma ha continuato a condizionare e anche a intossicare la vita del Paese.

Il ministro Campilli e l'economista Pasquale Saraceno non avrebbero voluto che l'ente cui era affidato il compito immane di redimere il Mezzogiorno si chiamasse Cassa: perché, dissero profeticamente, quel nome faceva pensare «alla speculazione e al clientelismo». Sono stati accontentati a 35 anni di distanza, con la fine della Cassa e la nascita dell'Agenzia per il Mezzogiorno. Ma il male non era di carattere nominalistico. De Gasperi insistette comunque su Cassa: «È il nome giusto ed è rassicurante: dà l'immagine di un Ente che paga, che ha i soldi. Il Sud è stato preso in giro troppe volte. Adesso bisogna tranquillizzarlo. Bisogna convincerlo che vogliamo spendere i soldi nel Mezzogiorno, e vogliamo spenderli bene». Ma il governatore della Banca d'Italia, Donato Menichella, che era un meridionale e un uomo che di soldi se ne intendeva, commentò: «Che Dio ci salvi. E preghiamo che questi soldi arrivino davvero nel Sud senza perdersi per strada».

La legge per l'istituzione della Cassa, che ebbe una dotazione iniziale di mille miliardi, fu presentata il 10 marzo, ed ottenne il *placet* parlamentare cinque mesi dopo. La Cassa suscitò attese messianiche, ma scatenò in pratica la caccia alle tangenti sugli appalti e le manovre per le commesse pilotate. Il colossale investimento avveniva in un ambiente che non era preparato a riceverlo né dal punto di vista tecnico, né dal punto di vista organizzativo, né dal punto di vista del costume. Le incentivazioni furono viste da molti come una ennesima forma di assistenza, e sia pure di mega-assistenza. Le avidità, intendiamoci, non furono soltanto meridionali. Qualcuno ha sostenuto, con buone pezze d'appoggio, che la Cassa del Mezzogiorno fu, inizialmente, una Cassa del Settentrione. Era il Settentrione infatti che produceva i macchinari, i trattori e molti altri manufatti di cui il Sud doveva essere dotato. Le «cattedrali nel deserto», appunto perché tali, dipendevano per la loro costruzione e per il loro funzionamento dalla fitta rete di piccole e medie industrie fornitrici e subfornitrici del triangolo industriale, del Veneto, dell'Emilia.

Il progetto d'industrializzazione del Meridione fallì in gran parte, anche se una quota delle immense somme ad esso dedicate lasciò benefica traccia. Forse l'effetto più positivo della Cassa fu proprio nel settore che i progetti ambiziosi mettevano in secondo piano, l'agricoltura, dove in vent'anni la superficie irrigabile passò da 250 mila a un milione di ettari, e la produzione ne fu moltiplicata. Ma se scopo della Cassa era di colmare il divario tra Nord e Sud, quello scopo non è stato raggiunto. Se lo scopo era di far pervenire i fondi a chi ne aveva veramente bisogno, senza che si disperdessero in rivoli mafiosi, camorristici, o di corruzione, o di lentezze burocratiche, anche questo scopo fu mancato. Tuttavia il Meridione è cambiato. Impossibile dire quanto e come sarebbe cambiato con altri strumenti, o senza alcuno strumento speciale.

La riforma agraria, che nel 1950 prese forma, fu decisa nel tentativo di placare il fermento dei contadini, e di porre termine sia allo stillicidio delle occupazioni abusive di terre, sia agli spargimenti di sangue che ne derivavano. Segni, come ministro dell'Agricoltura, aveva approntato da tempo un progetto che non ricevette i necessari crismi parlamentari, e che decadde con la fine della legislatura, nella primavera del 1948. Quella varata con una certa fretta nella primavera del 1950 fu una sorta di legge tampone, che ridistribuiva 50 mila ettari di terra in Calabria, e altra ne assegnava in Lucania, in Puglia, in Maremma, nel Fucino, nel Delta padano.

Questa riforma parziale subì critiche, in larga misura meritate, in altra eccessive o pretestuose o strumentali. Manlio Rossi Doria ha osservato che v'era «una pesante uniformità di direttive che mal s'adattava alla grande varietà delle situazioni»; che era ridotta all'estremo la partecipazione attiva dei contadini a un piano del quale avrebbero dovuto essere protagonisti; che il costo delle operazioni era molto più elevato di quanto sarebbe stato se lo si fosse concepito con maggiore elasticità. Gli enti agrari, che costituirono un altro sistema di potere locale, fornirono nuove possibilità di clientelismo alla mafia, alla camorra e alla 'ndrangheta. Renato Zangheri – una voce comunista – vide così i mali della riforma: «Le terre vendute o espropriate furono tra le peggiori, masse di denaro passarono dalla campagna alla città, mancò ai contadini assegnatari o acquirenti l'assistenza tecnica e finanziaria indispensabile, l'eccessiva parcellizzazione non favorì un processo di ammodernamento delle strutture agricole». Fu dato un colpo al latifondo, ma non furono create le basi di un'agricoltura adeguata ai tempi. Infatti le strutture derivate dalla riforma «si rivelarono presto anacronistiche dal punto di vista economico non appena l'agricoltura italiana rientrò in contatto con i sistemi più progrediti dell'Europa occidentale» (Valerio Castronovo). Le lotte per il rispetto dell'imponibile di mano d'opera, che vincolava i proprietari a un numero minimo stabilito di assunzioni in rapporto ai lavori da effettuare, arrivavano in ritardo, e furono un ostacolo al progresso (nel 1958 la Corte Costituzionale dichiarò illegittimo quel vincolo).

La riforma era stata ideata da Segni, considerato uomo di sinistra nella Dc, con benintenzionati fini sociali. Non fu inutile, ma fu molto meno utile, dal punto di vista produttivo, di quanto i programmatori del governo speravano. L'Italia era abbacinata dalle prospettive di crescita industriale, e gli stessi sindacati non seppero cogliere gli elementi di sviluppo impliciti in una visione moderna dell'agricoltura. Se De Gasperi si ripromise vantaggi elettorali dalla Cassa e dalla riforma agraria sbagliava, come si vide nelle «politiche» del 1953. I beneficati erano scontenti perché avrebbero voluto di più, gli esclusi erano scontenti perché esclusi. Il Paese dovette sopportare un onere finanziario che non era al disopra delle sue possibilità, ma che fu eccessivo in rapporto ai risultati. All'inizio dell'anno il Presidente Einaudi, ricevendo il governo al gran completo per gli auguri di rito, aveva esortato De Gasperi e i suoi ministri a «tener ferma la moneta anche in rispetto al settimo comandamento: non rubare».

L'estate del 1950 fu di fuoco, ma non in Italia. La notte sul 25 giugno scoppiò, per l'aggressione del regime comunista del Nord, la guerra di Corea, che impegnò molte risorse americane anemizzando gli aiuti all'Europa e fece salire alle stelle i prezzi delle materie prime. De Gasperi commentò in termini di grande durezza il nuovo, gravissimo episodio dello scontro tra i due blocchi: una guerra fredda che, in quel remoto Paese d'Estremo Oriente, diventava guerra calda. «Siamo – disse De Gasperi – al vecchio sistema bolscevico di attacco con la forza delle armi a un regime democratico parlamentare (la qualifica attribuita al governo coreano del Sud era alquanto ottimistica, *N.d.A.*). L'aggressore è aiutato dalla quinta colonna interna che può agire liberamente usando delle forme democratiche e organizzando forze partigiane. Bisogna aggiungere che in questi mesi tali forze erano state attivissime nella pseudo-propaganda per la pace mentre al di là del trentottesimo parallelo si preparava l'attacco.»

L'Italia, che non faceva parte delle Nazioni Unite, tenutane fuori dai veti sovietici, e che quindi non aveva obbligo di cooperare al corpo di spedizione internazionale in Corea, inviò sul fronte un ospedale della Croce Rossa. Ma una dichiarazione ufficiale precisò che, se fosse stata nell'Onu, l'Italia avrebbe dato piena solidarietà agli Stati Uniti e all'«intervento energico del presidente Truman».

CAPITOLO SESTO

MATTEI

Nell'Italia del 1950 s'era già affacciato prepotentemente un personaggio che riusciva difficile inquadrare negli schemi del momento: Enrico Mattei. Difficile da inquadrare perché era «bianco», con venature populiste e progressiste che si riallacciavano al filone dossettiano, ma senza slanci mistici e senza un'autentica aspirazione alla politica in senso tradizionale. Era, per scelta di campo, atlantista, ma con forti connotazioni di orgoglio nazionale e d'insofferenza per la filosofia economica americana. Era un protetto e un eletto della Democrazia cristiana che si era battuta allo spasimo per il mercato e per l'iniziativa privata contro le velleità «socialiste» del Fronte popolare, ma voleva che la «mano pubblica» avesse, nel mondo della produzione, un ruolo decisivo. Era un moralista spregiudicato, un incorruttibile corruttore, un integerrimo distributore di tangenti, un *manager* che non voleva essere al servizio del Palazzo, ma porre il Palazzo al suo servizio. Un imprenditore di Stato con un tocco di peronismo all'europea, o di gollismo alla sudamericana.

Queste caratteristiche della personalità di Mattei non erano tutte evidenti, all'inizio degli anni Cinquanta. La sua ascesa era irresistibile ma non ancora clamorosa. Il suo primo vero trionfo fu l'aver conquistato – sia pure grazie ai buoni uffici d'un mallevadore di prestigio come Vanoni – la fiducia di De Gasperi: che era, per cultura, per formazione, per temperamento, le mille miglia lontano dalla spregiudicatezza rampante e dallo statalismo onnivoro di Mattei. Senza il consenso o la tolleranza di De Gasperi non sarebbe mai riuscito, a Mattei, il colpo di trasformare l'Agip condannata a morte in uno dei perni della rinascita industriale italiana, e nella maggior centrale di carburanti e d'inquinamenti politici. Se De Gasperi fosse vissuto più a lungo, e più a lungo avesse conservato il potere, forse Mattei non avrebbe osato dare completa attuazione alla sua visione della politica, più tardi condensata in una celebre frase: «Mi servo dei partiti come di taxi». Negli anni di cui ci occupiamo rimaneva un gregario impetuoso, ingombrante, ma al momento utile. Poi gregari diventarono gli altri.

Enrico Mattei era nato il 29 aprile del 1906 ad Acqualagna nel Pèsarese, figlio d'un brigadiere dei carabinieri cui alcuni biografi del re del metano accreditarono la cattura nel 1901 – nella stessa Acqualagna – del famigerato brigante calabrese Giuseppe Musolino. In realtà gli autori materiali dell'arresto furono due carabinieri agli ordini del brigadiere Antonio Mattei che agguantarono il bandito perché, scappando, era inciampato in un filo di ferro che l'aveva fatto cadere. «Chillu filu chillu filu...» si lamentava incessantemente lo sciagurato negli anni dell'ergastolo. Mattei padre si congedò nel '19 col grado e la pensione di maresciallo e con cinque figli a carico. Per farli studiare voleva stabilirsi a Camerino, sede d'università. Ma la vita lì era troppo cara, e decise per la vicina Matelica, dove trovò un posto di guardacaccia.

Matelica, a metà strada tra Fabriano e Camerino, divenne per Enrico la vera patria del cuore, il campanile dell'infanzia. Alto già negli anni della prima adolescenza, magrissimo, con un imperioso naso aquilino, taciturno, Enrico Mattei fu un cattivo, riottoso scolaro, troppo smanioso di arrivare presto, e dunque insofferente di un normale corso di studi. Per di più in casa i soldi non abbondavano, un salario in più, e sia pure il modesto salario d'un ragazzo apprendista, faceva comodo. A quindici anni Enrico fu verniciatore in una fabbrica di mobili, da cui emigrò in un'industria conciaria come fattorino: e in tre anni, con annibalico piglio, fu promosso contabile, capo-contabile, vice-direttore. Così, prima di aver raggiunto la maggiore età, si trovò alla testa di un'azienda con 150 fra operai e impiegati.

Il giovane aveva presto scoperto di saper comandare e realizzare: di saper soprattutto convincere. Perse il posto perché, nella morsa della crisi economica, la conceria chiuse i battenti. Perciò a ventitré anni dovette trasferirsi a Milano, e ricominciare daccapo, in un ambiente a lui sconosciuto. Dapprima si procurò la rappresentanza d'una ditta tedesca di vernici, quindi si mise a fare il piazzista d'impianti industriali, e forse fu questo il mestiere in cui trovò la misura di se stesso. I clienti non resistevano alle seduzioni di questo loro fornitore non per la sua abilità e facondia (Mattei era scarso e scarno parlatore, non irraggiava molta simpatia, non sprigionava calore umano), ma perché era convinto egli stesso. C'era nelle sue parole e nel suo sguardo una carica di onestà e di sincerità che disarmava qualunque sospetto. La sua firma conferiva a qualsiasi cosa egli l'apponesse un primato d'eccellenza cui tutti finivano per credere perché il primo a crederci era lui. Uno degli autori di questo libro, che a Mattei parlò un paio di volte, in ambedue le occasioni si sentì a disagio per il fatto di non riuscire a condividere certe sue opinioni. Ne provò una specie di rimorso.

Anche i direttori di banca ebbero la stessa impressione quando Mattei chiese loro un prestito per impiantare una fabbrica di prodotti chimici. Non aveva nulla da offrire in garanzia, tranne la sua esperienza. Per metter su la sua prima fabbrica di emulsioni per fonderia aveva cercato in affitto un capannone, comprato una caldaia di seconda mano e poche attrezzature di laboratorio, assoldato due operai. Ma chi poteva dubitare, ascoltandolo, e guardandolo, che la sua merce avrebbe battuto qualunque concorrenza come qualità e prezzo? I capitali si trovarono, e la fiducia si dimostrò fondata. A trent'anni Mattei era un industriale di modesta levatura, ma solido.

Qualcuno tra i suoi biografi ha descritto Mattei come una sorta di missionario del petrolio italiano, insensibile ai piaceri della vita. Fu sempre molto indaffarato. E sempre puntualmente dedito al lavoro. Ma la vita sapeva godersela. Luigi Bazzoli e Riccardo Renzi, in una loro recente biografia del *tycoon* statale italiano, hanno trascritto questa dichiarazione del fratello Italo: «Si trattava bene, amava la buona tavola, vini, liquori, sigarette, donne, divertimenti. Poi tagliò tutto. Mantenne soltanto il debole delle donne». Ma i due autori commentano che «in realtà ciò che tagliò veramente, dopo la guerra, furono soltanto le sigarette, mentre dovette necessariamente ridimensionare il resto, con l'eccezione delle donne». Gli piaceva il teatro leggero. E quando trionfò a Milano l'operetta *Il cavallino bianco* della compagnia austriaca dei fratelli Schwarz, fu tra i più assidui ammiratori delle belle ballerine, le celebri schwarzine. Una lo portò all'altare: si chiamava Margherita Maria Paulas, bionda, bella, vistosa, ventenne. Il matrimonio fu celebrato a Vienna, forse per le perplessità della famiglia, tradizionalista, e resse fino alla tragica morte di Mattei. Non fu allietato da figli. La mancanza di un erede fu uno dei maggiori crucci di Mattei. La vedova si rimaritò poi con un generale dell'Aeronautica, Giuseppe Casero, da lei conosciuto perché aveva presieduto la commissione d'inchiesta sul fatale incidente di Bascapè in cui Mattei perse la vita.

Mattei fu fascista? I dati anagrafici non solo non lo escludono, ma sembrano renderlo probabile: l'ambizione di questo *self-made-man* lo portava senza scampo ad alcune compromissioni con il regime al potere. Ci furono in effetti accenni e insinuazioni provenienti dai due estremi dell'arco giornalistico, *Il Merlo giallo* e *La voce comunista*. Ma niente di molto serio e di sicuramente documentato, anche se il nazionalismo matteiano poteva facilmente entrare in sintonia con l'arcipatriottismo fascista. Giorgio Galli, non tenero verso la Dc e i suoi uomini, ha osservato che «l'attività politica nell'ambito del fascismo non avrebbe permesso a Mattei un'ascesa sociale più rapida di quella che conseguì con l'attività imprenditoriale. Per questo Mattei, iscritto al partito fascista, non fu mai un fascista attivo».

Fu invece, lo sappiamo, un attivissimo partigiano e poi un attivissimo democristiano *sui generis*. Era entrato nella Resistenza con un corredo ideale rinnovato, grazie alla lunga consuetudine, durante la guerra, con Marcello Boldrini. Cinquantenne, anche lui di Matelica, professore alla Cattolica di Milano, credente e progressista, Boldrini era della pasta ideologica dei Dossetti e dei La Pira: ma con una pacatezza, una compostezza e una vanità da «barone» universitario vecchio stile. A Mattei insegnò a pensare in termini politici e sociali, oltre che in termini pratici. La traduzione che Mattei diede a quei precetti nell'azione partigiana fu tipica della sua mentalità. Si dimostrò coraggioso, eccellente organizzatore, abile amministratore. Divenne – con i nomi di battaglia di Este, Monti, Marconi – comandante generale delle formazioni della Dc, al cui vertice aveva anche compiti di Grande Elemosiniere. Le sue formazioni contavano duemila aderenti quando ne prese il comando, 30 mila alla vigilia della Liberazione, più di 40 mila il 25 aprile. Una corsa al carro dei vincitori che si verificò sotto tutte le bandiere resistenziali. Tuttavia Mattei, che nella tecnica del *battage* era maestro, non si lasciò troppo distanziare dai rivali «rossi».

Lo avevano arrestato ed era evaso. Erano tornati ad arrestarlo, e riuscì a farsi liberare raccontando una storia che in bocca a qualunque altro non avrebbe persuaso nessuno: ma che in bocca a lui, con quella carica di sincerità e di onestà, incusse nei suoi carcerieri il rimorso di non crederci. Tanti meriti gli valsero la medaglia d'oro della Resistenza e la *bronze star* americana appuntatagli sul petto dal generale Clark. Ci si aspettava che, oltre alle medaglie, la Dc lo compensasse con qualche redditizia prebenda. Gli concesse invece, in tutto e per tutto, un incarico minore e secondo ogni possibile pronostico a brevissimo termine come quello di commissario per l'Agip: sigla che significava Azienda generale italiana petroli.

L'Agip era stata un'invenzione del regime fascista che l'aveva creata con lo scopo istituzionale di «cercare, acquistare, trattare e commerciare petrolio». Aveva vivacchiato male perché il petrolio non era mai riuscita a trovarlo, ed aveva anche mollato qualche concessione irakena che, se apprezzata per quel che valeva, avrebbe potuto dare grandi soddisfazioni. Il fascismo non aveva una seria vocazione per le innovazioni industriali, e il suo gran parlare di autarchia gli aveva precluso la possibilità di attingere alla tecnica estera in un campo che senza di essa non poteva essere realizzato. L'Agip fu poco più che un ente inutile, l'avevano soprannominata «Associazione gerarchi in pensione».

Di questo rottame alla deriva Mattei era stato designato liquidatore. La direttiva impartitagli il 15 maggio 1945 dal ministro del Tesoro di Bonomi, l'onesto liberale Marcello Soleri, sottolineava che «le attuali condizioni del bilancio esigono una oculata e rigorosa revisione degli oneri». Pertanto, essendo stati i precedenti risultati «decisamente sfavorevoli ritiene questo Ministero che sia da sospendere ogni iniziativa tendente all'attuazione di nuovi programmi di ricerche petrolifere». Mattei era autorizzato a «dare in concessione a società o privati i cantieri attivi contro congruo corrispettivo a favore dell'erario» (una sessantina di milioni) e a «chiudere gli altri cantieri delle diverse zone che non hanno mai dato risultati apprezzabili».

Le direttive erano inequivocabili. Ma Mattei disobbedì. Spiegò agl'intimi che, avuto in mano il giocattolo, voleva guardarci dentro molto bene prima di distruggerlo. Lo aiutò a guardarci dentro l'ingegner Carlo Zanmatti, che era stato, quando l'Italia era divisa in due, il dirigente dell'Agip repubblichina. Diversamente dai funzionari che avevano amministrato l'Agip «liberata», ossia niente, Zanmatti non era un burocrate, ma un tecnico capace. Mattei dimenticò presto la sua etichetta di Salò: gli serviva, e infatti dopo d'allora se lo tenne sempre vicino, a dimostrazione d'un pragmatismo tipico dei veri imprenditori. Zanmatti per la prima volta spiegò a Mattei che le ricerche fino a quel momento svolte non avevano dato esito promettente per quanto riguardava il petrolio: l'avevano invece dato per il metano. E a Mattei, che non ne sapeva nulla, chiarì come il metano potesse essere impiegato in grandi quantità non per l'autotrazione, ma per uso industriale. Il che esigeva una rete di metanodotti costosi e tecnicamente impegnativi; ma poteva valerne la pena.

Ce n'era, e avanzava, per sollecitare la fantasia di Mattei, che continuò a parlare di petrolio – perché se avesse parlato di metano non avrebbe impressionato nessuno – ma probabilmente cominciava a intuire le possibilità del gas racchiuso nel sottosuolo padano. Da Roma seguitavano a ingiungergli di liquidare l'Agip, e lui seguitava a non rispondere, o a tergiversare. Per finanziarne le attività, non esitò a chiedere un prestito bancario, anziché attendere aiuti statali che non sarebbero mai arrivati. Si fece ricevere da Raffaele Mattioli, leggendaria figura di banchiere e umanista, alla cui direzione era affidata la Banca Commerciale Italiana. «Che garanzia può offrirmi?» gli chiese Mattioli. E Mattei duro (secondo la versione del colloquio data da Bazzoli e Renzi): «E che garanzia può offrirmi lei? Lei che era a questo posto, a questo tavolo, sotto il fascismo e la Repubblica Sociale? Che garanzia può offrirmi lei?». Era un linguaggio facile da capire per entrambi. Il prestito fu concesso. Non perché Mattioli fosse stato intimorito, ma perché la spregiudicata aggressività di quel «funzionario» l'aveva incantato. L'Agip uscì dalla gestione commissariale, i due tronconi – il repubblichino divenuto resistenziale e il badogliano – si fusero, Mattei fu uno dei vice-presidenti. Gli americani, che avevano in uggia lo statalismo, e ancor più lo avevano in uggia quando dava noia alle «Sette Sorelle» petrolifere, erano contro l'Agip, la Edison di Giorgio Valerio anche. Era contro l'Agip, per colmo, perfino il vertice romano dell'Agip. Ma la tenacia di Mattei, che a qualcuno poteva sembrare invasata illusione, fece finalmente breccia a Roma con l'aiuto della buona sorte. Nel marzo del 1946 il pozzo 2 di Caviaga cominciò a soffiar fuori 50 mila metri cubi di metano al giorno. Si aspettava sempre il petrolio; ma qualcosa di consistente – anche se il termine è poco appropriato a un gas – era stato trovato. Tuttavia le relazioni di commissioni tecniche incaricate di consigliare al governo cosa si dovesse fare dell'Agip suonavano sempre a morto. «Quando un edificio crolla da ogni lato è più economico in molti casi completarne la demolizione. S'imporrebbe pertanto un provvedimento che mettesse fine all'attuale stato di cose e liberasse l'erario da un onere che nulla giustifica.»

Ai primi del 1947 l'ingegner Valerio aveva presentato un suo piano per lo sfruttamento delle risorse energetiche: la torta doveva essere tagliata in tre, una fetta alla Edison, una alla società Metano (metà Edison e metà Riunione Adriatica di Sicurtà), una all'Agip. Il 9 maggio 1947 Mattei – che nella sua battaglia non era appoggiato dall'allora presidente dell'Agip Petretti – diede le dimissioni. Furono, probabilmente, dimissioni di quelle che si danno perché siano respinte. Il loro obbiettivo era di far fallire l'iniziativa della Edison. Mattei tuttavia rischiò grosso. Lo salvarono dall'emarginazione l'amicizia con Giovanni Gronchi e quella con Ezio Vanoni. Valtellinese, economista, per qualche tempo ministro del Commercio estero prima di diventare, dopo un periodo in cui fu soltanto consigliere economico di De Gasperi, ministro delle Finanze, Vanoni, che elaborerà la famosa riforma fiscale, era un democristiano di sinistra, ferrato in economia e un galantuomo anche se venne accusato d'aver percepito emolumenti troppo alti quand'era stato commissario – come Mattei all'Agip – della Banca Nazionale dell'Agricoltura. Dimostrò d'aver versato nelle casse del Partito due terzi della sua liquidazione, il che venne ritenuto al tempo – e in sostanza lo sarà sempre, dopo d'allora – una giustificazione assolutoria. Vanoni perorò con successo, presso De Gasperi, la causa di questo ex-partigiano democristiano statalista e ribelle. Le sue argomentazioni non furono soltanto accademiche. Mattei, disse, voleva molto, ma poteva dare molto. Il suo prestigio di capo resistenziale, e la sua risolutezza di combattente, sarebbero stati utili nella fase politica in cui De Gasperi passò dagli *embrassons nous* ciellenistici allo scontro con le sinistre. Quando il 28 febbraio 1948 si aprì il primo Congresso della Resistenza, Mattei e il suo luogotenente Eugenio Cefis ne fecero «la sede per la denuncia della Anpi (Associazione nazionale partigiani italiani) come organizzazione paramilitare del Pci... Gli ex-partigiani delle formazioni autonome e di quelle che "Marconi" aveva organizzato sotto la bandiera della Dc non parteciparono al corteo. Fu la prima rottura delle organizzazioni unitarie sorte durante la guerra di Liberazione» (Giorgio Galli). Mattei non pronunciò discorsi in assemblea, ma la regia fu sua.

Nelle elezioni politiche del 18 aprile 1948 l'ex-comandante partigiano fu candidato democristiano alla Camera nel collegio Milano-Pavia. Nei comizi ripeté d'aver fatto uso corretto dei fondi che aveva amministrato nella Resistenza (era stato fatto anche il suo nome per il leggendario oro di Dongo, le somme sparite dopo la cattura e l'esecuzione di Mussolini e di altri gerarchi); e aggiunse, significativamente, che come tesoriere rispondeva «soltanto delle somme che passarono per le mie mani e non di quelle di cui sentii soltanto parlare». Proclamò «alta e forte la volontà di impedire per sempre e a qualunque costo nel nostro Paese ogni dittatura e tanto più una dittatura straniera».

Così Mattei aveva dato. Il compenso non tardò. Il 10 giugno 1948 Marcello Boldrini fu nominato presidente dell'Agip e Mattei vice-presidente. Non era dunque il capo supremo. Ma, hanno osservato Bazzoli e Renzi, «gli fu anteposta la sola persona che avrebbe accettato volentieri come superiore». Da quel momento condusse una guerra senza esclusione di colpi per avere l'esclusiva dello sfruttamento metanifero e petrolifero in Val Padana. E vinse, in cinque memorabili anni.

Già nel 1950 cinquecento chilometri di condutture portavano mezzo miliardo di metri cubi di gas alle industrie centro-settentrionali, che grazie ad esso ripresero l'aire. Mattei travolse opposizioni e resistenze in una meravigliosa «corsa alla frontiera» degna del miglior pionierismo americano. Si vantò – e a ragione – di aver violato ottomila fra leggi, regolamenti e ordinanze locali. Ci furono paesi che una mattina si svegliarono spaccati in due da una trincea in cui gli operai di Mattei collocavano i loro tubi senza che neanche il sindaco ne fosse stato informato. Ci furono dei proprietari che nottetempo videro il loro podere violentato e ridotto a un colabrodo dalle sonde di Mattei.

Nessuno può negargli onestamente il merito di aver capito e intuito, prima e meglio degli altri, di avere agito mentre tutti dormivano, né gli si può disconoscere il piglio, il coraggio, la forza irruente del grande costruttore. Lo fece bluffando anche senza ritegno, e pronunciando il più delle volte a sproposito l'evocatrice e incantatrice parola petrolio, mentre avrebbe dovuto limitarsi a parlare di metano. Fu il metano, non il petrolio, a fare di Mattei uno degli uomini più potenti d'Italia e del mondo, l'antagonista delle «Sette Sorelle», il *manager* che non aveva una grande ricchezza propria ma che poteva usare l'aereo *Executive* della sua azienda statale per andare a pescare le trote in montagna. Il forziere del sottosuolo padano gli fornì quella rendita metanifera, che fu un prodotto magico e perverso della genialità matteiana e che fece del grande costruttore un grande corruttore.

Il problema era questo. All'Agip il metano costava poco. Ma, ragionò Mattei, il suo prezzo doveva essere «equiparato alle altre fonti energetiche per il semplice fatto che il metano, per ragioni geografiche e per limiti di disponibilità, non poteva essere venduto a tutte le industrie, e sarebbe stato ingiusto mettere quelle industrie che lo ricevevano in condizioni di favore rispetto a quelle cui non era possibile fornirlo» (Piero Ottone in *Il gioco dei potenti*). Ma a chi doveva spettare la plusvalenza? Allo Stato o all'Agip, poi Eni? Spetta a noi, dissero Mattei e il suo gruppo di esperti: e posero a sostegno della tesi argomenti tanto sottili quanto poco persuasivi. Così Mattei, il *manager* statale, ebbe disponibilità di denaro che nemmeno gli Agnelli potevano concedersi. Alla prodiga vacca metanifera munsero tutti coloro che ne favorivano il monopolio e l'onnipotenza.

Le caratteristiche più torbide dell'«imperialismo» economico matteiano non erano ancora chiaramente delineate nel 1950, mentre l'Agip stava conquistando il suo immenso posto al sole italiano e internazionale. Ma già era facile intravvederle.

Per ottenere i suoi scopi Mattei non esitò ad attizzare e

sfruttare agitazioni dei dipendenti dell'Agip contro i «monopolisti privati», contro Valerio (Edison) e Faina (Montecatini) che «sono voraci più di prima». Nel maggio 1950 fu presentato il progetto di legge che costituiva l'Ente nazionale idrocarburi, Eni. De Gasperi in persona si schierò con Mattei: «Vogliamo che questa impresa non sia, come tante altre, più o meno lecitamente rivolta ad accrescere la ricchezza di imprenditori privati o di azionisti. Vogliamo invece che sia un'impresa nella quale sia prevalente l'interesse del lavoro e della classe dei lavoratori. Non è nostra intenzione entrare nei particolari della legge che verrà discussa tra non molto in Parlamento. Dirò solo che in questa legge il posto di lavoro sarà preminente per non dire esclusivo».

L'Eni divenne realtà nel 1953, Enrico Mattei ne fu presidente. Della creazione di posti di lavoro egli aveva un concetto molto peculiare. In cima alla lista di coloro che potevano essere assunti stavano i raccomandati della madre, poi i nati a Matelica o dintorni, quindi gli ex-partigiani cattolici o gli amici di partito. Oltre che da questo clientelismo e campanilismo ruggente Mattei – non sarebbe stato Mattei, altrimenti – si faceva guidare anche da scelte indovinate, da intuizioni che parevano bizzarre ed erano spesso azzeccate, da simpatie folgoranti come le sue antipatie. Il rottame Agip, comunque, era diventato il colosso Eni: e l'Eni portava l'impronta d'un uomo, Enrico Mattei.

CAPITOLO SETTIMO

IL MODULO VANONI

Il 3 aprile 1951 De Gasperi compì settant'anni. Per l'occasione la Dc gli fece dono d'una villetta sul lago di Castelgandolfo, accanto ai giardini della residenza papale. Così, dopo aver più volte trascorso periodi di riposo da quelle parti, ospite della casa di un amico, lo statista trentino ebbe finalmente un *buen retiro* tutto suo. Ne fu felice, come un fanciullo, ha annotato Andreotti. «Due ettari: speriamo che Segni non me li tolga», diceva, e volto a Gonella incalzava: «Confido che il Partito non mi lasci le cambiali da pagare». Da quel punto di vista tutto era a posto, il conto saldato.

Ma De Gasperi era sovraccarico di cambiali politiche che la Dc, balena epilettica, gli presentava quotidianamente. Il mese prima Andreotti aveva visto De Gasperi piangere (era la seconda volta, ma nel caso precedente s'era trattato di lacrime d'emozione e di commozione per l'estromissione dei comunisti e dei socialisti dal governo): adesso erano invece lacrime di dolore e di rabbia, per le difficoltà che le guerriglie di corrente gli provocavano. Si agitavano sempre più fieramente i dossettiani, o almeno la loro ala intransigente: e si agitavano, da destra, i cosiddetti vespisti del notabile meridionale Carmine de Martino. De Gasperi non aveva requie. E dalla Santa Sede gli venivano a volte negati segnali consolatori. Il governo sovietico gli fece pervenire per i settant'anni i suoi auguri, Pio XII tacque. E vero che De Gasperi ricevette una lettera affettuosa di monsignor Montini, accompagnata da un libro. Ma gli parve non bastasse. Sondò discretamente le penombre vaticane, e gli fu risposto che al di là del portone di bronzo, dove le cose sono viste *sub specie aeternitatis*, i suoi settant'anni non erano motivo di particolare celebrazione.

Erano alle viste le elezioni comunali, che si svolgevano in due turni (27 maggio e 10 giugno) con la regola dell'apparentamento, che consentiva aggregazioni di forze: ed erano pure alle viste le regionali siciliane (3 giugno). La Dc e i suoi alleati andavano verso l'appuntamento in un ribollire di polemiche. I socialisti, e soprattutto i comunisti, speravano che l'imminente appuntamento dimostrasse quanto la fiammata democristiana del 18 aprile 1948 fosse stata eccezionale, il prodotto di circostanze irripetibili. I comunisti s'erano rimessi al lavoro con tenacia, e con una capacità non compromessa di penetrazione capillare. Attizzavano tutte le proteste, fondate o no.

Ma li impacciava la catena sovietica, che era pesante, e stretta. In gennaio, quando il generale Eisenhower era venuto in Italia come comandante della Nato per una visita ufficiale, il Pci e la Cgil avevano promosso manifestazioni degenerate in violenze, con morti a Comacchio, a Piana dei Greci, ad Adrano. Furono presi provvedimenti severi contro amministratori locali di sinistra che avevano istigato alle esagitate manifestazioni. Togliatti rimaneva il portavoce di Stalin; il suo rapporto al settimo Congresso nazionale del Pci, che si tenne a Roma dal 3 all'8 aprile 1951, ammannì a una platea ubbidiente e plaudente un'ennesima esaltazione del paradiso «socialista». Non solo nell'Urss, ma nei «satelliti».

Disse Togliatti: «Essi hanno compiuto tutti tali progressi economici che non possono che sembrare meravigliosi a noi italiani, che invano andiamo cercando prove di miglioramento nelle statistiche spesso falsificate che ci forniscono i nostri organismi governativi». Unica nota dolente, il passaggio di Tito nel «campo degli imperialisti», ma la vigilanza rivoluzionaria dopo d'allora era stata vigorosa «come hanno dimostrato i processi dei traditori Rajk e Kostov, come dimostrano le recenti energiche misure del partito cecoslovacco per smascherare e punire i provocatori e le spie che erano riusciti a penetrare nelle file del nostro movimento». Qualcuno sollevava dubbi sulla rispondenza di quei regimi a criteri di democrazia, ma Togliatti ebbe la risposta pronta: «Non vi possono essere partiti di capitalisti là dove il capitalismo non esiste più. Vi possono essere ancora degli speculatori, degli agenti dello straniero, dei traditori dell'interesse comune, ma contro di essi viene condotta la lotta che deve essere condotta». Questo linguaggio da «voce del padrone» era tuttavia integrato e corretto, nell'azione quotidiana, da uno sfruttamento accorto delle frustrazioni e delusioni di massa: frustrazioni e delusioni inevitabili, in un'Italia lanciata nella gara al miracolo, che premiava i forti, gli spregiudicati, gli intraprendenti e magari gli impudenti, e sacrificava i deboli.

Le amministrative interessarono solo una parte dell'elettorato – 10 milioni di iscritti alle urne – perché in altri comuni e province si votò un anno dopo. Fu interessata alla consultazione soprattutto l'Italia settentrionale, con le sue grandi città, ed apparve evidente che la valanga del 18 aprile 1948 era, per la Dc e i suoi alleati, davvero irripetibile. Alla Dc toccò circa il 40 per cento dei voti, contro il 37 delle sinistre collegate: ma nell'ambito della coalizione socialcomunista restò consolidato un rapporto di forze che, da allora in poi, non sarebbe più cambiato, o sarebbe cambiato solo a danno del Psi. I comunisti ebbero peso doppio, o quasi, rispetto ai socialisti. La defezione di Aldo Cucchi e Valdo Magnani – due esponenti a quel tempo di rilievo nel Pci – non danneggiò un partito il cui zoccolo duro diede prova di poter tenere di fronte a qualsiasi

96

emergenza, e di poter via via aggregare fasce di malcontenti e di incerti. La Dc era stata anemizzata dalla concorrenza della destra monarchica e missina: un fenomeno inquietante, che in questa tornata amministrativa fu apprezzabile ma non clamoroso: e che avrebbe assunto le caratteristiche – aritmetiche e sociali – d'una svolta quando, un anno dopo, sarebbe stato chiamato alle urne il Sud. Il Movimento sociale, diagnosticò Andreotti, «aveva impostato con una certa disinvoltura la sua propaganda sulla perdita delle colonie e di Trieste: tasti che toccavano le fibre più intime del sentimento nazionale e verso i quali ogni ragionamento sereno e esatto era destinato a sfigurare».

Il governo aveva bisogno di essere rimaneggiato, e la Dc aveva bisogno d'una sorsata di tonico. Ma ai suoi vertici si scontravano i fautori d'un monetarismo austero, capeggiati da Pella, ministro del Tesoro, che era a sua volta l'interprete della linea di rigore voluta dal Presidente della Repubblica Einaudi, e i keynesiani, se vogliamo usare un termine venuto in voga successivamente, alla Vanoni e alla Gronchi. Il dissenso è di quelli che riappaiono in ogni gestione economica: ed è in qualche modo ineliminabile, allo stesso modo della dialettica scudo-spada tra i tecnici militari. Se Pella era preso di mira per l'economia, l'«esterno» Carlo Sforza, sempre più scettico, saggio, e ormai molto malandato in salute, era in sospetto presso i democristiani di sinistra con tendenze terzomondiste per la sua accentuata e aristocratica ortodossia atlantica ed europeista. Da destra si sparava invece contro Segni, titolare dell'Agricoltura. I gruppi parlamentari democristiani si diedero a discutere dei cambiamenti e della loro misura: e andò a finire che, derivasse questo dalla volontà di nuovi indirizzi o dagli appetiti di poltrone, venne chiesta la sostituzione d'una buona metà dei ministri.

Qualcuno avanzò la proposta che De Gasperi abbandonasse per un annetto la guida del governo lasciandone la responsabilità a un suo fedele ascaro: alla maniera di Giolitti. Ma De Gasperi non ci sentì da quell'orecchio: un po' perché questi espedienti erano estranei alla sua mentalità, un po', probabilmente, perché conosceva i suoi polli e immaginava che se qualcun'altro si fosse sistemato sulla poltrona di Capo del governo, sarebbe stato difficile schiodarlo di là con le buone. A un certo punto la situazione divenne insostenibile perché, nel direttivo dei deputati democristiani, Gronchi aveva attaccato duramente Pella, e a maggioranza era stata chiesta la sua (di Pella) rimozione. Il ministro del Tesoro che era a Milano – appena rientrato da Parigi – attese la chiusura delle borse, e poi spedì un telegramma di dimissioni. De Gasperi fu solidale con Pella. Nessuno, dichiarò, «può portarmi via la lealtà e la cavalleria», e il 16 luglio aprì la crisi, risolvendola in pochi giorni con tocchi e ritocchi da maestro degli equilibri. I quali equilibri, per l'occasione, riguardarono soprattutto la Dc, anche se i socialdemocratici furono lasciati per strada. Cosicché il precedente tripartito divenne un bipartito Dc-Pri. De Gasperi tenne per sé, oltre alla Presidenza del Consiglio, anche gli Esteri, destinando Sforza all'onorifico ma non fondamentale ruolo di ministro incaricato per gli Affari europei. Attilio Piccioni, che era alla Giustizia, fu promosso vice-presidente del Consiglio (alla Giustizia andò Adone Zoli). Pella lasciò il Tesoro, ma per occuparsi del Bilancio, un ministero del quale erano state ampliate le competenze. Vanoni rimase alle Finanze, e per di più si prese l'*interim* del Tesoro. Segni fu trasferito all'Istruzione pubblica, e l'Agricoltura fu affidata al ripescato Amintore Fanfani. A De Gasperi stava molto a cuore di riavere vicino questo dossettiano ambizioso: per utilizzarne le capacità, e anche, forse, per controllarlo.

Le prime informazioni su Fanfani che Giuseppe Lazzati, incaricato di scovarlo, aveva avuto, lo davano in ferie ai bagni di Marina di Grosseto. Invece era tra i minatori dell'Amiata, a chiacchierare e a pontificare. Portato di peso a Roma, Fanfani disse subito di sì. L'applicazione della riforma agraria era un compito che l'incantava: qualcosa di difficile, ma anche di concreto. Dossetti era contro la riforma, che considerava cattiva (e aveva ragione). Per sua volontà era stato preparato un numero di *Cronache sociali* che metteva spietatamente in risalto tutte le pecche del progetto. Fanfani ottenne che la pubblicazione non vedesse la luce. Ma i rapporti tra lui e il maestro s'erano guastati: con malinconia e con sofferenza di entrambi. Rassegnato ormai al fallimento della sua azione o utopia politica, Dossetti riunì una trentina di amici nel castello di Rossena, sull'Appennino Emiliano, per annunciare che tornava agli studi prediletti. Ribadì il proposito a Roma: e Fanfani, ormai ministro, che era presente, gli disse: «Devi però permettere a chi se la sente di continuare la lotta». Dossetti permise, e chi se la sentiva fondò più tardi la corrente democristiana di Iniziativa democratica.

Con due dicasteri in pugno, Vanoni, il protettore di Mattei, l'amico dei dossettiani, era uno dei pilastri della politica economica di De Gasperi: l'altro rimaneva Pella. Ma la popolarità – o impopolarità – di Vanoni gli derivò soprattutto dalla riforma fiscale che varò nell'autunno del 1951 e che prese il suo nome. S'è già accennato a talune caratteristiche di questo «democristiano moderno», come lo definivano i suoi ammiratori. Ma converrà dedicare qualche altra riga alla sua biografia. Vanoni aveva allora 48 anni. Nato a Morbegno, in Valtellina, aveva una mentalità «svizzera». Forse anche per questo piaceva molto a De Gasperi, il trentino prestato all'Italia. S'era laureato in economia nel famoso collegio Ghislieri di Pavia, creato da Pio V per aiutare gli studenti poveri (ebbe uno dei sei posti a disposizione, e si classificò primo, su centinaia di aspiranti). Nutriva da giovane sentimenti socialisti, e dopo l'assassinio di Matteotti fu eletto a rappresentare gli uni-

99

versitari antifascisti. Ma il regime mussoliniano, lo sappiamo, aveva il rancore breve. Vanoni era molto apprezzato dal professor Griziotti, che a Pavia insegnava scienza delle finanze, e propugnava una tassazione più equa. Griziotti a sua volta lo presentò a Einaudi che gli fece ottenere una borsa di studio in Germania. Da borghese assennato e valtellinese fedele sposò la figlia dell'esattore comunale di Morbegno, e intanto seguì la carriera universitaria. A Roma conobbe Guido Gonella, che aveva un ufficio nella sede dell'*Osservatore Romano*. Lì, un giorno, Vanoni vide un oscuro bibliotecario del Vaticano, Alcide De Gasperi. I due s'intesero. Vanoni era diventato un cattolico socialisteggiante, ma De Gasperi, un liberalcattolico che di economia non capiva nulla, apprezzava in lui soprattutto il tecnico. Così, caduto il fascismo – e dopo che Vanoni aveva avuto incarichi anche in Francia e negli Stati Uniti – il valtellinese che sapeva di finanza entrò nella stretta cerchia di collaboratori dello statista trentino.

Mentre si faceva le ossa nel Ministero del Commercio estero, pensò subito a un riforma fiscale che sostituisse in larga parte l'imposizione diretta – quella che colpisce i redditi «alla fonte» – all'imposizione indiretta che colpisce i consumi, e dunque grava in eguale misura su ricchi e poveri. Diceva: «Bisogna perequare il sistema tributario, per dare modo ai cittadini onesti di dormire la notte». Così nacque il famoso e famigerato «modulo» Vanoni, con la dichiarazione personale dei redditi. La prima denuncia fiscale del «nuovo corso» scattò il 10 ottobre del 1951, l'altra il 31 marzo del 1952. Secondo il ministro delle Finanze l'operazione era riuscita «perché i redditi più bassi sono stati agevolati e malgrado questo il gettito è aumentato».

Il sistema, nella sostanza, non cambiò più. Come tante altre riforme italiane, anche questa non conseguì gli scopi che si proponeva. È vero, gl'italiani pagarono le tasse più di quanto avvenisse in precedenza. Ma le pagarono soprattutto i cittadini a reddito fisso, che non potevano sottrarsi agli accertamenti, o subivano i prelievi alla fonte. Continuarono a sfuggire ai controlli i redditi non da lavoro dipendente, o non comprovati da documenti inoppugnabili. La corruzione non fu stroncata, le evasioni rimasero. I cittadini a reddito fisso continuarono a pagare le imposte indirette, e pagarono anche le dirette. Gli altri si arrangiarono, il più delle volte felicemente. La parziale sconfitta del sistema non fu colpa di Vanoni, che senza dubbio introdusse criteri di maggiore modernità e giustizia. Ma l'Italia, certa Italia in particolare, non è la Svizzera. Il fisco prelevò sempre più, comunque, e lo Stato erogò servizi sempre più inadeguati alle somme che rastrellava. Questo andamento a forbice – tasse crescenti, servizi progressivamente scadenti – ha caratterizzato i decenni successivi. È sicuro che la riforma Vanoni non giovò elettoralmente, alla Democrazia cristiana. A Vanoni mancò il tempo di costatare l'inanità di molte sue speranze. Morì nel 1956.

Questa cronaca delle vicende che portarono alla formazione del settimo governo De Gasperi dev'essere completata con un'annotazione riguardante Enrico De Nicola, personaggio delle cui entrate e uscite dalla scena è difficile tenere il conto. All'alba del 20 aprile era spirato Ivanoe Bonomi, presidente del Senato. Se n'era andato con lui uno dei quattro grandi vecchi del prefascismo (gli altri erano Orlando, Croce e Nitti). Tra i quattro, Bonomi era il più scialbo, il meno bizzoso, il meno malato di protagonismo. Aveva ricoperto con dignità, in un momento straordinariamente ingrato, la carica di primo Presidente del Consiglio «civile», ed espresso dal Cln, dopo la fase di transizione di Badoglio. De Gasperi lo rimpianse sinceramente: a un cattolico come lui, un laico come Bonomi andava benissimo.

La scomparsa di Bonomi rese vacante una poltrona politica di rilievo. Si trattava di riempirla. Vennero fatti i nomi di Casati, di Sforza, di Gasparotto, ma poi qualcuno pensò a De Nicola: che era in sdegnoso autoesilio, che aveva solennemente giurato di non rivestire mai più cariche pubbliche, ma che appunto per questo era probabile attendesse l'invito a occuparne una, purché adeguata alla dignità d'un ex-Capo dello Stato. De Gasperi, che aveva preso alquanto in uggia De Nicola, accettò infine di vederlo insediato a Palazzo Madama come presidente del Senato.

Ma c'erano due scogli: il primo stava nel fatto che le sinistre avevano riversato i loro suffragi su De Nicola, in contrapposizione a Einaudi, allorché quest'ultimo era stato eletto Presidente della Repubblica; il secondo era che De Nicola pretendeva sempre d'essere invocato all'unanimità, e la Dc non voleva che la sua designazione fosse confusa con quella degli oppositori socialcomunisti. L'italico genio escogitò le soluzioni: e Andreotti le ha così riassunte in *De Gasperi e il suo tempo*: «Fu facile obbiettare (per la precedente contrapposizione a Einaudi, *N.d.A.*) che si era trattato di una manifestazione politica in cui il nome di De Nicola era stato quasi usurpato e comunque certo non usato con il suo consenso. La maggioranza pregò De Nicola di accettare la candidatura che essa gli offriva, senza chiedere pregiudizialmente l'unanimità, perché ciò avrebbe significato dichiarare necessario il consenso dell'estrema "che è avversaria accanitamente totalitaria della maggioranza accusata, in Parlamento e nel Paese, di esser fuori dalla Costituzione e di non rappresentare il Parlamento". Questa formula, stilata da De Gasperi, fu presentata a Napoli al senatore De Nicola dai senatori democristiani Cingolani, Magliano, Jannuzzi e Tafuri. De Nicola l'accettò».

La *rentrée* di De Nicola fu trionfale, e salutata con applausi anche dai socialcomunisti: un idillio che durò poco. Il 30 luglio, mentre De Gasperi esponeva in Senato le linee programmatiche del suo settimo ministero, i comunisti rumoreggiarono e si esibirono in interruzioni e invettive. De Nicola li esortò alla calma, e per tutta risposta uno di loro, pare Li Causi, rinfacciò al nuovo presidente del Senato d'aver consentito, come presidente della Camera, che Mussolini pronunciasse il discorso del 3 gennaio 1925 con cui annunciava in sostanza l'instaurazione della dittatura. Il riferimento storico era inesatto oltre che offensivo, perché nel 1925 De Nicola era già stato sostituito, alla Presidenza di Montecitorio, da Alfredo Rocco. De Nicola perse la pazienza: «Basta! Continuino pure se vogliono, io conosco qual è il mio dovere e saprò compierlo. Ma è veramente penoso che mentre tanto si è lavorato e mentre tanto si lavora per accrescere il prestigio di questa assemblea si dia invece al Paese così triste esempio di intolleranza politica». Il seguito non poteva essere che uno: le dimissioni di De Nicola, che corrucciato partì per la sua villa di Torre del Greco, inseguito da appelli insistenti di tutti e dagli atti di contrizione dei comunisti. De Gasperi, non si sa con quanto entusiasmo e sincerità, si associò all'omaggio generale, augurandosi che «il prestigio del Senato venga, anche di qui innanzi, salvaguardato dalla indiscussa autorità del suo degnissimo presidente». Il fuggiasco si lasciò finalmente convincere. Ma riprese il suo posto solo il 9 agosto, dopo che il Senato ebbe esaurito la discussione di politica generale e votato la fiducia al governo. (Prima che l'anno finisse la sceneggiata napoletana si ripeté. De Nicola, accusato di eccesso di potere per i suoi interventi nel coordinamento della legge sul neofascismo, si ridimise e riritirò le dimissioni.)

Dopo questa tempesta in un bicchier d'acqua, sopravvenne, in un'immensa distesa d'acqua, una tragedia autentica: l'alluvione del Polesine. Con la quale fu portato alla consapevolezza del Paese, nel più triste dei modi, il baratro che separava la vitalità e lo slancio economico di quel periodo dalla inadeguatezza delle strutture civiche.

A metà novembre del 1951 il Po reso gonfio da piogge insistenti travolse e infranse gli argini, nel Delta, e sommerse centocinquantamila ettari di buona terra, investendo Adria e lambendo Rovigo. Antichi errori e imprevidenze apparvero di colpo in tutta la loro gravità. La catastrofe non causò la perdita di molte vite; i morti, una quarantina, erano passeggeri d'una corriera sorpresa dalla prima ondata di piena. Ma le conseguenze economiche e i disagi materiali furono, per le popolazioni, terribili. Ci si consolò affermando che l'evento era stato eccezionale, e che la piena di 12 mila metri cubi d'acqua al secondo registrata nell'ultimo tratto del grande fiume era praticamente senza precedenti. Si corse, in ritardo, al riparo. Vi furono altri allarmi. Ma il Po venne dopo d'allora domato.

Non fu domata invece la perenne diatriba tra gli economisti alla Pella e gli economisti alla Vanoni o alla La Malfa. Einaudi, dal Quirinale, lanciava la parola d'ordine del Piave dei mille miliardi, indicando in questa cifra una circolazione monetaria che non doveva essere superata (oh gran bontà de' cavalieri antiqui!). Ma gli «incentivatori» ribattevano che l'ossessione del bilancio in pareggio non doveva bloccare lo sviluppo. Secondo La Malfa, ad esempio, gli stanziamenti del piano Marshall non venivano interamente utilizzati perché la macchina politica e amministrativa non era in grado di assorbirli. Pella replicava che i fondi Erp erano stati sfruttati a dovere: essi avevano rappresentato l'11,3 per cento di tutti gl'investimenti effettuati dal '48 al '51: un apporto più che sostanzioso. Pella si difendeva bene. Ma il problema dei «residui passivi», ossia delle somme che le casse pubbliche hanno a disposizione ma non sono capaci di mettere a frutto, si trascinò anch'esso per l'intero dopoguerra.

CAPITOLO OTTAVO

PIO XII CONTRO DE GASPERI

La minaccia neofascista appariva e scompariva, nell'orizzonte politico, più per le esigenze e convenienze dei partiti che per il sopravvenire di fatti nuovi. Il collegamento tra il Movimento sociale italiano e il fascismo – in particolare il fascismo di Salò – era innegabile. Il motto di Almirante era «non rinnegare e non restaurare», ma il Msi dichiarava che il 25 aprile andava celebrato «come festa degli assassinati e non degli assassini», e il deputato Mieville affermava che «il peggio del fascismo è meglio del meglio dell'antifascismo». In alcuni esponenti del Msi si avvertiva smania di rivincita, e magari di manganello.

Il processo contro Rodolfo Graziani, il maresciallo d'Italia che dopo l'8 settembre 1943 aveva accettato di essere ministro delle Forze armate di Salò, diede occasione ad una recrudescenza di sfoghi nostalgici. Dopo una lunga serie di schermaglie procedurali – Graziani aveva affidato la sua difesa a Francesco Carnelutti, Giacomo Primo Augenti e Mastino del Rio, penalisti di grido – il degradato maresciallo era stato finalmente portato in giudizio davanti alla Corte speciale d'Assise di Roma l'11 ottobre 1948.

La sua incriminazione si basava su un rapporto di Mario Berlinguer, padre del *leader* comunista Enrico e alto commissario per le sanzioni contro il fascismo. «All'atto dell'armistizio, vista Roma cadere in mano dei tedeschi – recitava il rapporto – anziché assumere, come sarebbe stato suo dovere di italiano e di soldato, il comando delle forze poste a difesa della capitale abbandonata dai capi fuggiaschi, il Graziani fece atto di adesione ai tedeschi e al governo repubblicano, del quale divenne subito ministro per la Difesa nazionale. Il Graziani è stato l'organizzatore e l'animatore del nuovo esercito del governo fascista repubblicano spingendo gli italiani alla guerra fratricida, continuando la lotta a fianco dei tedeschi invasori. Risalgono principalmente al Graziani le responsabilità delle razzie, deportazioni, spoliazioni e assassini di cittadini e di patrioti che combattevano e boicottavano il nemico per riscattare l'Italia. La cattura e la deportazione in Germania di ben settemila carabinieri, avvenuta in Roma il 7 ottobre '43, è stata voluta da Graziani... Per raggiungere i suoi intenti il Graziani emanò senza posa leggi marziali e bandi comminanti la pena di morte.»

La prosa di Berlinguer padre, nutrita d'impeto resistenziale, non concedeva nulla all'ex-maresciallo che il ministro Casati aveva radiato dai ruoli dell'esercito. In realtà l'adesione di Graziani all'ultimo fascismo era stata sofferta («un poco è scivolato, un po' l'abbiamo spinto» scrisse a Hitler l'ambasciatore di Germania presso Mussolini, Rahn); e nel suo altalenante cameratismo con i tedeschi s'intrecciarono obbedienze sempre deplorevoli e a volte abbiette, e ribellioni velleitarie. Comunque la Corte d'Assise, presieduta da un magistrato equilibrato e colto, Luigi Marantonio, avrebbe dovuto portare a termine questo stralcio di Norimberga all'italiana.

Il dibattimento fu animato, talvolta arroventato, per gli sfoghi dell'imputato, che non esitava a rimbeccare anche i suoi difensori, e per il peso delle testimonianze: tra le altre quella di Ferruccio Parri il quale contestò che i compiti assegnati alle truppe di Graziani escludessero la lotta contro altri italiani. I reparti repubblichini, disse in sostanza Parri, non erano stati mandati al fronte solo per la sfiducia dei tedeschi nella loro lealtà. Ma se nell'espressione «soldati italiani» s'intendeva fossero inclusi i partigiani, allora le truppe di Graziani erano state impiegate, e come, contro altri italiani.

Nel marzo del 1949, dopo che il processo si era adagiato e isterilito nella noia e nei tecnicismi, il colpo di scena. La Corte speciale d'Assise si liberò del processo scaricandolo sui giudici militari perché risolvessero «il contrasto sorto tra la parola dell'imputato, il quale afferma di avere impiegato le truppe ai suoi ordini per proteggere le frontiere alpine e marittime evitando ogni conflitto con le forze partigiane e con le forze regolari del Corpo italiano di liberazione ad eccezione di azioni puramente difensive nelle retrovie della sua armata, e le deposizioni di Ferruccio Parri e di numerosi altri responsabili della lotta partigiana».

Marantonio s'era liberato della patata bollente e Graziani aveva guadagnato tempo. Trascorse quasi un altro anno prima che si aprisse il nuovo dibattimento di fronte al Supremo Tribunale Militare presieduto dal generale di Corpo d'armata Emanuele Beraudo di Pralormo. Non erano soltanto cambiati i giudici, era cambiata l'atmosfera. L'onore militare, la fedeltà alle alleanze che Graziani invocava a sua discolpa, erano concetti che facevano breccia negli alti ufficiali del Tribunale. Il P.M. generale Galasso chiese «con infinita profonda e commossa tristezza» la condanna di Graziani a 24 anni di reclusione, i giudici gliene inflissero 19, ma riconoscendogli l'attenuante di avere agito «per motivi di particolare valore morale e sociale». Lo prosciolsero inoltre dalle imputazioni più infamanti: come quella d'avere ordinato la deportazione dei carabinieri. La motivazione della sentenza risultò poi una apologia – o quasi – di Graziani, basata su riferimenti – piuttosto puntuali a dire il vero – al passato. Rilevò il Tribunale che «la Storia è solcata da innumerevoli fatti che furono qualificati atti di tradimento, anche se chi ebbe a ribellarsi e a portare le armi contro le forze dello Stato legittimo operò per amore di Patria in una visione sia pure errata del suo divenire». Ai partigiani rossi, che si fregiavano della qualifica di Garibaldini, fu ricordato Aspromonte, ai nostalgici del nazionalismo e del fascismo fu ricordata la marcia su Ronchi e l'occupazione dannunziana di Fiume. «Tutto ciò storicamente dimostra che la voce tradimento non si ricollega necessariamente a motivi spregevoli, ad azioni che traggono origine da sentimenti abietti e futili.»

Il 20 agosto 1950 il maresciallo, che beneficiava di amnistie e indulti, tornò in libertà. Appena fuori, ha scritto Alessandro Cova nella sua biografia del maresciallo, imbucò «tre lettere di insulti ad altrettanti giornalisti». Per posta era più fulmineo di Rommel. Il Movimento sociale italiano s'impadronì immediatamente di Graziani: non poté conferirgli cariche ufficiali, né candidature, perché era privo dell'elettorato attivo e passivo, ma lo eresse a suo simbolo. Era un simbolo popolare, e imprevedibile. Come si vide nelle elezioni politiche del '53, quando il furbo Andreotti, temendo una possibile emorragia di voti, per causa di Graziani, nella sua Ciociaria, andò ad Arcinazzo e s'incontrò affettuosamente con il maresciallo, strappandogli dichiarazioni ammirate per il governo De Gasperi. Andreotti ha sempre negato d'avere abbracciato Graziani («mi accontentai di stringergli la mano»). Certo è però che la sua mossa costò al Msi qualche migliaio di voti, e a Graziani il corruccio dei camerati.

Abbiamo indugiato sul processo Graziani perché coincise con il divieto opposto dal prefetto di Bari alla celebrazione del terzo Congresso del Msi (il prefetto non aveva agito di testa sua, ma su precisa disposizione di Scelba): e perché il clamore di quell'episodio giudiziario, considerato negli ambienti della Resistenza un affronto e una provocazione, aveva risollevato gl'interrogativi sulla ammissibilità, giuridica e morale, del partito guidato da Almirante (fino al 1952, quando il Congresso vietato poté finalmente tenersi all'Aquila) e poi da De Marsanich. La legge del dicembre 1947 per la repressione delle attività fasciste scadeva alla fine del 1952. Con un anno di anticipo Scelba ne propose un'altra, sembrandogli impossibile che si rinunciasse a ogni misura contro il neofascismo. «I fascisti – disse in un'intervista del '73 – non esitavano ad assumere pubblicamente atteggiamenti di aperta apologia del passato regime... Ricordo alcune manifestazioni clamorose in cui migliaia di persone in camicia nera talora salutavano romanamente... Lo Stato si trovava in condizioni di non poter evitare esibizionismi di questo genere, che suonavano insulto alla coscienza del Paese... Io non esitai allora, in attesa di una legge contro il fascismo, a vietare addirittura il Congresso del Msi. Lo scopo non era d'impedire un'assise che poteva anche essere democratica. Lo feci perché io volevo avere prima in mano una legge che avrebbe dovuto dominare quell'assise... Posso dire che la legge ottenne un risultato immediato.»

Alla legge infatti si arrivò. Ma le sinistre, che a parole ostentavano un impeto furente nel volere che il Msi fosse boicottato o addirittura cancellato dal panorama politico, nei fatti procedevano con assai maggiore cautela. Nella discussione parlamentare il Pci faceva a volte dello zelo – proponendo misure più rigorose – per impedire che il progetto arrivasse al traguardo; o provocava la bocciatura di norme chiave, come quella che conferiva al governo il potere di sospendere un movimento che fosse inquisito «per il reato di ricostituzione del Partito nazionale fascista». Sta di fatto che la legge non estromise dall'arena parlamentare il Msi. Lo lasciò in vita seppure bollato come infrequentabile e odioso.

La condotta ambigua del Pci aveva due motivi. Il primo era che talune misure della legge Scelba (appunto per questo definita polivalente) colpivano tutte le velleità totalitarie. E i comunisti, che da quel punto di vista avevano la coda di paglia, e che giudicavano gli avversari sul metro dei comportamenti che essi stessi avrebbero adottato se fossero stati al potere, non ne volevano sapere di norme così rigorose. L'altro motivo d'opposizione era squisitamente politico. Per il Pci il Movimento sociale era un *atout* prezioso. Intanto perché, con la sua sola esistenza, consentiva alle sinistre di denunciare la tolleranza e il lassismo del governo verso i rigurgiti fascisti e di lanciare allarmi straziati sulla minaccia di *golpe* reazionario; poi perché rastrellava e controllava consensi che, ove il Msi fosse stato tolto di mezzo, sarebbero finiti in buona parte nel grande cesto democristiano, facendolo ancora più gonfio. Si aggiunga a questo l'utilità del Msi, per le sinistre, quando si trattava di rievocare glorie e fasti partigiani e resistenziali. Nessun *western* si regge se ai buoni non vengono contrapposti alcuni integrali, assoluti cattivi.

In definitiva la legge contro il fascismo – che era poi una legge contro l'eversione – si riassunse in questo suo articolo fondamentale: «Chiunque promuova, costituisca o organizzi un partito una associazione o un movimento il quale sia diretto contro gli istituti democratici fondamentali stabiliti dalla Costituzione, ovvero minacci od esalti la violenza come metodo di lotta politica è punito, qualora possa derivare pericolo per le libertà civili o politiche dei cittadini, con la reclusione da uno a tre anni e con la multa fino a lire un milione».

Per un capriccio della cronaca o della storia il movimento che Scelba perseguiva, che De Gasperi disprezzava, e che la sinistra ricopriva di contumelie e peggio (ma tenendoselo caro), assurse al ruolo di protagonista, o se preferite di mancato *deus ex machina*, nella seconda tornata delle elezioni amministrative, fissata per fine maggio del 1952.

La consultazione riguardava prevalentemente l'Italia centromeridionale, con Roma e Napoli. Le sinistre avevano, per le elezioni nella capitale, un asso nella manica: era un asso vecchio e logoro, ma autorevole, che portava il nome di Francesco Saverio Nitti. Lo statista lucano accettò di capeggiare una lista cittadina, da contrapporre al blocco moderato (V. E. Orlando s'era invece detto indisponibile per la manovra). «A un amico che lo rimproverava – ha ricordato Andreotti – Nitti obiettò che non aveva potuto rifiutare il nome per una lotta liberale: e, conversando con un giovane deputato comunista, si disse orgoglioso di aver potuto formare in poche ore una lista senza avere dietro di sé un partito organizzato.»

La lista cittadina non impensierì eccessivamente De Gasperi: ma deflagrò al di là del portone di bronzo ancor più paurosamente di quanto avessero fatto le bombe degli alleati su Roma, nel 1943. Pio XII era imperioso e ieratico, con una punta di nevrosi. Sentiva fortemente la sua responsabilità e la sua autorità di Papa e di vescovo di Roma. Inconfessata, era prepotente in lui la propensione a considerarsi – mandato in esilio il Re – il nuovo sovrano d'Italia, con la missione di preservarla dalla minaccia comunista. Per i suoi gusti, Alcide De Gasperi era troppo morbido, troppo aperto, e anche troppo riluttante ad obbedire, in quanto capo d'un partito cattolico, alla volontà del Sommo Pontefice. Per motivi di tattica contingente il Vaticano aveva sottolineato in passato la distinzione tra autorità politica e autorità religiosa. Nel 1946, un articolo dell'*Unità* affermava che «De Gasperi non è solo il Presidente del Consiglio e ministro degli Esteri, ma anche... l'uomo di fiducia della Chiesa». «Il Presidente De Gasperi – aveva ribattuto l'*Osservatore Romano* – è uomo di fiducia della Chiesa non più che lo sia il presidente Bidault (democristiano francese, *N.d.A.*) e lo siano e lo siano stati i capi di governo e di partito rappresentanti di quelle organizza-

zioni politiche che si ispirano ai principi sociali cristiani...
Non sono i dirigenti di partiti o di governi uomini di fiducia della Chiesa, ma sono essi ad avere fiducia nella Chiesa.»

Erano belle parole, ma parole soltanto. De Gasperi non voleva essere condizionato al di là di precisi limiti, ma nemmeno si riteneva sciolto da ogni vincolo di obbedienza al Papa. Tanto che nel colmo della bufera del 1952 ammise, con le lacrime agli occhi: «Se mi verrà imposto spezzerò la mia vita e la mia opera politica, ma non potrò non chinare il capo». Per qualche anno gli era sempre riuscito di convincere Pio XII della bontà delle sue scelte. Nel 1949, rispondendo alle obbiezioni del Papa per la collaborazione democristiana con i socialdemocratici e i repubblicani, aveva così espresso le sue motivazioni: «Staccare permanentemente una frazione di socialisti vuol dire aprire la possibilità di rompere il blocco sindacale socialcomunista nelle sue cittadelle di resistenza e guadagnarla a una politica di riforme graduali; collaborare con i repubblicani vuol dire offrire ai più saggi di loro la possibilità di abbandonare per via l'anticlericalismo della loro tradizione». L'alleanza diventava così una conversione: linguaggio fatto apposta per placare Pio XII, probabilmente non persuaso del tutto, ma disposto ad accettare.

In quella primavera del 1952 il Vaticano ritenne che, essendo in giuoco l'amministrazione di Roma, ogni cautela dovesse essere abbandonata. Alla lista cittadina di Nitti, paravento dei comunisti, doveva essere opposto uno schieramento altrettanto unitario, che includesse anche la destra missina e monarchica (una destra che era in pieno rigoglio, e di questo il Papa era perfettamente conscio). Gedda, il presidente dell'Azione Cattolica, che rivendicava a merito dei suoi comitati civici il trionfo democristiano del 18 aprile 1948, si assunse senza esitazioni il compito di preparare le forze d'urto per l'imminente battaglia. Ma la proposta di un «listone» unitario non poteva partire da un uomo, come Gedda, che era esecutore della volontà di Pio XII e che non s'era mai distinto né per antifascismo né per aneliti democratici. Ci voleva un portabandiera insospettabile: e il Papa pensò di ripescare don Luigi Sturzo, il «resistente» di sempre, il prete che aveva preferito essere rinnegato o ignorato dal Vaticano della Conciliazione piuttosto che rinnegare il suo antifascismo.

Con asettica e reticente brevità Andreotti ha scritto che «Don Sturzo, compreso della gravità del momento, rivolse a tutti i partiti non comunisti un appello a spoliticizzare la lotta amministrativa in Roma e ad unirsi in una lista unica di possibili saggi reggitori, compresi del carattere sacro della città». Riferendosi al ruolo di De Gasperi, Andreotti ha aggiunto che vide «tale iniziativa unitaria con grande preoccupazione e tristezza» ma che non fece nulla per impedirla «nonostante si sia detto più tardi il contrario». Tra coloro che hanno detto il contrario è una testimone attendibile, la figlia di De Gasperi, Maria Romana, che della vicenda ha lasciato un racconto vivace e amaro.

«La mattina del 19 aprile – ricordò Maria Romana De Gasperi – il gesuita padre Lombardi era venuto a Castelgandolfo a parlare a mia madre. In un'ora e mezzo di colloquio egli seppe passare dalle lusinghe alle minacce insistendo perché la Democrazia cristiana allargasse il fronte mediante una lista unica fino all'estrema destra. Ebbe frasi come questa: "Il Papa preferirebbe, alla conquista elettorale del Campidoglio da parte dei comunisti, Stalin e i suoi cosacchi in piazza San Pietro". Molto meglio cioè il martirio. "Badi – continuò alludendo a mio padre – che se le elezioni dovessero andar male lo faremo dimettere."... Mio padre non voleva arrivare ad una lista unica con il Msi sia perché contrastava con la linea politica di tutta la sua vita, sia per le conseguenze immediate nel partito della Democrazia cristiana e per quelle future nel Paese.»

Sul problema dell'atteggiamento di De Gasperi per il listone romano restiamo comunque del parere che la versione della figlia meriti fede: è documentata, e vissuta. Essa riferisce ciò che monsignor Montini, favorevole a De Gasperi, disse a un amico: «Non hanno fatto che ripetere da tempo (nella chiusa cerchia dei confidenti del Papa, *N.d.A.*) che il partito ci porta alla rovina e pensano che Gedda e l'Azione Cattolica siano la sola forza efficiente capace di sostituire il partito e fronteggiare il comunismo».

Poiché don Sturzo si rifiutava di rendere pubblico il suo «appello» elettorale finché non gli fossero pervenute le adesioni scritte di monarchici e missini, l'Azione Cattolica ruppe gl'indugi annunciando una propria lista alle municipali, e nel contempo ritirando quindici suoi esponenti dalla lista democristiana. De Gasperi (era il 21 aprile, e ci atteniamo sempre alla rievocazione della figlia Maria Romana) cedette, commentando stancamente *«consummatum est»*. La Dc si rimetteva all'iniziativa di don Sturzo. Senonché sopravvenne, per chi non voleva il listone, una schiarita provvidenziale. L'esitante Sturzo voleva ritirarsi per le resistenze incontrate all'interno della sua stessa coalizione *in fieri*. La grande alleanza vaticana, che doveva aggregare alla Dc missini e monarchici, stava allontanando i repubblicani e i socialdemocratici, inviperiti.

Ci furono altri alti e bassi, con don Sturzo sempre intimamente tormentato e soggetto a pressioni d'ogni genere, con monsignor Tardini che tempestava perché l'appello fosse pubblicato, con monsignor Montini che nell'ombra frenava, con Gedda gelidamente risoluto, con Scelba e Gonella oscillanti tra adesione e riluttanza. Finalmente il tentativo vaticano abortì, e della rinuncia di don Sturzo fu data notizia alla radio. De Gasperi tirò un sospiro di sollievo, anche perché veniva evitata una crisi di governo che l'operazione Sturzo avrebbe senza dubbio provocato, con le dimissioni di repubblicani e socialdemocratici.

La mattina del 23 aprile Pio XII, furente ma rassegnato, fece sapere che «a parte l'impressione sul modo come erano state interrotte le trattative era d'avviso che ormai non ci fosse altro da fare che concentrare gli sforzi dei cattolici sulla Democrazia cristiana». Gedda era stato sconfitto.

La verosimiglianza di questo racconto è confortata dal diario di Nenni che in data 23 aprile ripercorreva quei giorni travagliati, annotando: «Era evidente che se Sturzo si muoveva era per arbitrare, in qualche modo, lo scontro violento tra l'Azione Cattolica e la Dc, tra Gedda e De Gasperi... Ieri mattina ho avuto conferma della gravità delle cose da Ugo La Malfa, venuto a casa mia per annunciarmi quella che egli definiva una svolta catastrofica nella politica nazionale. Seppi da La Malfa che mentre lui era da me, Pacciardi era da De Gasperi per annunciargli le dimissioni dal governo dei due ministri repubblicani per il caso in cui l'iniziativa dell'Azione Cattolica fosse fatta propria dalla Dc. Lunedì (20 aprile, *N.d.A.*) la proposta dell'Azione Cattolica prese consistenza col passo di Sturzo verso la Dc il Pri e i socialdemocratici, mentre Gedda incontrava i monarco-fascisti. Gonella, Pacciardi e Romita vennero invitati da Sturzo al monastero di via Mondovì. Il primo assumeva l'impegno di riferire alla direzione della Dc. I due altri senz'altro rifiutavano la proposta... Per tutta la serata e per tutta la notte i principali collaboratori di De Gasperi esaminarono la situazione a Castelgandolfo in una situazione febbrile, confusa, intramezzata di collera e perfino di crisi di pianto. Fino alle quattro di notte De Gasperi rimaneva fermo nel proposito di dare le dimissioni sostenuto da Scelba, da Segni e da Fanfani. Con lui era solidale Piccioni e si può dire tutto il ministero, non però fino alle dimissioni che venivano considerate una sfida all'Azione Cattolica e allo stesso Pontefice, autore primo della manovra. Anche a Montecitorio il fermento era enorme... Saragat... era furibondo con i preti e con lo stesso Pio XII: "Non ci rimane che rifare l'unità socialista e marciare per nostro conto... Non ti consiglierei più di rompere coi comunisti.... La situazione passa nelle tue mani. Meglio i comunisti che i clerico-fascisti". Gronchi era poco informato ma in compenso molto indignato... Ho l'impressione che fino a questo momento il Presidente del Consiglio non sappia dove dare di capo». Poi venne il ritiro dell'appello di Sturzo. Nenni lo seppe da Scelba, tutto arzillo, che alla sua domanda «come va?» rispose: «Va come dovresti desiderare che vada. Non abbiamo perduto la testa. Se tieni alla libertà adesso dovresti augurarci un buon successo elettorale».

Pio XII accettò lo smacco ma covò a lungo il suo livore contro De Gasperi. Nel giugno successivo, celebrandosi insieme i trent'anni di matrimonio del Presidente del Consiglio e i voti perpetui della figlia Lucia, i De Gasperi chiesero, tramite l'ambasciata italiana in Vaticano, un'udienza pontificia. Dai palazzi apostolici fu loro risposto un secco no. All'ambasciatore Mameli che gli riferì il responso della Santa Sede, De Gasperi espresse – e volle farlo per iscritto – il suo dolore: «Come cristiano accetto l'umiliazione benché non sappia come giustificarla; come Presidente del Consiglio e ministro degli Esteri, la dignità e l'autorità che rappresento, e della quale non mi posso spogliare anche nei rapporti privati, m'impone di esprimere lo stupore per un rifiuto così eccezionale e di riservarmi di provocare dalla Segreteria di Stato un chiarimento».

L'esito di questa seconda *tranche* di elezioni amministrative «non fu entusiasmante» – come ha scritto Andreotti nell'ottica democristiana – perché «Roma rimase alle formazioni di centro ma in molte zone dell'Italia meridionale, a cominciare da Napoli e Bari, la maggioranza relativa fu conquistata dalle destre», perché «in altri centri ancora l'autonomia dell'elettorato di destra fece conquistare le elezioni a socialisti e comunisti» e infine perché «l'indebolimento dei partiti costituzionali minori s'era accentuato e anche la Democrazia cristiana aveva visto diminuire i consensi verso le proprie liste... Le prospettive per le politiche non erano davvero liete». I timori di Pio XII per Roma si rivelarono, alla prova dei fatti, del tutto infondati. Il Papa aveva avuto torto, e con lui monsignor Tardini; e aveva avuto ragione monsignor Montini. La lista cittadina di Nitti (ossia dei socialcomunisti) s'era dovuta accontentare di 314 mila voti: e all'interno della lista stessa il Pci aveva ribadito la sua prevalenza sui socialisti. Alla Dc e ai suoi alleati erano andati 370 mila voti, di cui 280 mila alla sola Dc. Ma la vera novità, inquietante per le sinistre, ed egualmente inquietante per il centro, era l'impennata prepotente delle destre: 230 mila voti. Per il Psi, preso singolarmente, era stata una *débâcle*. «Dove andiamo bene – osservava amaramente Nenni – ci avviciniamo ai risultati del '46. Abbiamo avuto votazioni irrisorie a Napoli città, a Trieste, a Matera, ad Aosta. Migliori in Puglia, in Calabria, in Sardegna. Buone in Umbria. Ma ci tocca cantare vittoria dove appena superiamo i voti del '46 (a Terni e in alcune città), e dobbiamo considerarci soddisfatti a Ferrara dove, per esempio, neppure coi voti socialdemocratici arriviamo alla percentuale del 1946.»

Il legame organico con il Pci si rivelava, per i socialisti, un cappio che li strozzava. Ma Nenni, nella cui testa già si agitavano propositi di divorzio dall'alleato che stava divorando il Psi, era abbarbicato ai suoi vecchi *slogans*. «La condizione posta da De Gasperi e Gonella per un allargamento a sinistra è la nostra rottura coi comunisti e l'adesione al Patto atlantico. Né la Dc vuol darsi la pena di affidare questo suo ambizioso disegno a una politica di sviluppo e di riforme. No, la sua è una pregiudiziale e, come tutte le pregiudiziali, non caverà un ragno dal buco.»

Le destre si affacciavano in forze sull'orizzonte politico: e con le destre emergeva un personaggio che a Napoli era riuscito a rastrellare 157 mila voti e la maggioranza relativa: Achille Lauro, il Comandante. A lui erano andate 117 mila preferenze, una valanga. Quanto bastava per garantirgli l'elezione a sindaco della città. Tramontato il fenomeno qualunquista, ne emergeva così un altro che fu anch'esso effimero: ma che aveva una solida base finanziaria e organizzativa, e un qualche fondamento ideologico. L'Italia meridionale si ribellava ancora una volta – e fu l'ultima, in quelle proporzioni – al vento del Nord e ad alleanze politiche che si rifacessero in qualche modo ai Cln e all'antifascismo. Però Lauro, diversamente da Giannini, non fu solo un raccoglitore della protesta: alla ribellione coniugò, come sindaco di Napoli, l'azione. Che fu lo specchio della sua personalità.

Achille Lauro, armatore, nato a Piano di Sorrento il 16 giugno del 1887, era figlio d'arte. Era quinto di sei figli, tre maschi e tre femmine (i due fratelli maggiori periranno in mare), e il padre Gioacchino era padroncino di velieri. I risultati scolastici di Achille ragazzino furono pessimi, tanto che il padre lo imbarcò a 14 anni su una delle sue piccole unità, il *Navigatore*. Per la verità il Lauro degli anni trionfali diede di quell'imbarco come mozzo una spiegazione piccante, com'era nel suo temperamento di erotomane: «Un giorno mia madre, salita improvvisamente in solaio, mi sorprese mentre volevo imparare cose assai più grandi di me a spese di una volonterosa servetta... Pochi giorni dopo, con un piccolo sacco di indumenti sulle spalle, salivo a bordo del tre alberi *Navigatore*». Erano tempi di viaggi disperati e avventurosi. Le navi piccole facevano il cabotaggio, le navi grandi facevano guadagni immensi portando oltre Oceano le masse diseredate degli emigranti. Lauro ebbe modo di sperimentare le incognite della vita in mare, perché il comandante del *Navigatore* morì soffocato da una lisca di pesce che gli s'era piantata in gola, e il secondo ufficiale, quasi impazzito, «urlava che quello era il viaggio della morte» (dalla biografia che Pietro Zullino ha dedicato a Lauro). Dopodiché il giovanetto riprese bene o male gli studi, e in qualche modo riuscì a diplomarsi capitano di lungo corso. Intanto Gioacchino Lauro, il padre, s'era azzardato in imprese marittime che, ledendo gl'interessi già affermati di compagnie potenti, furono fallimentari. Morì indebitato, lasciando il ventenne Achille a capo della famiglia. Fino alla prima guerra mondiale Lauro, ormai armatore in proprio, si arrabattò in iniziative a volte fortunate e a volte no, ma sempre spregiudicate, e notevoli per la volontà e l'ambizione feroci di questo bucaniere sorrentino.

Nel primo dopoguerra Lauro iniziò la sua vera ascesa imprenditoriale, adottando – anche quando i noli erano stagnanti, e altri armatori sprofondavano nella bancarotta – espedienti straordinariamente ingegnosi. Basterà dire che intorno al 1934 possedeva 29 navi per oltre 200 mila tonnellate, e poi ordinò ai cantieri due unità nuove (si chiamarono, come volevano i tempi, *Fede* e *Lavoro*). I trasporti di tutti i materiali per la guerra d'Etiopia gli diedero profitti ingenti. Tuttavia Lauro non fu un fascistone, ne un profittatore del fascismo: anche perché, come tutti gli armatori, vedeva nelle pastoie autarchiche e in una politica internazionale di tensioni e aggressioni una remora, per lui dannosa, ai traffici. Gli andavano bene le guerricciole locali, non le minacce di un conflitto mondiale. Spiegò un giorno, sensatamente: «Io ero contrario alla guerra come oggi sono contrario a qualsiasi guerra. Non dico questo per crearmi meriti antifascisti ma perché risponde a verità. Londra era di fatto il centro dei miei affari; a Londra avevo trovato i crediti necessari per la creazione della flotta; la City era il centro mondiale più importante per tutto quanto riguardava la navigazione, dai noli alle assicurazioni. Tagliare i ponti con Londra significava la rovina».

Pur non essendo tra i favoriti del regime, Lauro – la cui flotta durante la guerra fu requisita, e quasi totalmente affondata – riuscì ad avere buoni rapporti anche con Mussolini. Il quale consentì che gli fosse ceduta nel 1942 la metà del pacchetto azionario dei quotidiani napoletani. *Il Mattino*, il *Corriere di Napoli*, il *Roma*. (Poi mollò i primi due, gli restò solo il *Roma*.) Quando presero Napoli, gli angloamericani misero Lauro, come profittatore del regime, in un campo di concentramento. Dove il Comandante, cedendo a un suo consolidato esibizionismo culturalistico-maschilista, amava passeggiare in costume adamitico. L'armatore aveva sessant'anni, e pareva destinato a una vecchiaia incolore, quasi povera. Ma quel vecchio aveva idee giovani, e capacità di recupero incredibili. La svendita delle vecchie Liberty americane che avevano sostenuto il peso dei trasporti bellici, e una politica governativa che favoriva l'armamento per favorire, nello stesso tempo, l'emigrazione, furono i punti di forza della rinascita laurina. Tra l'altro due delle Liberty passate a Lauro furono poi incluse da Washington in una «lista nera» di navi che trafficavano con i Paesi dell'Est.

In pochi anni la flotta Lauro ridivenne un potentato economico nazionale e internazionale. Il Comandante, la cui iscrizione alla Dc era stata rifiutata, annusò il vento che correva nei bassi di Napoli e impresse il suo ritmo gagliardo al piccolo Partito nazionale monarchico guidato alla vigilia delle «politiche» del 1948 da Alfredo Covelli: un professore trentaquattrenne di materie letterarie, originario dell'Avellinese. Lauro pagò i debiti che il Pnm aveva accumulato e prese quasi il tre per cento dei voti, il 18 aprile, della valanga democristiana (1948): voti coagulati in determinate aree, il Napoletano in particolare. Riuscì a far eleggere il suo braccio destro Gaetano Fiorentino, e altri tredici parlamentari tra i quali alcuni ex-qualunquisti che avevano abbandonato il turpiloquente e ingenuo Guglielmo Giannini.

Finalmente, nella primavera del 1952, Lauro fu sindaco della sua città. Un sindaco padrone e padrino, efficiente e clientelare, prodigo e bizzarro, ignorante e geniale, inviso all'intelligenza e adorato dalla plebe. La sua ideologia monarchica era appiccicaticcia, il suo impegno fasullo. Riteneva, come percorritore d'Oceani, di poter trattare in prima persona con il presidente Truman cui inviò, appena insediato, un telegramma di questo tenore. «Noi monarchici abbiamo sempre sentito la necessità di una profonda amicizia tra l'Italia e gli Stati Uniti. Ricordo con soddisfazione che nei miei discorsi elettorali ho trovato il più gran consenso del pubblico quando ho affermato che la difesa dell'Europa era cominciata in Corea. Voglio dire al popolo americano che l'Italia dei monarchici ha per esso la più viva simpatia». Andò anche a rendere omaggio all'ex-Re Umberto, nel suo esilio di Cascais. Non è facile immaginare quale sia stato lo svolgimento del colloquio tra quel gentiluomo compito, misurato, elegante, e il monarchico rampante che diceva «si chiami il radiologo» se durante un comizio il microfono non funzionava, o anche «non lasceremo le vostre attese sulla sogliola di Montecitorio».

Era venuta, a impinguare ulteriormente le casse della flotta Lauro, la guerra di Corea e la prima crisi del petrolio per la svolta nazionalista e antimonarchica di Mossadeq in Iran, preludio di ben altre rivoluzioni populiste e di ben più devastanti guerre petrolifere. Il Comandante era stato in grado di spendere 600 milioni per la campagna delle amministrative: e altra popolarità s'era acquisita come gestore della squadra di calcio del Napoli (passò alla storia per avere pagato oltre cento milioni, ed era un inedito, per un calciatore, lo svedese Jeppson). La tecnica di comando del Comandante era diretta, rozza, efficiente, sia per la flotta sia per Napoli. Alla città dava feste, sussidi, alloggi ottenuti con espedienti disinvolti (alla ditta Trezza appaltatrice delle imposte di consumo, concesse un aggio maggiorato, a patto che investisse 700 milioni nel villaggio Lauro di case popolari), posti e stipendi inventati, una Piedigrotta continua, un risanamento a volte utile e a volte cervellotico e megalomane del centro. Nessuno osava contraddirlo in plancia: le voci di chi, come Francesco Compagna, gli imputava d'essere il capo d'una banda zingaresca di voti e di perpetrare una «insurrezione separatista velleitaria e primitiva», risuoneranno flebilmente, almeno per qualche tempo, tra il clamore del perpetuo carnevale, nel quale s'intrecciava un dialogo stentoreo tra i bassi e il Comandante. Massimo Caprara darà una diagnosi sofisticata del fenomeno: «Il partito di Lauro trova sbocco e profitto nell'espansione dei lavori pubblici. Il cemento che lo unisce e che terrà per oltre dieci anni non è fatto solo dalla tradizionale gerarchia trasformista. La sua presa sta nel fatto che una sorta di ribellismo statale, o meglio antiromano, si rivela per la prima volta fruttifero e concreto, si monetizza nelle somme di pubblico denaro che ottiene e trasforma in opere pubbliche appariscenti, si identifica in nuovi modelli locali di attivismo affaristico... Paradossalmente fiorisce e prende corpo un anomalo mito del *self-made-man* con licenza di sopraffare, il quale appunto perché scaltro è diventato ricco, e appunto perché ricco si fa sentire nella capitale...».

L'intellighenzia trovò in Lauro, negli anni Cinquanta, un bersaglio ideale. Quest'accanimento era giustificato dal personaggio: ma fu fazioso perché i salotti progressisti dimenticarono che su altre barricate la classe dirigente napoletana non era molto migliore, e che in fatto di clientelismo gli altri *clan* di partito avevano poco da invidiare a

Lauro: non possedendone tuttavia l'intraprendenza, la capacita di fare, il disinteresse personale. Questo miliardario non volle certo far quattrini come sindaco di Napoli, anzi ne spese di tasca sua. Era un guappo orgoglioso, un capopopolo che impose più d'una volta Napoli a Roma, e che trasgredì le regole imposte da Roma. Quelle regole, è bene aggiungere, in forza delle quali un amministratore che non sia Lauro riesce difficilmente a far qualcosa, e per farlo pena anni e anni. Se è onesto. Lauro è morto, la sua flotta e andata all'incanto così come i suoi beni, ma negli anni Ottanta, quand'egli era già sotto terra, non si può dire che il malcostume amministrativo sia finito solo perché Lauro non c'è più e le sorti del potere locale sono affidate ai partiti «dell'arco costituzionale».

CAPITOLO NONO
ROMA O MOSCA?

Il 27 maggio 1952, lo stesso giorno in cui in Italia si svolgeva la seconda tornata delle elezioni amministrative, a Parigi fu firmato il trattato per la Comunità europea di difesa (Ced). Il più ambizioso e più sfortunato tentativo per dare alla costruzione europea una struttura veramente integrata in un settore di particolare importanza e delicatezza: quello delle forze armate.

L'idea europea aveva in quel momento sostenitori convinti, prestigiosi, insospettabili di secondi fini. Ne era fervido assertore Alcide De Gasperi, cui l'esperienza politica vissuta nell'Impero austro-ungarico, edificio multinazionale complesso e sotto molti aspetti mirabile, ispirava grande fiducia in questo tipo di realizzazioni. Per l'Europa integrata si batteva il cancelliere tedesco Konrad Adenauer, che cercava ad Occidente un contrappeso alla pressione che il blocco dell'Est esercitava sulle frontiere della Germania Federale. Per Adenauer la Comunità europea era inoltre uno strumento capace di togliere i tedeschi dalla condizione di vassallaggio politico in cui li avevano collocati i durissimi vincoli di occupazione. Era europeista il ministro degli Esteri francese Robert Schuman, legato ad Adenauer e a De Gasperi dalla comune ideologia democratico-cristiana. Per l'Europa unita si era pronunciato anche Winston Churchill, che aveva impeti di lirismo nell'esaltare la solidarietà continentale, presto corretti da fredde e se occorre ciniche valutazioni insulari. «Il movimento europeo – aveva scritto Churchill a De Gasperi nel marzo 1949, alla vigilia d'un vertice di *leaders* occidentali –

sta facendo grandi progressi e portando nuova fede e ispirazione ai milioni di uomini che giustamente vedono nell'Unione europea la maggiore speranza per il mantenimento della pace e della libertà. L'incontro di Bruxelles fornirà un nuovo possente impeto alla nostra campagna alla quale spero lei ed il popolo italiano vorranno attivamente partecipare.»

La via verso l'auspicata integrazione aveva cominciato ad essere tracciata con il Consiglio d'Europa, un'assemblea parlamentare non elettiva «frutto – secondo una definizione di Sforza – di un compromesso tra le più avanzate aspirazioni franco-italiane e quelle assai più caute del governo britannico».

Il Consiglio si riunì per la prima volta nel settembre 1949 e risultò subito abbastanza chiaro – la battuta è di Roberto Ducci – che l'Europa a Strasburgo era fatta «di delegati governativi privi di poteri e di deputati privi di tutto fuor che della parola».

De Gasperi, che aveva fede ma non era un ingenuo, se ne accorse subito: e si accorse egualmente delle resistenze che sotto sotto gli Stati Uniti opponevano a una crescita politica dell'Europa capace di sminuire l'importanza e l'efficienza del Patto atlantico.

Scrivendo a Sforza nell'autunno del 1950 De Gasperi osservava: «Se il Consiglio d'Europa non prende questa volta una sua fisionomia, è la sua morte civile. Converrebbe trovare una formula che mettendo fuori dubbio la nostra lealtà atlantica potesse esprimere una concezione attiva europea. Ottima è l'occasione della comparsa di Bonn. Prevedo le difficoltà ma tu hai tutte le premesse per superarle: americanismo convinto, apostolato di europeismo, democratismo incontestabile e autorità personale. Non bisogna nascondersi che tra i nordamericani i fanciulloni sono molti e che anche le democrazie politiche hanno i loro

125

punti deboli. La vecchia Europa è più equilibrata e più esperta».

Ma il Consiglio d'Europa pestava l'acqua nel mortaio tanto che un anno dopo la lettera di De Gasperi il suo presidente, il belga Henri Spaak – altro padre dell'unità continentale –, rassegnava sbattendo la porta le dimissioni. In un discorso polemico accusò i parlamentari d'inerzia, e aggiunse che preferiva «riprendere il suo posto tra i veri combattenti per l'Europa».

Qualche passo avanti per la verità era stato fatto, ma in campo economico. Aveva preso a funzionare l'Oece (organizzazione economica) ed era stata varata la Comunità europea del carbone e dell'acciaio (Ceca) voluta da Schuman che si proponeva tra l'altro, con la neonata istituzione, di superare l'eterno dissidio franco-tedesco. La Ceca prevedeva l'unificazione dei processi e degli obbiettivi produttivi dei due Paesi in settori economicamente fondamentali, con la possibilità di accogliere adesioni di altri Paesi. Il trattato della Ceca era stato firmato a Parigi senza gl'inglesi, il 18 aprile 1951: e fu un prologo, appunto, al faticoso e – come poi si vide – inutile accordo per la Comunità europea di difesa: ché l'intero progetto crollò per i pentimenti e voltafaccia francesi.

Adstans (pseudonimo sotto il quale si nasconde il diplomatico Canali, fidato collaboratore di De Gasperi) ha lasciato un racconto vivo della seduta in cui la Ced prese forma. «Nel suo discorso in aula De Gasperi aveva detto che questa era un'occasione "che passa e che non tornerà più. Bisogna afferrarla e inserirla nella logica della storia". Ma in quella notte l'occasione passò per un pelo. Van Zeeland stava per lasciare la seduta poco prima di mezzanotte, per prendere il suo treno prestabilito. De Gasperi lo esortò a indugiare: vi sarebbe stato un altro treno all'indomani. Van Zeeland replicò che aveva impegni a Bruxelles. "Anch'io – insistette De Gasperi – ho lasciato impegni di governo, e ne sono il Presidente, perché ho la convinzione che se non superiamo questo malpasso oggi non lo faremo mai più." Van Zeeland si lasciò persuadere. Alle due del mattino, dopo lunga discussione in cui affiorarono dubbi e perplessità che il passo non fosse più lungo della gamba, la seduta terminò con l'approvazione dell'articolo.»

Era davvero un passo più lungo della gamba. Vale la pena di spiegare quale fosse, nell'intenzione dei sei Paesi che firmarono il trattato della Ced (Italia, Francia, Germania Federale, Benelux) l'assetto dell'esercito europeo. Citiamo dal più recente libro di Andreotti su De Gasperi: «La Francia non voleva che la Germania entrasse nella Nato ed avesse un suo esercito (avrebbe cioè dovuto disporre solo di unità inserite nell'esercito europeo, *N.d.A.*) ... La durata del servizio militare doveva essere uguale in tutti gli Stati, ma vi sarebbe dovuta essere autonomia per la concessione degli esoneri. Il reclutamento sarebbe fatto dal Commissario dopo costituita la Confederazione europea e per ora dalle unità nazionali. Circa l'incorporazione delle truppe, il Comitato dei ministri aveva proposto di immettere tutte le forze nazionali nell'armata europea ad eccezione delle truppe coloniali, della polizia, nonché delle truppe di occupazione a Berlino e in Austria... I Paesi del Benelux desideravano che nell'interno delle unità (divisioni) operassero criteri nazionali per l'avanzamento degli ufficiali e sottufficiali. Adenauer invece si era opposto perché si sarebbe violato così il principio della unità europea. Per l'istruzione militare si prevedevano collegi militari nazionali e scuole di guerra comuni a tutti i Paesi... Necessario istituire un bilancio comune, ma si poneva il quesito se dovesse essere comune in tutto o in parte». De Gasperi aveva commentato, dopo questa vittoria di Pirro: «L'Europa si fa ora o non più. La Germania riarmerà per conto suo e l'America abbandonerà l'Europa. Come si arginerà allora la pressione bolscevica?». La profezia era troppo pessimista, ma il trattato era troppo ottimista. E naufragò.

Alla Ced si erano vivacemente opposte le sinistre, che del resto proseguivano, forse senza troppa convinzione, la loro battaglia contro il Patto atlantico. Quando il 17 giugno 1952 il generale americano Ridgway, comandante della Nato, venne in Italia, e furono indette manifestazioni a volte violente contro la presenza del «generale peste», Togliatti pronunciò un discorso alla Camera per deplorare la visita. In esso giustificò «le interruzioni del lavoro che si sono estese a quasi tutte le fabbriche del Paese e alle quali hanno partecipato migliaia e migliaia di lavoratori».

La tesi comunista e socialista sulla posizione dell'Italia era quella d'una vaga neutralità (termine al quale Togliatti e Nenni davano accentuazioni diverse). Ma quando Nenni – andato a Mosca per ricevervi il premio Stalin per la pace – ne parlò il 17 luglio a Stalin stesso, lo vide assai poco interessato. «Stalin lascia cadere il mio accenno a una neutralità italiana garantita a un tempo dall'Unione Sovietica e dagli Stati Uniti d'America e avanza l'idea di un patto di non aggressione tra Roma e Mosca.» Anche se Nenni sembrava dimenticare Yalta, Stalin non incorreva in quella distrazione. Tanto gli era presente la spartizione del mondo, e l'impossibilità – per l'Urss – di aggregarsi l'Italia, che aveva pensato di distogliere Togliatti dai suoi compiti di *leader* del Pci e di richiamarlo entro i confini dell'Impero sovietico, per un compito ideologico, e d'organizzazione, simile a quelli ricoperti durante lunghi anni.

Questa svolta – anzi mancata svolta – aveva avuto la sua causa occasionale in un grave incidente automobilistico di cui Togliatti era stato vittima a fine agosto del 1950. L'auto di Togliatti che con Nilde Jotti e con la figlia adottiva

Marisa trascorreva un periodo di vacanza in Val d'Aosta, s'era scontrata con un autocarro. Parve sulle prime che le conseguenze dell'urto fossero state lievi, per il *leader* comunista. Ma un paio di mesi dopo egli fu tormentato da lancinanti dolori alla testa. Non fu subito possibile accertare se si trattasse di un ematoma, conseguenza dell'incidente, o d'un tumore: i medici decisero comunque d'intervenire. Era un semplice ematoma, che fu rimosso. Togliatti trascorse la convalescenza in Italia con l'intesa che, rimessosi in forze, sarebbe stato sottoposto ad attenti controlli medici a Mosca. Poco prima di Natale del 1950 Togliatti, con la sua compagna e la figlia, raggiunse infatti Mosca. Mentre in ospedale i medici lo sottoponevano ad analisi scrupolose, Stalin gli fece sapere, in un primo colloquio, d'un suo progetto. C'era pericolo di guerra, e bisognava riorganizzare il movimento comunista internazionale. Il compagno Togliatti avrebbe dovuto trasferirsi a Praga per assumervi la guida di questa complessa azione. Togliatti sospettò immediatamente che qualcuno dei massimi dirigenti comunisti italiani avesse, a sua insaputa, dato l'assenso, se non proprio il la, al progetto. In una successiva riunione con Stalin, Molotov, Beria, Malenkov, l'invito fu ripetuto: con l'accenno al fatto che «un uomo come Togliatti qui da noi non avrebbe potuto andarsene in automobile come voleva» quasi a insinuare che l'incidente in Val d'Aosta non fosse stato casuale. «Togliatti – citiamo dal libro di Miriam Mafai su Secchia – risponde con calma a Stalin e a Beria affermando che a suo avviso è necessario il suo rientro in Italia, che il Partito ha ancora bisogno di lui. Comunque la questione dovrà essere sottoposta a Roma alla direzione del Partito. È una buona via d'uscita. Stalin l'accetta convinto che la Direzione avrebbe detto di sì. Togliatti l'accetta convinto che la Direzione avrebbe deciso per il no. La Direzione decise per il sì.»

Massimo Caprara, allora responsabile dell'ufficio di segreteria del Partito, fu incaricato di portare a Togliatti, che era ancora a Mosca, il verbale autentico della deliberazione in cui si affermava: «Il compagno Togliatti ci ha insegnato che il compagno Stalin è il dirigente massimo del movimento comunista internazionale, che egli ha in mano tutte le carte per giudicare della situazione mondiale». In parole povere, se Stalin voleva Togliatti a Praga, Togliatti doveva darsi una mossa. Ma «il Migliore» non era d'accordo. «Dissento dall'analisi, non ne condivido l'ineluttabilità, non ritengo opportuno, ora, il mio distacco dall'Italia.» Quando Caprara, ai cui ricordi attingiamo, gli consegnò il verbale, Togliatti «lesse avidamente la decina di cartelle dattiloscritte che avevo cavato dalla borsa. "Chi altri ha questo testo?" "Nessuno" affermai. "E Secchia e Colombi che sono arrivati qui ieri?" insistette. I due, inviati dalla Direzione, erano stati già ricevuti al Cremlino ed avevano portato il sì italiano alla richiesta sovietica di sganciare Togliatti. Molotov, non Stalin parzialmente perplesso, puntava su Secchia come nuovo segretario del Pci. "Non ne hanno neppure una copia perché non l'avevo ancora fatta battere in ufficio da Sonia" lo rassicurai. Un attimo di sospensione. Poi i suoi occhi inclinarono all'allegro. Apparve sollevato... Girò nella stanza, prese la sua grande borsa a più scomparti e vi fece precipitare dentro il verbale dattiloscritto. "Figli di puttana, credete che non abbia capito che volete farmi fuori?" sembra che dicesse nell'incontro con i due messaggeri della Direzione. Vi fu ancora un colloquio con Stalin e gli altri uomini di Mosca, cui Togliatti, Secchia e Colombi promisero che il progetto sovietico era solo rinviato di qualche mese. Ma Stalin aveva capito. Quando fu di nuovo in Italia, Togliatti si sentì liberato. Mai più tornò a Mosca, finché Stalin fu vivo».

I rapporti tra Togliatti e alcuni notabili del Partito, ma in particolare tra Togliatti e Secchia – che era per la linea dura, e aveva un suo filo diretto con Mosca – s'incrinarono irreparabilmente. Tra l'altro pare che qualcuno – forse Beria – si fosse informato con Secchia sui contatti che Nilde Jotti manteneva, o si supponeva mantenesse, con il Vaticano. La domanda sovietica era una sollecitazione a indagare. La Jotti, con i suoi trascorsi nelle scuole cattoliche, rimaneva sospetta. E ancor più sospetta era diventata dopo il «tradimento» di Aldo Cucchi e Valdo Magnani, due comunisti emiliani che avevano lasciato il Partito dopo una clamorosa dichiarazione secondo la quale, se l'Armata Rossa avesse invaso l'Italia, gli aderenti al Pci avrebbero dovuto battersi, come chiunque altro, per difendere le frontiere del loro Paese. Proprio Valdo Magnani, lontano parente della Jotti, l'aveva introdotta nel Partito. Il che poteva diventare, nell'ossessiva sospettosità comunista, un indizio di colpa, o di non affidabilità. Togliatti diffidava del Partito e il Partito sotto sotto diffidava di Togliatti: tanto che nel villino di via Arbe, a Monte Sacro, in cui Togliatti abitava con la Jotti, furono installati dei microfoni. Secchia fece poi «una severa reprimenda» a Leonida Roncagli, responsabile del servizio d'ordine, che aveva preso l'iniziativa. Ma questi scaricabarile diventano inevitabili quando – come in questo caso – l'oggetto della sorveglianza s'accorge d'essere sorvegliato. Nelle emozioni di quel periodo Secchia fu colpito da un infarto: e Longo gli suggerì la solita convalescenza a Mosca: un modo come un altro per allentare le tensioni.

L'autunno del 1952 diradò i ranghi della superstite classe politica prefascista. Se n'andarono, nell'arco di tre mesi, Carlo Sforza, Benedetto Croce e Vittorio Emanuele Orlando. De Gasperi rimpianse sinceramente Sforza, questo gran signore che non gli aveva mai dato ingombro con la sua ambizione, che aveva accettato senza un gesto di stizza il ritiro della sua candidatura alla Presidenza della Repubblica e poi – negli ultimi mesi di vita – il passaggio dal Ministero degli Esteri ad un incarico marginale.

Ha lo stile del diplomatico provetto, e del gentiluomo, la lettera con cui egli rispose a De Gasperi che – nella crisi governativa del luglio 1951 – gli aveva fatto sapere, in sostanza, di voler assumere personalmente la responsabilità degli Esteri. «Caro De Gasperi, il prof. Pozzi mi conferma che la completa guarigione della mia gamba può non essere breve. Ciò rompe ogni esitazione: in questi tempi e con vicini impegni peripatetici il ministro degli Esteri ha bisogno di tutte le sue energie anche fisiche. Tu che hai tanto il senso del dovere mi approverai di chiederti di disimpegnarmi dalla mia carica attuale.»

Il passaggio di Sforza a impegni di minor conto era stato imposto da ragioni politiche: ma la sua salute stava veramente declinando. Una flebite lo aveva debilitato, con successive complicazioni. Dalla Valsugana, De Gasperi incaricava Andreotti di visitare il malato. «La sua stanza – ha scritto Andreotti – era singolare. Al centro vi era una brandina militare e tutto attorno le casse non aperte che aveva lasciato così dal giorno del ritorno dall'esilio... De Gasperi mi chiese se qualche sacerdote avesse fatto visita al ministro malato e fu sua idea di sollecitare il cardinale Celso Costantini, che aveva in comune con Sforza una lunga esperienza ed un vero affetto per la Cina. Qualche sera dopo trovai Sforza che stava leggendo un libro lasciatogli dal cardinale con una dedica cordiale. Lo vidi l'ultima volta poche ore prima della morte di cui era consapevole. Manteneva assolutamente inalterata la sua imperturbabilità e mi pregò di salutare De Gasperi come se stesse partendo per uno dei tanti viaggi di lavoro. Fui lieto che nel primo anniversario De Gasperi mi inviasse a Montignoso a deporre un fiore sulla tomba di un politico dal quale avevo imparato tante cose e che avevo progressivamente conosciuto e ammirato.»

La coerenza di Sforza lo aveva reso volta a volta inviso alle destre nostalgiche e alle sinistre neutraliste. Nel settembre 1945 un avvocato qualunquista, Emilio Patrissi, aveva detto che «l'origine di tutti i mali d'Italia è dovuta ai rinnegati che per venti anni hanno congiurato per la perdita della Patria e che sono tornati come tanti sciacalli al seguito degli eserciti alleati per accamparsi sulle rovine comuni e sulla miseria di tutti affondando nelle carni martoriate del Paese gli strali acuminati della vendetta e dell'odio». Sforza si riconobbe in quegli «sciacalli»: e all'invettiva becera replicò con pacatezza, sostenuto dall'*Unità* che gli attribuiva «saggezza e spirito superiore di giustizia». Ma nel 1948 Sforza era diventato per Palmiro Togliatti «il più abietto personaggio che si sia presentato nella storia della politica internazionale d'Italia». Le prese di posizione del conte poterono in qualche momento essere discutibili: ma furono sempre di cristallina onestà, e ispirate dal desiderio di giovare al Paese. De Gasperi ebbe in lui un amico, e un alleato assai più fedele della maggioranza di quanti andava cercando nella sua Dc.

La morte di Benedetto Croce fu una perdita per la cultura, non una perdita per la vita politica dalla quale, negli ultimi anni della sua vita, si era progressivamente allontanato. Senatore di diritto per la prima legislatura, era stato visto poco nell'aula di Palazzo Madama e quasi mai aveva preso la parola. Considerava concluso il suo apporto alle vicende quotidiane della politica con i preziosi interventi e mediazioni al tempo della luogotenenza di Umberto di Savoia, o anche in successivi momenti cruciali. Uomo di cultura a 360 gradi, non aveva mai creduto che filosofi e letterati dovessero rinchiudersi in una torre d'avorio, indifferenti e insensibili a ciò che attorno a loro stava avvenendo. La filosofia, aveva detto, non può sostituire l'azione morale e pratica: «In questa seconda sfera a noi modesti filosofi spetta di imitare un altro filosofo antico, Socrate, che filosofò ma che combatté da oplita a Potidea, o Dante che poetò ma combatté a Campaldino, e, poiché non tutti e non sempre possono compiere questa forma straordinaria di azione, partecipare alla quotidiana e più aspra e più complessa guerra che è la politica».

Era stato solidale con De Gasperi, che gliene fu sempre grato, quando nel 1947 aveva estromesso i socialcomunisti dal governo. «È evidente – aveva detto – che prima che un individuo si risolva ad essere liberale o democristiano è necessario che sia *vivo*: e l'Italia non potrà coltivare l'una o l'altra fede se muore, cioè se cade nella rovina economica politica e morale che al presente la minaccia. Il dovere di salvare la nostra Patria primeggia sugli altri che a lei si riferiscono e ci rende favorevoli al Ministero democristiano che lo ha posto a suo fine precipuo attuale: e ci unisce al sostegno che diamo al conseguimento di questo fine precipuo e attuale. Le logomachie di destra e di sinistra rischiarano assai poco circa la realtà della libertà e della giustizia.»

Nella sua prosa faticosa Croce voleva in sostanza affermare che il vivere è più importante che il filosofare, e che incombeva una scelta di campo non dilazionabile. Anche per il Patto atlantico era stato a fianco di De Gasperi: «Assistendo al tuo discorso ho sofferto per te ma ti ho anche ammirato: e dobbiamo tutti esserti grati per le nobili e giuste cose che hai detto per tutti». In un'altra lettera al Presidente del Consiglio, consolandolo per le amarezze «che è necessario sopportare a un uomo responsabile di un alto ufficio per fare un po' di bene e per evitare un po' di male» aveva concluso: «Che Dio ti aiuti nella buona volontà di servire l'Italia e di proteggere le sorti pericolanti della civiltà, laica o non laica che sia».

Con Vittorio Emanuele Orlando se ne andava il Presidente della Vittoria: forse inferiore, nella sua statura di statista, a questo altisonante appellativo, forse troppo vanitoso, smanioso di popolarità e volubile per essere annoverato tra i grandi della politica. Aveva insultato De Gasperi, durante la discussione sul Trattato di pace, accusandolo di «cupidigia di servilismo», era parso in più d'un momento disponibile per combinazioni equivoche (anche se, l'abbiamo visto, rifiutò di capeggiare la lista cittadina di Roma, lasciando il dubbio onore a Nitti). Era profondamente avvocato e profondamente siciliano. Della sua perenne sicilianità Giulio Andreotti ci ha lasciato due divertenti esempi, nel primo *Visti da vicino*. Einaudi aveva nominato senatore a vita Luigi Sturzo, e il gesto, per altri versi ineccepibile, era apparso a molti, anche a De Gasperi, suscettibile di complicazioni: in quanto sembrava ledere il Concordato tra l'Italia e la Santa Sede che inibiva ai sacerdoti l'attività politica. Per iniziativa di Giuseppe Paratore fu scelto Orlando come arbitro della questione: gli venne perciò trasmessa la pratica gonfia di documenti. Quando Paratore e Andreotti entrarono nello studio di Orlando, questi tagliò corto: «Peppino (Paratore) lascia queste carte: ti sei dimenticato che Sturzo è siciliano come noi?». Un'altra volta Orlando, che tutti immaginavano in ben altre faccende affaccendato, mandò ad Andreotti un appunto per sollecitare un finanziamento pubblico grazie al quale il campo di calcio di Palermo fosse reso regolamentare, sennò «sarebbe in un certo senso il disastro del calcio palermitano».

Un altro notabile prefascista, Enrico De Nicola, godeva per sua fortuna – anche se parlava continuamente di malanni – d'una buona salute. Tuttavia nell'estate del 1952 si dimise dalla Presidenza del Senato, e questa volta sul serio e irrevocabilmente. Era stato infastidito «da alcuni incidenti di etichetta che egli attribuiva ad una, per mio conto a torto, scarsa considerazione in cui era tenuto dal Ministero dell'Interno» (Andreotti). De Nicola era stato turbato da accuse mosseogli di non aver rispettato le procedure durante la discussione della legge sul neofascismo. Forse l'aveva avvilito il travolgente successo di Lauro nella sua Napoli, forse preferiva essere fuori dalla mischia quando fosse posta in discussione la nuova legge elettorale, di cui già si parlava. Certo è che, nonostante due votazioni del Senato, un discorso di Gronchi alla Camera e un affettuoso telegramma di De Gasperi, rimase fermo nel rifiuto, cedendo la poltrona a Paratore. Riemerse nella vita pubblica nel 1956 come presidente della neonata Corte Costituzionale: anche lì suscitando vespai. Ha ricordato l'onnipresente e onniveggente Andreotti, dotato di memoria di ferro: «Quando fu eletto alla Corte telefonò al prefetto di Napoli per dirgli che non desiderava affatto che prefetto e questore si recassero ogni volta a salutarlo alla stazione: gradiva un po' di libertà dal protocollo e dagli atti dovuti. Il povero prefetto, che era nuovo all'ambiente, prese alla lettera la telefonata, e avvertì anche il titolare della questura di non andare. Errore gravissimo. De Nicola si offese mortalmente e appena giunto a casa chiamò al telefono l'esterrefatto questore riducendolo uno straccio e chiamandolo perfino "miserabile sbirro"».

CAPITOLO DECIMO

LA LEGGE-TRUFFA

Negli ultimi mesi del 1952 De Gasperi, provato e allarmato dall'andamento delle «amministrative», aveva la sensazione che la Dc fosse minacciata d'assedio, e d'isolamento. Le destre erano cresciute impetuosamente, le sinistre tenevano e un po' risalivano la china, gli alleati della Democrazia cristiana denunciavano in più d'una occasione turbamenti e velleità di sganciamento. Il momento magico dello scudo crociato era passato, e passato per sempre. La maggioranza assoluta era stata lo straordinario frutto di circostanze eccezionali. Per De Gasperi – e per chiunque sapesse annusare il vento che tirava – era certo che nelle politiche del 1953 i democristiani non avrebbero più sfiorato il 50 per cento dei voti, e non avrebbero più potuto dominare, da soli, il Parlamento.

Nacque così l'idea d'una nuova legge elettorale che concedesse un premio di maggioranza a quel partito, o a quella coalizione di partiti, cui andasse anche un solo voto in più del 50 per cento. Il primo suggerimento al riguardo sembra che sia venuto non dall'Ufficio studi della Dc, ma da quello dei socialdemocratici. Lami Starnuti, segretario del Psdi, aveva scoperto in Francia gli apparentamenti, introdotti in Italia, lo si è visto, per le amministrative del '51 e '52. Ora si trattava di trasferirne l'esperienza alle politiche. I ruoli dei *leaders* democristiani nell'iniziativa non sono molto chiari. Essa fu attribuita a Scelba, che peraltro dimostrò perplessità. De Gasperi, che successivamente difese a oltranza e fece propria con vigore la legge, non ne fu subito convinto. Sta di fatto che, a un certo punto, il progetto del premio di maggioranza cominciò a camminare, sostenuto dalla Dc, accettato alquanto di malavoglia da liberali socialdemocratici e repubblicani, fieramente avversato dalle sinistre che però non s'erano accorte subito degli effetti che la legge poteva sortire: la coalizione che fosse riuscita a superare il traguardo della metà più uno dei voti si sarebbe aggiudicata i due terzi dei seggi in Parlamento, il resto sarebbe andato alle opposizioni.

L'approvazione della legge sembrava scontata: la Dc disponeva della maggioranza assoluta alla Camera, e inoltre poteva contare sull'apporto degli alleati. Ma pur in condizioni di apparente debolezza, l'opposizione dimostrò combattività, inventiva, capacità propagandistica. La sua strenua lotta contro la legge che concedeva il premio di maggioranza si avvalse di tre armi: l'ostruzionismo parlamentare, strumento tecnico e alla lunga sterile; la coniazione d'uno *slogan* di tremenda efficacia, quello di «legge-truffa», diventato in breve tempo un luogo comune; l'asserita analogia tra la legge di De Gasperi e la legge Acerbo del tempo fascista, che stravolgeva anch'essa il rapporto di forze espresso dalle urne, ma in ben altra misura: dando cioè i due terzi dei seggi al partito che avesse ottenuto da solo almeno il 25 per cento dei voti.

Il *filibustering* – ossia l'ostruzionismo parlamentare realizzato sfruttando all'estremo i regolamenti, e inondando gli emicicli di discorsi divagatori il cui unico scopo era quello di guadagnar tempo e d'impedire che la legge sul premio di maggioranza fosse in vigore prima dell'imminente appello alle urne – era un espediente antico. L'opposizione se n'era largamente servita, alla fine dell'Ottocento, per bloccare i decreti autoritari di Pelloux. Ma a questo fine concreto se ne abbinava ora un altro, propagandistico e psicologico di più vasta e, tutto sommato, più incisiva portata. L'accanito dibattito sulla «legge-truffa» teneva acceso il problema, e impediva che la tensione si allentasse. Questa tecnica funzionò. Ne derivavano sbandamenti individuali e di schieramento, dettati da sincero idealismo o da furba strumentalizzazione della demagogia.

Il disegno di legge che dava 380 seggi, nella futura Camera, agli apparentati vincenti – ossia arrivati oltre la soglia del 50 per cento – fu approvato dal Consiglio dei ministri il 18 ottobre 1952. Sei giorni prima Andreotti s'era incontrato con Nenni e gli aveva accennato all'imminenza della decisione. Il *leader* socialista non ne era parso impressionato: disse che poco gl'importava perché, visto come andavano le cose, le elezioni sarebbero state «una vendemmia» per le sinistre. Poiché Nenni non era uno specialista in profezie azzeccate, Andreotti e anche Gonella sorrisero di questa battuta. Non così De Gasperi che era inquieto, stanco, irritabile, a tratti scoraggiato. A metà novembre aveva addirittura covato il proposito di ritirare la legge e di andare alle elezioni con le vecchie norme, a viso aperto. Ma poi ci ripensò. Alternava momenti di indecisione a soprassalti di fermezza. Proprio in quel periodo riaffermò nel Congresso della Dc l'esigenza d'una legge sindacale che limitasse lo strapotere delle grandi organizzazioni. Lo disse con chiarezza a Giulio Pastore: «Allo Stato deve essere riconosciuto il diritto, di fronte alla possibilità di abusi, di poter tutelare l'interesse collettivo e la libertà di tutti».

La situazione era singolarmente adatta a questo richiamo: perché la polemica sulla legge-truffa, divampante nell'opinione pubblica e nella stampa, si trasferì per volontà della Cgil nelle strade, nelle piazze, nelle fabbriche. Vennero indetti due scioperi generali oltre ad una miriade di agitazioni locali e settoriali. Scioperi si svolsero in varie fabbriche – l'osservazione è di Gino Pallotta – contro l'«emendamento Rossi»: una proposta del socialdemocratico Paolo Rossi che autorizzava il governo ad approvare la legge-truffa con un decreto. Non potevano esservi dubbi sul carattere squisitamente politico di questi scioperi, e sul sostegno che essi davano agli avversari della nuova legge elettorale. Ma il sindacato di sinistra, forte del vuoto costituzionale e legislativo in proposito, ribadì il suo pieno diritto a questo ostruzionismo di massa che si sommava, altrettanto aggressivo, all'ostruzionismo parlamentare.

Dava particolare disagio a De Gasperi il fatto che fosse addebitato, proprio a lui, di voler introdurre norme antidemocratiche (era un'accusa sciocca: il sistema uninominale, che nessuno si sogna di definire antidemocratico, comporta sperequazioni ben più marchiane), e che tra gli avversari della legge vi fossero uomini di grande integrità e levatura morale, a volte appartenenti all'area della maggioranza. Se Gaetano Salvemini era a favore della legge, Ferruccio Parri e, più significativamente, il liberale Corbino l'avversavano. Era pronto a battersi contro la legge anche Francesco Saverio Nitti, ma in piena bufera una malattia improvvisa lo condusse alla tomba – se ne andava un altro dei «grandi vecchi» prefascisti – il 20 febbraio 1953. Vi furono proposte di compromesso, tentativi di evitare la guerriglia parlamentare, ma si ebbe l'impressione che, una volta messa sul tappeto, quest'idea così contestata procedesse e s'infuocasse di vita propria, all'infuori della volontà dello stesso De Gasperi e di Scelba.

Le sedute alla Camera, ai primi di dicembre del 1952, furono contrassegnate da scambi di invettive, tumulti, pugilati, lazzi e attacchi alla correttezza costituzionale sia del governo, sia di chi presiedeva l'assemblea, sia dello stesso presidente Einaudi. Annotava Nenni, in data 9 dicembre, sul suo tanto utile diario: «Un primo grosso incidente, finito con una zuffa, si ebbe giovedì 4 dicembre, quando d'improvviso si vide il governo prendere posto al completo al suo banco e si alzò Scalfaro a proporre che la Camera sedesse in permanenza, domenica compresa... La proposta di Scalfaro venne naturalmente votata e tutto finì con un pugilato come non si era mai visto. Volarono perfino le palline del banco delle commissioni. Ci furono parecchi contusi e un ferito grave, un usciere. Il secondo incidente c'è stato domenica, protagonista Oreste Lizzadri. Si discuteva di interpretazione del regolamento. Leone, che presiedeva, decise di rimettere la decisione alla Camera. "Allora – gridò Lizzadri – non è più il presidente che interpreta il regolamento, ma Gonella (Leone era vice-presidente della Camera e Gonella segretario della Dc, *N.d.A.*)." Piccato sul vivo, Leone chiese e non ottenne la ritrattazione e inflisse a Oreste l'esclusione dall'aula. Rifiuto di Oreste di uscire... Infine la soluzione si trovò. La seduta venne ripresa senza la presenza di Oreste (che tuttavia precisò di non sentirsi espulso, *N.d.A.*)».

Togliatti martellava sulle analogie tra la legge-truffa e la legge Acerbo: «Dicono che questa truffa, però, non sarebbe la stessa cosa della legge Acerbo la quale dava la maggioranza schiacciante a un partito che non era arrivato nemmeno ad avere la maggioranza relativa. Ma questo è invece proprio l'obbiettivo che si propone la legge clericale. Quando i clericali propongono che il gruppo politico che abbia ottenuto il 50,01 per cento dei voti ottenga il 65 per cento dei mandati nel Parlamento, essi hanno davanti a sé il fatto concreto delle consultazioni elettorali del 1951 e del 1952, e hanno fatto precedere questa norma dall'altra che riguarda l'apparentamento e che essa stessa è già una truffa. Il risultato della combinazione tra le due norme, quella dell'apparentamento e quella del premio di maggioranza, quale dovrebbe essere in concreto? Dovrebbe essere precisamente la conquista della maggioranza assoluta da parte di quel partito clericale che nel Paese una tale maggioranza non ha più. Questo è esattamente ciò che si proponeva la legge Acerbo».

La discussione si protrasse, tumultuosa e interminabile,

141

fino alle vacanze natalizie. De Gasperi chiuse il 1952 e inaugurò il 1953 con impegni internazionali e interni per lui lusinghieri: il premio Carlo Magno ad Aquisgrana, una visita ufficiale ad Atene. Ma il suo assillo era il dibattito sulla legge elettorale. Per concluderlo, il governo si risolse (14 gennaio 1953) a·porre la questione di fiducia. Dal giorno in cui la proposta del governo fu presentata, fino al giorno (21 gennaio) in cui fu approvata, De Gasperi non lasciò praticamente Montecitorio. Nelle ultime settanta ore vi trascorse anche le notti, dormendo un poco su una poltrona-letto sistemata nel suo studio, a pochi passi dall'aula. Il ricorso alla fiducia troncò la grandine di emendamenti (pittorescamente definiti «a cascata» o «a raggiera» secondo gli effetti collaterali che raggiungevano). Nella seduta finale si contarono 186 dichiarazioni di voto, «ultima la mia con la quale ho annunciato che non avremmo preso parte alla votazione. Siamo quindi usciti al canto degli inni di Mameli e dei lavoratori» (Nenni). Il governo aveva vinto la prima battaglia. Ne restava una seconda, non meno importante, in Senato. E poi la terza, quella delle urne, che avrebbe deciso la guerra.

L'asprezza e il clamore della lotta sulla legge-truffa avevano posto in ombra altri avvenimenti che pure sembravano suscettibili di esercitare un qualche peso (non era forse accaduto nel 1948, con il colpo di Stato comunista in Cecoslovacchia?) sulla prova elettorale. Il generale Eisenhower, trionfatore alle elezioni presidenziali di novembre negli Stati Uniti, aveva preso le redini del potere a Washington. L'opinione pubblica italiana (anche a livello di governo, e di Palazzo) aveva piuttosto tifato per il suo avversario democratico, Acheson. Non aveva saputo valutare il capitale di simpatia e di prestigio che Ike, uomo di aurea mediocrità, s'era conquistato come militare e come politico: e che aveva rafforzato con un'iniziativa di grande respiro, il

142

viaggio in Corea, per trovare un compromesso che mettesse fine alle ostilità e allo spargimento di sangue americano.

L'ingresso di Eisenhower alla Casa Bianca non ebbe riflessi importanti sugli umori degl'italiani. Non ne ebbero nemmeno altri avvenimenti che si svolgevano al di là di quella che ancora veniva definita la «cortina di ferro», nella Cecoslovacchia del cupo Gottwald che, gravemente malato e prossimo alla fine, si prendeva le sue ultime vendette, e procedeva alle ultime epurazioni. La febbre autodistruttrice della rivoluzione telecomandata da Mosca aveva dapprima coinvolto la minutaglia del Partito, poi si estese ai notabili. Il grande accusatore nella fase d'avvio della purga fu Rudolf Slanski, dirigente di stretta ortodossia moscovita, che si accanì contro i «deviazionisti di destra», i «titoisti», i «nazionalisti». Cadde nella rete il ministro degli Esteri Clementis. Poi, per un colpo di scena paradossalmente crudele (o giusto?) toccò allo stesso Slanski, caduto in disgrazia, d'affrontare l'inquisizione. Alla fine del 1951 anch'egli fu arrestato, per delitto d'antisovietismo. Non si mancò di rammentare che aveva sangue ebreo, fu riesumato il suo vero nome, Salzman, si costatò che tra i «congiurati» v'era una maggioranza di ebrei. Per una sorta di abbietto divertimento, i «giudici» di Gottwald vollero che Clementis e Slanski fossero processati insieme, e insieme salissero (il 3 dicembre 1952, mentre in Italia ci si accapigliava per la legge-truffa) sulla forca, con altri nove condannati.

Nenni, che aveva conosciuto e frequentato tre degli impiccati (Slanski, Geminder e Clementis) ricavandone la sensazione che fossero comunisti duri e irreprensibili, sentì crescere i dubbi sui metodi di questa «giustizia»: «Noi non riusciamo a capire che chi ieri fu sugli altari sia trascinato non nella polvere ma nel fango. Né riusciamo a capire la specie di delirio e di sadismo con cui gli accusati si autoflagellano riconoscendo tutto, ammettendo tutto: che furono sempre dei miserabili e peggio, anzi aggiungendo alla pubblica accusa dettagli e fatti magari da questa ignorati. Molti gridano alla commedia. Alcuni accennano ai misteri dell'anima slava. Io mi accontento di non capire».

Chi invece si vantava di capire, e approvava con entusiasmo, era Palmiro Togliatti, che su *Rinascita* inveiva contro chi metteva in dubbio la giustizia cecoslovacca. «Slanski e i suoi... non hanno peccato in astratto: il loro non fu un delitto di opinione... E difatti, ci vuol altro che un'opinione per distruggere uno Stato che si avvia al socialismo! Slanski ed i suoi sono stati sorpresi mentre operavano sul terreno della congiura politico-militare, per tentare il colpo di Stato controrivoluzionario. Così come avevano tentato Trockij e i suoi... Ormai la borghesia si è allenata a credere vero solo ciò che essa vuole sia vero. Ebbene, anche se essa non vuole, il processo di Praga è vero non nel senso che dicono i fumetti, ma nel senso che dice la storia.» L'apostolo della Costituzione italiana e dello Stato di diritto, il sostenitore a spada tratta della proporzionale che assicura il pluralismo, diventava meno esigente, in fatto di garantismi e di pluralismi, quando si occupava dei Paesi dell'Est.

Anche in Unione Sovietica la macchina delle purghe staliniane stava macinando le sue ultime vittime. Sulla scia d'una ondata di antisemitismo di cui s'erano visti i segni in Cecoslovacchia contro Slanski, fu inscenato l'«affare» dei medici. Il 3 gennaio 1953 venne annunziato in forma ufficiale (citiamo da Isaac Deutscher) che «nove professori in medicina, che esercitavano la professione al Cremlino come medici personali dei più importanti uomini di governo, erano stati smascherati come agenti dei servizi segreti inglese e americano, per ordine dei quali avevano assassinato due capi del partito, Zdanov e Scerbakov, e tentato di assassinare i marescialli Vasilevskij, Govorov, Koniev, Shtemenko e altri per indebolire le difese del Paese. Molti di quegli assassini in camice bianco erano ebrei, e accusati di avere agito per istigazione del Joint, un'organizzazione internazionale ebraica che aveva il quartiere generale negli Stati Uniti. Kruscev raccontò poi che Stalin aveva diretto personalmente gli interrogatori dei medici e ordinato che fossero incatenati e picchiati. «Se non riuscite a farli confessare – disse a Ignatiev, ministro per la Sicurezza dello Stato – ti accorceremo di tutta la testa.» (Quando seppe dell'incriminazione dei medici Nenni rammentò che due di loro l'avevano visitato a Mosca, e che, quando li aveva avvicinati, sembravano circondati da molto rispetto. Ma con Stalin nessuno era mai sicuro.)

Il bagno di sangue stava tuttavia per finire, almeno in quelle proporzioni e con quella arbitrarietà, perché Stalin morì il 5 marzo 1953, all'età di 73 anni. La sinistra – con trasporto mistico i comunisti, con qualche moderata riserva i socialisti – pianse in lui il saggio padre del suo popolo, l'apostolo della pace, l'intrepido condottiero della guerra contro il nazismo, il promotore d'una nuova società più giusta. In un discorso alla Camera Togliatti lo definì «un gigante del pensiero, un gigante dell'azione». E concluse: «Trionfò di tutti i nemici, quelli di fuori e quelli di dentro. Il suo Paese, il primo Paese socialista, fu da lui portato al rinnovamento economico, al benessere, alla compatta unità interna, alla potenza. Oggi è il primo del mondo... Ogni volta che viene pronunciata una parola di pace, ogni volta che si compie un atto che può assicurare la pace, ivi troviamo Stalin, la sua mente saggia, il suo animo sollecito... Scompare l'uomo. Si spegne la mente del pensatore intrepido. Ha un termine la vita eroica del combattente vittorioso. La sua causa trionfa. La sua causa trionferà in tutto il mondo».

Togliatti e Nenni raggiunsero Mosca per partecipare ai funerali, la cui regia era stata affidata a Kruscev. Montarono entrambi la guardia d'onore al feretro. Nenni, altalenante tra nostalgie di Fronte popolare e velleità di autonomia, scrisse: «Dire che queste sono state le esequie di un dittatore o peggio di un tiranno è uno sproposito di proporzioni monumentali. Basta guardarsi attorno per capire che è morto l'arbitro dei popoli e degli Stati sovietici lasciando dietro di sé un grande vuoto psicologico e politico e una salda struttura di Stato, di partito, sindacale ed economica».

Il disegno di legge sulla riforma elettorale era approdato, in marzo, al Senato: dove rischiavano di riproporsi tutte le difficoltà della Camera aggravate dalle esitazioni del presidente Giuseppe Paratore: che non era un cacadubbi alla De Nicola ma, liberale di vecchio stampo, temeva molto di offuscare, con una condotta parziale, la sua immagine di arbitro *super partes*. Essendosi rese conto dei tormenti di Paratore, le sinistre si erano rivolte direttamente a lui: e gli avevano detto, per bocca di Scoccimarro, che l'ostruzionismo avrebbe avuto fine se alla votazione parlamentare fosse stato abbinato un *referendum* con cui si chiedesse all'elettorato se era pro o contro il nuovo meccanismo di assegnazione dei seggi. Il governo rifiutò, con buoni motivi. Primo, gli elettori stavano per essere convocati alle urne, dove avrebbero avuto modo di pronunciarsi per i partiti favorevoli o contrari alla cosiddetta legge-truffa. Eppoi un *referendum* di quel tipo – non abrogativo – era estraneo alla Costituzione. Ma Paratore non era tranquillo, avvertì De Gasperi che la ripetizione in Senato della scorciatoia utilizzata alla Camera (il voto di fiducia) non gli piaceva. Tra Paratore e De Gasperi si convenne una sceneggiata: durante il discorso con cui De Gasperi avesse chiesto la fiducia, Paratore sarebbe intervenuto, interrompendolo, per ricordargli che quella «trovata», andata liscia alla Camera, non si poteva ripetere in Senato. Parri a sua volta affacciò l'idea che il premio di maggioranza fosse ridotto: e sarebbe stata un'idea abbastanza buona se il poco tempo disponibile prima delle elezioni non l'avesse resa irrealizzabile. La modifica comportava infatti un ritorno della legge alla Camera. Paratore, che era anziano e si pretendeva malato (quanto la malattia fosse vera e quanto diplomatica è difficile dire, il febbricitante denunciava una temperatura di 37,2), chiese a De Gasperi se, in caso di ostruzionismo accanito, sarebbe stato «assolutamente contrario a proporre lo scioglimento delle Camere facendo elezioni con le vecchie leggi». La risposta di De Gasperi non fu negativa e analogo era l'avviso di Gronchi, ma Paratore, a quanto si seppe poi, non ottenne il dovuto assenso del Quirinale, e allora si dimise. Einaudi era stato meno accomodante di De Gasperi.

Si trattava ora di trovare un successore a Paratore. Tupini, che aveva tentato, come vice del Presidente, di mantenere entro gli argini di una tollerabile correttezza un Senato turbolento e in troppi suoi componenti manesco, era stato subissato d'insulti. Non era giudicato proponibile. De Gasperi pensò al suo compagno di partito Adone Zoli, poi al liberale Alessandro Casati: per una ragione o per l'altra li scartò entrambi. Luigi Gasparotto, antifascista intemerato, inserito nei governi del Cln, rifiutò. Finalmente toccò a Meuccio Ruini, che era stato *leader* della Democrazia del lavoro un partito del Cln che le vicende politiche e i risultati elettorali avevano cancellato. Era un'ottima persona, onesta e cortese: aveva anche combattuto da valoroso sul Carso e, di fronte agli assalti socialcomunisti, gli ci volle un po' del suo antico coraggio. Per la verità il professorale Togliatti, nonostante una certa tendenza alle violenze verbali di cattivo gusto, rifuggiva dalle piazzate. Proprio per questo Pietro Secchia lo accusava d'arrendevolezza. Fu Secchia, con quelli che la pensavano come lui, l'istigatore delle risse di Palazzo Madama. «La legge-truffa –

147

ricordò Secchia – ci metteva alle corde, dovevamo batterci. Andai da Togliatti e gli dissi: "Bisogna fare qualcosa, far ritirare le sinistre dal Senato" "Già – disse lui – e poi che facciamo, la Rivoluzione?" "No – gridai io – non facciamo la Rivoluzione. Ma se ascoltiamo te non facciamo mai niente."»

Sulla tragicommedia del dibattito il sipario calò, repentinamente, la domenica delle Palme del 1953, 29 marzo. Il Senato era stato bloccato per 75 ore dalla discussione sull'urgenza (o sulla non urgenza) di una legge Bitossi concernente la disciplina del lavoro delle mondine. «Il regolamento del Senato – ricordò poi Nenni – non contempla limiti di tempo per le dichiarazioni di voto, e taluni dei nostri compagni, per esempio il taciturno Morandi, avevano parlato per più di quattro ore.» Sulle mondine. Quando finalmente l'argomento fu esaurito, le sinistre si fecero avanti con altri espedienti procedurali. «Ha cominciato Terracini (citiamo sempre da Nenni, *N.d.A.*) col chiedere la parola per fatto personale. Rifiuto di Ruini. Poi per un richiamo al regolamento. Altro rifiuto. Allora è scoppiato un tumulto, e nel tumulto Ruini ha fatto votare per alzata e seduta una pregiudiziale Bosco che dava la precedenza al voto di fiducia al governo. Ha dato la parola al relatore di minoranza Rizzo, che non ha sentito, al ministro Scelba, che ha rinunciato, e mentre ci si colluttava nell'aula e il Presidente stesso era assalito al suo banco, ha indetto la votazione per appello nominale e proclamato il risultato mentre volavano pugni, schiaffi e perfino tavolette... Ruini era come nascosto dietro un duplice cordone di uscieri e, pallido e tremante, parlava nel microfono facendo registrare le sue parole che nessuno nell'aula poteva udire. Quando affranto è uscito dall'aula, Ruini ha detto: "Ho salvato la democrazia, ma sono personalmente un uomo finito"».

Di quella scena sicuramente non encomiabile, ma me-

148

morabile, abbiamo un'altra vivace descrizione, dalla barricata opposta. Ha scritto Andreotti: «Frammenti tutt'altro che invisibili dei banchi della sinistra furono divelti e lanciati contro i seggi della Democrazia cristiana, mentre i commessi riuscirono a stento ad impedire a Velio Spano, portatosi sulla tribunetta che sovrasta il podio del Presidente, di scagliare contro Ruini una robusta poltroncina. Debbo confessare che, fatto uscire da quel trambusto De Gasperi e rimasto solo al banco del governo, ebbi la tentazione, poco estetica, di proteggermi la testa con il cestino della carta, non convinto che valesse la pena di sacrificare un occhio sull'altare del Senato. Ma tutto precipitò, se così si può dire, nel verso migliore. Con un colpo magistrale, Ruini dichiarò chiusa la discussione e, nessuno avendo potuto chiedere, dato il chiasso, la parola per dichiarazione di voto, fece iniziare e finire l'appello e, scortato da fedelissimi commessi dichiarò chiusa la seduta. Prima di lasciare Palazzo Madama, Velio Spano mi lanciò un ammonimento: non dovevo dimenticare piazzale Loreto».

Con le loro forsennate intemperanze, le opposizioni avevano offerto a Ruini il modo di sigillare in modo piuttosto avventuroso quel dibattito. Nessuno poteva negare che l'andamento di quell'ultima seduta fosse stato anomalo, al limite della regolarità. De Gasperi attribuì la svolta ad una volontà superiore: «La Provvidenza di Dio ha disegni non conosciuti e nessun procedurista avrebbe potuto prevedere per oggi la fine del dibattito. Anche i comunisti talvolta si lasciano prendere di sorpresa. Ruini si è conquistato un grande merito: non so se siano effettive certe sue vecchie stigmate massoniche, ma nel caso si confermerebbe che la mano di Dio è grande e si serve degli strumenti più impensati». Forse anche il credente De Gasperi esagerava, supponendo che il buon Dio fosse così attento agli itinerari della legge-truffa.

Restava alle opposizioni, per inficiare la chiusura del dibattito, un ultimo spiraglio: la non approvazione del verbale della seduta. Ma Einaudi, che s'era affrettato a firmare la legge – nonostante una protesta di Terracini ed altri – osservando che «per il Quirinale è sacro il messaggio che viene dai Presidenti delle Camere», tagliò corto. Insieme alla Camera dei deputati fu sciolto, con un anno di anticipo, il Senato. I moventi sotterranei di Einaudi, nel delineare lo scioglimento contemporaneo dei due rami del Parlamento, coincidevano con quelli di De Gasperi: dopo tanto travaglio, la legge elettorale doveva dare al Senato e alla Camera una fisionomia omogenea, e parallela. La spiegazione ufficiale, contenuta in un comunicato del segretario generale del Quirinale, Ferdinando Carbone, insistette tuttavia, per comprensibili motivi, sugli aspetti tecnici del problema: «La riforma avvenuta sul metodo di elezioni alla Camera dei deputati non poteva non essere tenuta presente nel prendere una decisione sulla consultazione elettorale. Infatti, i sistemi di elezione delle due Camere essendo oggi diversamente congegnati, nei loro reciproci rapporti, rispetto a quelli che erano nel 1948, è opportuno che gli elettori manifestino, contemporaneamente, coi metodi così differenziati, la loro volontà sull'indirizzo futuro dell'attività del Parlamento». La lotta si trasferiva così pienamente dal Parlamento al Paese.

CAPITOLO UNDICESIMO

LA CADUTA

Fissate le elezioni per il 7 giugno, la campagna elettorale fu aspra e senza esclusione di colpi. De Gasperi s'era buttato nel vortice dei comizi con entusiasmo, anche se il suo fisico dava segni di cedimento. Accadeva che, dopo aver parlato, dovesse restarsene immobile su un divano, per riprendere forze.

Qualcuno, a sinistra, gli rimproverava di «non aver avuto la fortuna di nascere in Italia», e puntualmente la destra rincarava la dose contro il deputato del Parlamento di Vienna. I missini ironizzavano sul «resistente» protetto dal Vaticano, i monarchici inviavano lettere, o piccoli sussidi, a potenziali simpatizzanti, avvertendo che Umberto di Savoia avrebbe voluto essere più generoso, ma ciò non gli era consentito «conseguentemente alla confisca dei beni privati»: doveva perciò limitarsi a inviare «solo un piccolo segno della sua solidarietà e della sua comprensione».

L'ex-Re si teneva per la verità in disparte, come poté attestare l'ambasciatore a Madrid Francesco Taliani dopo un incontro, avvenuto in quella città, di Umberto con Lauro e Covelli, corsi ad incontrarlo nella speranza d'ottenere un avallo che andasse al di là delle solite frasi «di comprensione e d'incoraggiamento». Ma non riuscirono a stanare l'ex-Re dalla sua abituale, aristocratica riservatezza. Lauro, forte della conquista di Napoli nelle amministrative, faceva le cose alla sua maniera chiassosa, ed elettoralmente redditizia.

Inquietava la Dc anche il proliferare di liste minori che

minacciavano di dissanguare non tanto il partito più forte, quanto i suoi vulnerabili e tormentati alleati nell'apparentamento, liberali repubblicani e socialdemocratici. Erano stati presentati 65 simboli, alcuni folkloristici come il Movimento nettista italiano, sul cui contrassegno figurava una mucca, o come la Forza ascendista o come il Gruppo contadini di centro destra, sul cui contrassegno figurava un Sant'Antonio che offriva gigli a una statuina della Madonna. Ma altre formazioni, pur poco consistenti – così a esempio Unità popolare di Ferruccio Parri e Piero Calamandrei o l'Alleanza democratica nazionale di Corbino, o l'Unione socialista indipendente aggregata attorno ai seguaci di Cucchi e Magnani – erano in grado di sottrarre ai partiti laici quanto bastava perché non fosse toccata la soglia del 50,01 per cento.

Inquietavano inoltre De Gasperi le solite marette increspanti, nel momento meno opportuno, le acque d'una Dc sempre divisa tra tendenze liberalcristiane e tendenze integraliste. Gedda e la sua Azione Cattolica non si davano per vinti, dopo lo scacco delle amministrative di Roma. Volevano imporre i loro candidati, si lagnavano per l'eccessivo numero d'indipendenti inseriti nelle liste (furono sollecitati anche Alfredo Binda, l'indimenticato campione del ciclismo, e Titina De Filippo).

Poiché nelle liste per la Camera la direzione democristiana aveva fatto di testa sua, Gedda pretese che al Senato venissero utilizzati i nominativi indicati da lui. Monsignor Montini dovette adoperarsi per evitare che Gedda, ossessionato com'era dall'idea che, dopo le elezioni, la Dc dovesse liberarsi degli alleati «laici» e preferire invece un'intesa con i monarchici, esigesse in proposito affidamenti precisi. Il progetto di Gedda era politicamente miope e moralmente discutibile. Come avrebbe potuto la Dc, ottenuta la maggioranza assoluta grazie agli apparentati, scaricarli poi disinvoltamente e cambiare cavalli?

Gli Stati Uniti avevano a Roma un nuovo ambasciatore nella persona di Clara Boothe Luce, moglie del potente editore di *Time-Life*. Questa intelligente e intraprendente signora non aveva in misura elevata il dono della discrezione diplomatica. Avvertì che se gli apparentati di centro avessero perso la loro sfida, gli aiuti americani avrebbero potuto risentirne. Moniti analoghi erano risultati molto efficaci nella primavera del 1948, quando l'Italia era ancora alle prese con le «saldature» degli approvvigionamenti di grano, e con tutti gli altri strascichi della guerra perduta. Nel 1953 furono assai più dannosi che utili.

Quanto al «modello» sovietico dopo la morte di Stalin, esso dava qualche segno di *glasnost*, anche se il Pci insisteva nell'attribuire alla passata gestione staliniana mirabolanti connotati positivi. I medici incriminati come «assassini in camice bianco» erano stati liberati essendo stata riconosciuta la loro completa innocenza. Le confessioni, si ammise, erano state estorte. «Il viceministro della sicurezza – aveva annotato Nenni – è stato arrestato. Del ministro si è detto che era un credulone e un incapace. È stata arrestata anche la famosa dottoressa che aveva denunciato il complotto dei medici e che era stata perciò insignita dell'onorificenza dell'ordine di Lenin. Probabilmente si tratta soltanto del riconoscimento di un errore e di un severo richiamo dell'apparato a non strafare e a non abusare del potere. Anche in questi limiti, quanto avviene ha una grande importanza.» Ben presto cadde in disgrazia anche Beria, temuto e potentissimo capo della polizia oltre che primo vice-Presidente del Consiglio.

Il 7 giugno fu una giornata meteorologicamente inclemente («acqua, umidità, aria pesante», Andreotti) e per gli apparentati di centro inclemente anche politicamente. La Dc e i suoi alleati s'illusero, dapprima, perché i risultati del Senato attribuivano alla coalizione più del 50 per cento. Ma quando cominciarono ad affluire i dati riguardanti la Camera, si ebbe la sensazione netta che il traguardo sperato fosse irraggiungibile, o raggiungibile con un margine così esiguo e controverso che le dispute e le contestazioni ne avrebbero ricevuto nuovo impulso. Alle 10 del lunedì sera i giornalisti erano sempre in attesa di un comunicato del Viminale che, troncando le illazioni, annunciasse che la legge era scattata. Un portavoce di Scelba si limitò a precisare che vi sarebbero state notizie più tardi, perché mancavano ancora i dati di tutte le nuove sezioni della Sardegna e di alcune località montane. Enrico Mattei (il giornalista, non il «petroliere») subodorò le incertezze e il disorientamento del governo: ricorrendo a un espediente, uno di quelli che in Lombardia chiamano «saltafossi», telefonò a Campilli, ministro per il Mezzogiorno, dicendogli che «Scelba sbagliava a temere manifestazioni di giubilo delle sinistre e a rinviare l'annuncio del mancato scatto della legge maggioritaria» (Corrado Pizzinelli, nella biografia di Scelba). «Campilli cadeva nel tranello e gli dava ragione spiegando che Scelba proprio per quello stava mettendo in pre-allarme le questure, ma che comunque non era detta l'ultima parola poiché, a quanto sapeva, si stavano facendo ancora controllare alcuni conteggi... Allora Mattei telefonava a Pella e Spataro, che più o meno gli ripetevano le stesse cose, dopodiché scriveva un articolo per i suoi giornali (*Il Resto del Carlino* e *La Nazione*) i quali l'indomani, unici in Italia, annunciavano il mancato scatto della legge.»

Mancato per un soffio. I quattro partiti apparentati avevano ottenuto il 49,85 per cento dei voti, ne sarebbero bastati altri 50 mila o poco più per il raggiungimento dell'obbiettivo. Scelba si affrettò, ansioso com'era di evitare disordini, a dare notizia del fatto compiuto. De Gasperi non mosse obbiezioni. «Studiosi e giornalisti – rilevò poi Andreotti – hanno scritto che a De Gasperi e a Scelba sarebbe bastato far differire di qualche giorno la proclamazione dei risultati, fino alla verifica da parte di una commissione di controllo delle schede contestate, perché la maggioranza assoluta fosse raggiunta dai partiti di centro apparentati. Fra gli altri Maurice Vaussard, nella sua *Storia della Democrazia Cristiana*, rimprovera a De Gasperi di aver commesso l'errore tattico più grave di tutta la sua carriera, accettando con disinvoltura una disfatta che non c'era.»

Questo punto di vista si fondava sul numero eccezionalmente alto di schede bianche o nulle, un milione e 300 mila, quasi doppie rispetto al '48. Le sole nulle erano 900 mila, contro poco più di mezzo milione al Senato. Ne fu data colpa a talune caratteristiche della scheda, che avevano confuso gli elettori. Ma De Gasperi, «anche se rimase angustiato dal mancato scatto della legge, ebbe come prima anzi unica preoccupazione di non accentuare la divisione del Paese»; e «più che affidarsi ad un temerario contenzioso in cui non credeva cercò di guidare gli spiriti inquieti della coalizione, richiamandoli a una elementare constatazione: anche senza lo scatto ed il premio i partiti apparentati avevano alla Camera e al Senato, grazie ai meccanismi di computo, la maggioranza assoluta: e potevano quindi, con discreto margine, sostenere un governo» (Andreotti).

Tutto questo era tecnicamente vero. Ma psicologicamente il 7 giugno era stato una mazzata per la Dc, e ancor più per i laici. Alla Democrazia cristiana erano andati 10 milioni e 834 mila voti, due milioni in meno rispetto al '48. In percentuale era passata dal 48 al 40, e i seggi alla Camera da 305 a 261. Socialdemocratici liberali e repubblicani s'erano dovuti accontentare, insieme, di due milioni e mezzo di voti; in particolare i seggi socialdemocratici erano scesi da 33 a 19, quelli liberali da 19 a 14, quelli repubblicani da 9 a 5. I socialcomunisti per converso erano progrediti da otto milioni a nove milioni e mezzo: con il Pci che aveva fatto nuovamente la parte del leone, prendendosi oltre sei milioni di voti e lasciandone poco più di tre a Nenni: il quale si consolava con l'osservazione: «Al diavolo l'analisi delle cifre. Quello che importa è aver bocciato la legge-truffa. Per di più i minori sono liquidati, i repubblicani in particolare, e duramente colpiti i socialdemocratici e i liberali».

Se ai laici le ferite maggiori erano state inferte da liste effimere, ma capaci di raccogliere qualche centinaio di migliaia di voti, alla Dc la botta grossa l'aveva data la destra, soprattutto il Partito nazionale monarchico. Ai missini erano andati circa un milione e 600 mila voti, ai «laurini» un milione e 854 mila. Il Comandante aveva quasi triplicato il gruppo monarchico a Montecitorio, da 14 a 40 deputati.

De Gasperi avrebbe voluto tenersi dietro le quinte: come amava fare, di tanto in tanto, uno statista che per alcuni aspetti gli somigliava, Giolitti. Non lo fece perché sapeva che v'erano delfini scalpitanti, e ansiosi di fare della Dc uno strumento politico assai diverso da quello ch'egli aveva tentato di forgiare; e perché Luigi Einaudi insisteva nel rivolerlo a capo del governo. Nessuno aveva un prestigio e un'autorità paragonabili a quelli di cui egli ancora godeva, benché la sua immagine fosse stata indubbiamente offuscata.

De Gasperi si mise all'opera, tra defezioni interne ed esterne. Tentò di recuperare i laici, ma tutti erano impegnati nello sforzo di riparare i danni, e preferivano non avventurarsi in un'operazione densa d'incognite. Saragat, che De Gasperi voleva vedere per un colloquio chiarificatore, si faceva negare. Era furioso per il colpo del «destino cinico e baro». Finalmente la direzione del Psdi deliberò l'uscita dalla coalizione. Saragat si era avvicinato a Nenni, e insieme avevano concepito una manovra grazie alla qua-

156

le il Psi potesse aggregarsi alla nuova maggioranza, magari come «compagno di viaggio», e senza porre pregiudiziali per l'uscita dell'Italia dalla Nato. Un'anticipazione, insomma, del centro-sinistra.

Un colloquio tra De Gasperi e Nenni, il 6 luglio, lasciò tuttavia gl'interlocutori sulle loro posizioni. Ne abbiamo due resoconti, uno della figlia di De Gasperi, Maria Romana, l'altro dello stesso Nenni.

Secondo Maria Romana, De Gasperi chiese a Nenni in quale grado i socialisti fossero autonomi rispetto ai comunisti, non nel senso di disponibilità dei propri atti, ma come distacco dalle concezioni di una estrema sinistra totalitaria. «Io non voglio finire la mia vita politica – disse De Gasperi non senza angoscia nella voce – aprendo la porta a questa fine mediata o immediata della democrazia.» «Risponderò con chiarezza» avvertì Nenni. «L'andata dei comunisti al potere non la vedrei come una sciagura, ma come un semplice fatto di fronte al quale mi collocherei con grande serenità... Noi non possiamo prescindere dal fatto che se vogliamo essere oggi qualcosa e vogliamo assumere iniziative e orientamenti politici non possiamo farlo che con l'adesione dello schieramento comunista.» Nenni disse inoltre che un nome meno impegnativo di quello di De Gasperi alla guida del governo, il nome di Gronchi ad esempio, sarebbe stato preferibile, e più adatto alla soluzione della crisi.

Nella versione Nenni, De Gasperi oppose subito a lui e a Morandi – erano insieme al colloquio – «una specie di chiusura... lampo». «De Gasperi ha perfino rinunciato al tentativo di mettermi in imbarazzo dichiarando fin dall'inizio che non vede tra noi nessuna possibilità di accordo sulla politica estera e che egli preferirebbe ritirarsi dalla vita politica piuttosto che aprire indirettamente la via a un'influenza comunista sullo Stato.» (Le due versioni in questo coincidono perfettamente.) «Nella conversazione quanto mai scucita (De Gasperi mi è sembrato al limite della sua resistenza fisica) sono comparse espressioni quali tragedia, dramma, coscienza, responsabilità verso Dio, anima cristiana ecc. da confessionale piuttosto che da Viminale... Io sono incline a credere a un fondo mistico-religioso di De Gasperi che limita le sue possibilità di comprensione e di azione. Morandi è più spiccio e crede a una commedia. In ogni caso una sciagura.»

Fu ricevuto al Viminale – dopo anni che non ci metteva piede – anche Togliatti, che entrando nello studio di De Gasperi incespicò. Alcune fasi della conversazione furono pacate, la conclusione polemica. Togliatti chiese se sarebbe continuata a lungo la discriminazione tra cittadini.. De Gasperi rispose che non aveva capito bene: ma se l'espressione si riferiva alle norme polivalenti sulla difesa delle istituzioni e alla legislazione sullo sciopero nei servizi pubblici essenziali, quelle leggi lui aveva intenzione di ripresentarle.

Falliti gli approcci con gli ex-alleati laici, riconfermata la contrapposizione ai comunisti e mancata ogni condizione per un riavvicinamento ai socialisti, De Gasperi svolse qualche sondaggio a destra. In campo monarchico Lauro e Covelli capeggiavano due correnti diversamente atteggiate, di fronte al problema della collaborazione con la Dc: Covelli dava alla composizione della nuova maggioranza una connotazione ideologica. Pretendeva ch'essa rendesse concreta ed evidente la svolta a destra: e che, in particolare, i socialdemocratici con i loro aneliti e le loro nostalgie di sinistra, ne fossero esclusi. Disegno questo che urtava contro il tenace proposito di De Gasperi di recuperare Saragat e i suoi (dal che sarebbe derivato con tutta probabilità anche un ripensamento liberale e repubblicano). Lauro non si poneva, o non se li poneva in modo così acuto, i problemi di schieramento. A lui importava d'entrare nell'area della maggioranza e del governo, per aggiungere ai suoi galloni di sindaco di Napoli anche quelli di sostenitore, e sostenitore gradito e necessario, della maggioranza.

Al Viminale il Presidente del Consiglio s'intrattenne per un paio d'ore con i due esponenti del Pnm, e ascoltò le loro richieste, che erano moderate e generiche quanto bastava per renderle accettabili. Minimi i contrasti sulla politica estera. I monarchici erano atlantici convinti, semmai rimproveravano a De Gasperi di non aver opposto perentoriamente agli Stati Uniti l'esigenza che Trieste fosse restituita, a pieno titolo, all'Italia. Anche per la Ced Covelli e Lauro erano d'accordo con De Gasperi, che ne aveva fatto il perno della sua politica estera. Sull'economia tutto sommato le concezioni di De Gasperi e quelle dei monarchici coincidevano. Restava la questione istituzionale, ma Lauro e Covelli s'impegnarono a non rimetterla sul tappeto. Da tutto questo De Gasperi trasse la convinzione che il gruppo monarchico si sarebbe nel peggiore dei casi astenuto. Congedando i suoi interlocutori disse: «Non vi chiedo di seppellire le vostre riserve, ma di spostarle nel tempo».

Compiuto il giro d'orizzonte, s'accorse d'avere in pugno solo consigli o considerazioni ma nessuna possibile maggioranza. Tra l'altro i contatti con i monarchici avevano allontanato da lui uno dei più fedeli collaboratori, Mario Scelba, che non li approvava: e che, per accentuare il distacco dall'attività politica, riaprì poco dopo lo studio d'avvocato in via Barberini.

A Einaudi, il Presidente del Consiglio riferì quanto era avvenuto in termini pessimistici. Voleva rinunciare a fare il governo, meglio ci si provassero Piccioni o Pella. Einaudi insistette invece perché lo statista trentino proseguisse i suoi sforzi. Si può supporre che avesse in mente lo scioglimento delle Camere e nuove elezioni. Questo proposito affiorò in un suggerimento venuto proprio dal Quirinale, seppure indirettamente, secondo il quale «in caso di distacco placentare tra Parlamento e Paese» anche il Presidente d'un governo battuto alle Camere poteva controfirmare il decreto che ne disponeva lo scioglimento. Ma quel governo doveva prima «vivere», ossia ottenere un voto di fiducia.

Un po' illuso, un po' mosso dall'ansia di concludere, fosse sì o fosse no, De Gasperi pose finalmente mano alla formazione d'un monocolore democristiano. Le divisioni e le ambizioni dei suoi lo fecero sudare non meno delle precedenti infruttuose trattative. Nell'ottavo e ultimo ministero De Gasperi, Fanfani ascese all'incarico di ministro dell'Interno, per il resto si videro o rividero nomi autorevoli ma non tali da dare una forte impronta a questa *équipe* mandata al massacro: Bettiol, Gonella, Spataro, Taviani, Tupini e così via.

Il 21 luglio 1953 il governo e il suo programma furono presentati a Montecitorio. Durante il dibattito De Gasperi ebbe, rivolgendosi ai monarchici, espressioni forse benintenzionate, ma certo infelici. «Noi non ci conosciamo – disse –: ci siamo scontrati nella battaglia elettorale, e io confesso che non sono in grado di valutare le vostre energie, come pure non conoscete me... Non sarebbe meglio prendere tempo per fare la vostra conoscenza?» Ugo La Malfa l'interruppe: «Tu li conosci, li conosci bene...». Il passaggio era stato in effetti piuttosto goffo. Aveva dato l'impressione che De Gasperi volesse, nello stesso tempo, sottolineare la sua estraneità alle impostazioni dei monarchici e sollecitarne l'astensione (che avrebbe salvato il governo). Covelli, irritatissimo, si diede a spiegare accaloratamente, nel Transatlantico di Montecitorio, che il Pnm non avrebbe dato il suo appoggio, neppure con l'astensione, al monocolore democristiano.

Poco prima del voto sulla fiducia (26 luglio) Lauro, che era al Senato e lì aveva saputo dell'intransigenza di Covelli, si precipitò alla Camera con il proposito di convertire al possibilismo i suoi compagni di partito. Ma quando arrivò, poté solo costatare, imprecando, che Gronchi aveva anticipato di una mezz'ora i tempi, e i deputati avevano già cominciato a votare. Lauro aveva mancato un intervento da *deus ex machina*, e l'ottavo gabinetto De Gasperi fu spacciato.

Il momento era malinconicamente solenne, per De Gasperi e per l'Italia. Gremite le tribune del pubblico, straripanti quelle dei diplomatici e dei giornalisti. La moglie di De Gasperi assisteva, commossa, a questo infortunio che molti ritennero fosse un intermezzo, e che invece era un epilogo. Assenti soltanto sette deputati su cinquecentonovanta, l'esito fu questo: 263 sì, 282 no.

Dal suo posto nel banco dei sottosegretari l'onorevole Lucifredi sussurrò a De Gasperi (lo ha riferito Giulio Cesare Re): «Popolo italiano, dove sei? Qui dentro contano solo i partiti!». Giusta l'osservazione, stupefacente lo stupore d'un uomo di partito qual era Lucifredi.

«Stanco ma sereno» secondo la definizione di Andreotti, De Gasperi comunicò nel pomeriggio a Einaudi, nella residenza estiva del Capo dello Stato a Caprarola, il fallimento del suo tentativo. Nonostante tutto, il Presidente della Repubblica avrebbe voluto che De Gasperi ci riprovasse. La risposta fu questa volta decisamente negativa. Si trattava di stabilire a chi dovesse andare la successione, ed Einaudi, con un gesto di grande cortesia, l'8 agosto andò a visitare De Gasperi nella sua villetta di Castelgandolfo, per «ragionare» con lui. Il nome che affiorava era quello di Attilio Piccioni. Ma gli ambasciatori delle Nazioni amiche avevano fatto discretamente sapere che, a garanzia di continuità della politica estera, sarebbe piaciuto ai loro governi che De Gasperi continuasse ad occuparsene. Questa volta il Presidente del Consiglio bocciato non disse di no: avvertì che intendeva riposarsi, ma che non voleva nemmeno creare imbarazzi. Se Piccioni trovava una maggioranza, De Gasperi avrebbe anche potuto collaborare a rinsaldarla, e a dar prestigio al governo con la sua presenza. Ma altri smacchi non era disposto a subirli.

L'insuccesso di De Gasperi, del quale non fu subito valutato appieno il significato, indicava alcune linee di tendenza della politica italiana che gli anni successivi renderanno più chiare.

Era intanto evidente il declino del centrismo, che avrebbe ancora vivacchiato, ma senza poter più contare sulla solidità – che era insieme egemonia – della trionfante Dc quarantottesca.

Egualmente evidente fu il lento sganciamento del Psi – pur con temporanei pentimenti – dal legame con i comunisti. Già lo si era visto nelle liste separate con cui i due partiti s'erano presentati alle elezioni; ancor più chiaramente lo si vide nella accennata ma evidente disponibilità di Nenni a una qualche forma di collaborazione con la Dc (il che comportava anche una attenuazione del litigio con i socialdemocratici).

Terzo elemento, la confermata e ormai schiacciante supremazia numerica del Pci sul Psi: un rapporto di forza che nella sinistra poneva il Psi in posizione subalterna: e che, riservando al Pci il ruolo di maggior forza d'opposizione, avrebbe condizionato i comportamenti politici ed elettorali nei successivi 35 anni di vita italiana.

Piero Calamandrei, che per l'affossamento della legge-truffa s'era battuto con impeto, scrisse poi che «se il 7 giugno il premio di maggioranza fosse stato raggiunto la democrazia si sarebbe definitivamente trasformata in oligarchia, una specie di corporativismo confessionale, sotto la vigilanza dell'Azione Cattolica e della Confindustria: un paternalismo di polizia, addolcito e ingentilito da una generale corruzione». Nessuno vuol sminuire la statura morale e intellettuale di Piero Calamandrei: che con questa diagnosi faceva peraltro torto a De Gasperi e ai migliori uomini della Dc e sottovalutava non solo l'apporto e l'influenza degli alleati «laici», ma anche la dialettica interna del partito democristiano, allergico proprio per questo alle degenerazioni del potere monolitico. Non che mancassero nella Dc chiusure cocciute e velleità integraliste. Galli della Loggia ha parlato di «torbida atmosfera di restaurazione, percorsa dall'intolleranza e dall'autoritarismo». Paolo Spriano ha accennato ai «soprusi», ai «vecchiumi borbonici e clericali» che emergevano, al «sentore di sacrestia e di corridoio ministeriale» che emanava «da un Paese che pure stava crescendo», ai «fremiti inquisitori nelle preture», agli «impacci meschini frapposti al libero esercizio dei diritti d'informazione, movimento, spettacolo».

C'è del vero in tutto questo. Simili peccati rimanevano tuttavia, per i tempi che correvano e per quanto stava accadendo in altre parti d'Europa (sotto lo sguardo ammirato anche di Spriano, oggi onestamente pentito di certe ingenuità), abbastanza veniali. Ha ammesso Spriano: «L'idea che un regime socialista fosse di per sé più libero d'un regime capitalistico non era nell'era staliniana – e anche un po' dopo – soltanto un "principio" sempre riaffermato da Togliatti: era qualcosa che faceva parte del convincimento di ogni comunista e socialista». Italo Calvino parlò di schizofrenia: «Sì, credo proprio che questo sia il termine esatto. Con una parte di noi eravamo e volevamo essere i testimoni della verità, i vendicatori dei torti subiti dai deboli e dagli oppressi, i difensori della giustizia contro ogni sopraffazione. Con un'altra parte di noi giustificavamo i torti, le sopraffazioni, la tirannide del Partito, di Stalin, in nome della Causa. Schizofrenici. Dissociati. Ricordo benissimo che quando mi capitava di andare in viaggio in qualche Paese del socialismo mi sentivo profondamente a disagio, estraneo, ostile. Ma quando il treno mi riportava

163

in Italia, quando ripassavo il confine, mi domandavo: ma qui, in Italia, in questa Italia, che cos'altro potrei essere se non comunista?».

La capacità d'impatto morale o moralistico della sinistra – proprio perché affermava sempre di parlare in nome degli umili e dei diseredati – era di gran lunga superiore a quella dei moderati: benché da una parte e dall'altra l'indignazione finisse in propaganda, la sinistra riuscì ad avere una eco «esterna» assai più vigorosa, anche negli anni in cui i risultati elettorali dicevano che una possente «maggioranza silenziosa» non prestava orecchio alle sue campagne. Nelle stesse settimane in cui De Gasperi fu sconfitto, gli operai di Berlino Est si ribellarono al regime comunista, e i coniugi Rosenberg furono mandati sulla sedia elettrica (Truman, che aveva sulla sua scrivania la spinosa pratica con la domanda di grazia, preferì lavarsene le mani lasciandola in eredità ad Eisenhower: che approvò l'esecuzione). L'«intelligenza» italiana si commosse assai più per la sorte dei Rosenberg che per la repressione a Berlino. La clemenza per i coniugi ebrei condannati a morte fu chiesta non solo da comunisti, ma da uomini come Ungaretti, Paolo Monelli, Vittorio Gorresio, Guido Piovene, Marotta, Comisso: Carlo Ripa di Meana proclamò che era un'infamia uccidere i Rosenberg, aggiungendo che «di questo sono convinte le madri di famiglia del Quadraro, che ieri mattina raccoglievano firme in un tranvetto di Cinecittà». L'esecuzione fu invece un eccesso rigorista e un errore psicologico. I Rosenberg erano stati sicuramente spie al servizio dell'Urss. Questo punto è pacifico. Opinabile è se avessero agito in tal modo per motivi ideali – come è probabile – o per denaro. Comunque, non è strano che in loro favore vi sia stata una imponente mobilitazione: è strano che nulla di simile fosse avvenuto per gli Slanski o i Rajk, mandati a morte dopo processi ben altrimenti iniqui, sotto il carico di accuse fabbricate:

questo, senza che le maestranze di una sola fabbrica protestassero, e i sindacati insorgessero.

Quanto alla legge-truffa, e ai suoi pretesi connotati antidemocratici, c'è da chiedersi oggi perché mai, trenta e più anni dopo, si sia cominciato a discutere con tanto accanimento – e con tanti consensi anche in settori di sinistra – sull'opportunità che una nuova legge elettorale freni e corregga lo spappolamento parlamentare che la proporzionale esasperata determina.

CAPITOLO DODICESIMO

PELLA CONTRO TITO

Nella cartella di pelle nera che Luigi Einaudi aveva sempre sul suo scrittoio, e che conteneva alcuni appunti riservati, v'era anche un elenco dei possibili candidati alla Presidenza del Consiglio. Il secondo nome – essendo stato depennato De Gasperi – era quello di Attilio Piccioni: un veterano che aveva militato nel Partito popolare, e partecipato all'Aventino.

Durante il fascismo aveva esercitato con successo la professione di avvocato a Pistoia e a Firenze: era riemerso alla politica nel periodo della Resistenza e della Liberazione prima come membro, per la Democrazia cristiana, del Cln toscano, poi come segretario del Partito a Firenze. D'ingegno sottile, cauto, taciturno, onesto, pigro ma anche capace di risolvere situazioni difficili, Piccioni era considerato un fedele di De Gasperi, un moderato, un notabile al disopra delle parti e di ogni sospetto. De Gasperi gli aveva lasciato, dal 1946 al 1949, la segreteria nazionale della Dc, e poi l'aveva sempre voluto nei suoi governi, alla vice-presidenza, perché curasse in particolare i rapporti con il Parlamento: il che si addiceva perfettamente alla sua vocazione mediatrice.

Per una decina di giorni Piccioni tesse faticosamente e senza entusiasmo la trama del suo ministero. Aveva ottenuto consensi, anzi ne aveva ottenuti, in un certo senso, troppi: erano ben disposti – o pareva lo fossero – sia i socialdemocratici sia i monarchici, ma il favore degli uni vanificava quello degli altri. Con Piccioni, De Gasperi era stato caloroso: «Sa di poter contare su tutta la mia affettuosa solidarietà. Confido che tutti gli amici politici e gli uomini di buona volontà agevolino il suo compito». Sorsero difficoltà perché Piccioni avrebbe voluto, tra i suoi ministri, Togni e Bettiol, invisi a Saragat e anche a una parte della Dc; e perché l'idea, non ancora del tutto abbandonata, degli Esteri a De Gasperi suscitava inquietudini nei possibili alleati: i quali temevano, probabilmente, che il governo Piccioni, se includeva De Gasperi, fosse in realtà un nono governo De Gasperi al quale Piccioni facesse da schermo.

Scartata l'ipotesi d'un monocolore Dc, Piccioni era tornato a quella d'una coalizione che comprendesse i quattro partiti apparentati; democristiani liberali repubblicani e socialdemocratici. Ad evitare il sospetto che la supervisione delle trattative spettasse a lui, De Gasperi se n'era andato ostentatamente a Sella di Valsugana. L'11 agosto parve proprio che il governo fosse cosa fatta. *Il Popolo* del giorno successivo fu in grado di indicare, oltre ai nomi dei ministri, anche quelli dei più importanti sottosegretari. Il Psdi non sarebbe entrato nel governo ma – annunciò Ezio Vigorelli – avrebbe votato la fiducia.

Tutto cambiò nel volgere di poche ore. La sera di quello stesso 11 agosto Saragat riunì i suoi collaboratori, e riesaminò la questione: arrivando però a conclusioni che suonavano a morto per il tentativo di Piccioni. Fu deliberato infatti di non concedere a lui ciò che era stato negato a De Gasperi. Un pretesto puerile per un voltafaccia alla cui radice stava il travaglio di Saragat, particolarmente sensibile in quel momento alle sirene d'una nuova alleanza con il Psi, affrancato dal patto d'unità d'azione con i comunisti. Nenni aveva favorito la manovra, anche perché genuinamente ansioso di sottrarsi al soffocante abbraccio di Togliatti. A Formia, Nenni e Saragat s'erano incontrati e, a quanto risultava, s'erano anche capiti. Nenni aveva fatto pervenire a Piccioni, nel corso dei negoziati per la

167

formazione del governo, un *memorandum* contenente «richieste minime» per la benevola neutralità del Psi: ma alcune tra esse furono interpretate come veti a determinati esponenti democristiani. Il sostegno di Saragat senza partecipazione al governo era stato un espediente per conciliare il diavolo con l'acqua santa (anche se Nenni non meritava proprio l'appellativo di diavolo, né la Dc quello di acqua santa). Ma, ripensandoci, Saragat se n'era pentito.

Informato della novità, Piccioni non si consultò con nessuno. La mattina del 12 agosto, indossato l'abito blu delle grandi occasioni, andò a Caprarola per annunciare al Capo dello Stato la sua rinuncia. La dirigenza della Dc, e lo stesso De Gasperi, seppero del colpo di scena dalla radio né furono in grado d'avere spiegazioni da Piccioni che per una mezza giornata si rese irreperibile. La sera stessa, al telefono, De Gasperi dettò al fido Andreotti queste norme di comportamento: «1°) Non era affatto matura una sua (di De Gasperi, *N.d.A.*) ripresa del timone, tanto più che non voleva dare l'impressione di non aver sostenuto a fondo Piccioni; 2°) gli sembrava il momento adatto per Pella; 3°) non era opportuno definire il governo (Pella, *N.d.A.*) come d'affari, ma si poteva utilmente chiamarlo amministrativo».

Per bocca di Gonella, segretario del Partito, la Dc reagì con molta durezza al fallimento di Piccioni, imputandolo alla volubilità dei socialdemocratici. «Come è noto – disse Gonella – era partita dal Pri e dal Pli l'iniziativa di costituire un governo con l'appoggio parlamentare di quattro partiti. E stato prontamente e lealmente accolto l'invito, con l'unanime adesione della direzione della Democrazia cristiana, e dell'incaricato a costituire il governo. Ad esso i responsabili dei partiti democratici hanno, nel pomeriggio di sabato scorso (8 agosto, *N.d.A.*) dato la loro piena adesione, assicurando la più ampia collaborazione. Piccioni ha dimostrato la massima buona volontà ed ha compiuto con pazienza e fino in fondo tutto il suo dovere. La Democrazia cristiana è stata come non mai unanime e solidale attorno allo sforzo di Piccioni. Non vi è una parola o un gesto che possa giustificare le pietose critiche di intrigo che partono da coloro che miseramente credono, con queste insinuazioni, di eliminare le loro responsabilità, o di mascherare l'incapacità a superare il loro interno travaglio di indirizzo e le loro polemiche post-elettorali. Il generoso tentativo di Piccioni è stato sabotato da coloro che gli hanno posto condizioni incompatibili con la dignità ed il prestigio di chi ha l'incarico di costituire il governo.»

Il candore che Gonella attribuiva alla Democrazia cristiana era naturalmente di repertorio: tutti sapevano quali e quanti colpi di stiletto fossero vibrati all'interno dello scudo crociato. Ma nell'occasione Piccioni aveva pagato, con l'insuccesso, l'irrequietezza del Psdi sconfitto come singolo, il 7 giugno, oltre che come apparentato nella coalizione andata in pezzi.

Einaudi trasse dunque dalla sua cartella il terzo nome dell'elenco, che era quello d'un *outsider*, l'uomo nuovo Giuseppe Pella. Cinquantenne, «biondo, alto, un po' pesante e massiccio, sempre cortese e amabile» secondo la descrizione che di lui diede Domenico Bartoli, Pella segnava un netto distacco dalla dirigenza democristiana che l'Italia aveva fino allora conosciuto: si trattasse dei notabili prefascisti e antifascisti alla De Gasperi e alla Piccioni, oppure dei giovani rampanti, alla Fanfani e alla Moro, che magari avevano avuto qualche condiscendenza verso il regime mussoliniano, ma si erano poi fortemente ideologizzati e politicizzati.

Pella non era certo stato un resistente. Vercellese di nascita ma ambientato a Biella (e dalla città adottato), vi aveva fatto una brillante carriera di commercialista. Laureato in economia e commercio, poi professore di contabilità

169

nazionale presso le Università di Roma e di Torino, era considerato uno degli esperti più qualificati nello studio dei problemi economici e monetari. L'attività professionale e quella dell'insegnamento non gli avevano impedito, anche durante il ventennio, di rivestire incarichi pubblici; che erano sempre stati locali, e di carattere amministrativo: ma che gli valsero, durante il dibattito sulla fiducia, qualche interruzione polemica: «Si vuole forse tornare ai tempi di Mussolini?», «Si crea un altro Duce in tempo di Repubblica?». Del dittatore, Pella non aveva nessuna caratteristica. Era freddo, compito, preparato. Il che gli aveva valso la stima di Einaudi, esaminatore difficile. Era entrato in politica subito dopo la Liberazione, schierandosi nell'ala conservatrice della Democrazia cristiana: sottosegretario alle Finanze già nell'ottobre del 1946, era stato poi titolare, volta a volta, dei tre dicasteri economici: Finanze, Bilancio, Tesoro.

La candidatura di Pella – e questo spiegherà tanti atteggiamenti successivi – non era approdata al Quirinale tramite i due gruppi parlamentari democristiani: vi era approdata per iniziativa dei monarchici, i quali avevano fatto sapere che il loro voto era disponibile a sostegno dell'economista piemontese. A questa designazione trasversale – seppure rafforzata dalla personale stima di Einaudi per Pella – fu subito dato un avallo importante. De Gasperi fece a sua volta sapere dal rifugio montano che Pella doveva essere appoggiato. Lo disse in termini concitati a Gonella («non mettete in discussione, per l'amor di Dio, la designazione di Pella, perché se Pella rifiutasse l'incarico, e voi sapete di quale sensibilità egli sia dotato, il Capo dello Stato sarebbe costretto a chiamare Cesare Merzagora, e in questo caso la Democrazia cristiana perderebbe la Presidenza del Consiglio, forse per sempre»); lo ripeté per iscritto, a scanso di equivoci. Qualificò il possibile governo Pella come «amministrativo», gli attribuì il compito di «promuovere per un periodo posteriore la costituzione di una maggioranza politica», aggiunse che «una figura come la mia, politicamente pronunciata, non potrebbe partecipare a tale governo». Aiutò Pella anche il terrore che i neodeputati avevano d'un nuovo ricorso alle urne, che li rimettesse alla stanga per brigare l'elezione, senza alcuna sicurezza (per molti di loro) d'ottenerla.

In quattro e quattr'otto il monocolore di Pella vide la luce. Poiché fu firmato il 15 agosto del 1953, venne battezzato «governo dell'Assunta». Gli fu anche dato un bel motto: «novità nella continuità». Per sé Pella tenne, oltre alla Presidenza, due *interim* vistosi, gli Esteri e il Bilancio. Fanfani rimase all'Interno, Silvio Gava ebbe il Tesoro, Taviani la Difesa, Antonio Segni la Pubblica istruzione, Tambroni la Marina mercantile. Andreotti restò, indispensabile, sulla sua poltrona di sottosegretario alla Presidenza del Consiglio. I dibattiti parlamentari scivolarono via lisci, grazie alla stagione e grazie a Pella le cui maniere soavi rendevano difficile (lo osservò Giancarlo Pajetta) dirgli di no, anche quando occorreva farlo.

Il discorso programmatico del Presidente fu denso delle solite buone intenzioni, con un particolare accento sull'austerità. Pella non mancò di sottolineare i risultati che l'economia italiana aveva conseguito sotto la gestione di De Gasperi. «L'aumento della produzione italiana – citiamo dal volume di Gino Pallotta sull'Italia repubblicana – aveva avuto un aumento senza equivalenti negli altri Paesi. Mentre all'epoca della Liberazione essa era dimezzata rispetto al '38, nel '52 la produzione presentava un aumento del 32 per cento rispetto al periodo preso come punto di riferimento. Per l'industria meccanica e siderurgica il valore della produzione nel '54 era 59 volte superiore a quello del 1938. Era aumentata l'occupazione, l'Italia destinava agl'investimenti il 21 per cento del suo reddito nazionale e questo era considerato come un'altissima percentuale. Nel 1936-40 il consumo di zucchero in Italia era stato di 8 chili all'anno *pro capite*, mentre nel '54 se ne consumavano 14.»

Dal punto di vista dell'aritmetica parlamentare, quello di Pella fu un trionfo. A Montecitorio ebbe una maggioranza di 100 voti (315 favorevoli, 215 contrari, 44 astenuti, che erano i socialisti: un distacco clamoroso del Psi – o di molti del Psi – dalle posizioni frontiste. A Palazzo Madama i favorevoli furono 140, i contrari 86, 10 gli astenuti.

Partito avendo in poppa il vento parlamentare, Pella ebbe ben presto anche quello della pubblica opinione, conquistata dal suo atteggiamento durante un improvviso riacutizzarsi della questione giuliana. La sorte volle che questo biellese abituato a vedersela con i numeri dovesse prestare il suo linguaggio forbito e il suo stile da *grand commis* ad una ondata di passione irredentista, la prima di quell'impeto da quando Trieste era stata sottoposta all'amministrazione alleata. Gli angloamericani erano ansiosi di liberarsi d'un onere che era per loro pesante sia dal punto di vista politico-militare sia da quello amministrativo-finanziario: si dichiaravano pronti ad affidare integralmente all'amministrazione italiana la Zona A del cosiddetto Territorio libero; ma non potevano garantire che, avvenuto questo passaggio, Tito non procedesse a sua volta ad un'annessione anche formale della Zona B, già nei fatti totalmente incamerata nel territorio iugoslavo, e assimilata ad esso sia per quanto riguardava gli ordinamenti amministrativi sia per il clima politico: che era di asservimento ideologico, di culto della personalità e di sradicamento di quanto restava dell'italianità.

De Gasperi, cui questo baratto era stato proposto, l'aveva sempre rifiutato, ritenendolo non del tutto a torto un passo indietro rispetto alla Dichiarazione tripartita su

172

Trieste del 20 marzo 1948. In essa gli Stati Uniti, la Gran Bretagna e la Francia avevano suggerito la stipulazione d'un accordo che prevedesse la restituzione all'Italia del Territorio libero nella sua totalità, Zona A e Zona B. L'intera zona, affermava la Dichiarazione, era etnicamente italiana, la soluzione del Territorio libero s'era dimostrata impraticabile perché nella Zona B la Iugoslavia aveva instaurato un regime dittatoriale e violato i diritti umani. Le tre Potenze occidentali ritenevano pertanto che «il miglior modo di venire incontro alle aspirazioni democratiche del popolo e per rendere possibile il ristabilimento della pace e della stabilità nella zona fosse il ritorno del Territorio libero alla sovranità italiana». Ma per essere tradotta in pratica, la Dichiarazione avrebbe dovuto ottenere l'assenso sovietico: che ovviamente non fu mai dato. Essa rimase pertanto come solenne affermazione di principio, cui il governo italiano s'aggrappò tuttavia tenacemente.

Il gesto anglo-franco-americano non era stato disinteressato. Si proponeva d'influire sul risultato delle elezioni del 18 aprile 1948, e sicuramente vi influì, anche se non è possibile stabilire in quale misura. Ma l'onesto De Gasperi si sentiva vincolato da quella promessa assai più di quanto si sentissero vincolati gli alleati occidentali. Durante una riunione della primavera del 1953, in cui s'era discusso della volontà angloamericana di porre fine al contenzioso di Trieste, l'ambasciatore a Washington Tarchiani aveva incalzato De Gasperi: «Se questa – Zona A all'Italia, Zona B di fatto iugoslava – dovesse essere la sola alternativa dinanzi a noi, l'accetteresti o non l'accetteresti?». De Gasperi, che pure era un uomo paziente, ebbe uno scatto: «Non mi tormentare!».

Il nodo era rimasto insoluto, pur tra tanti avvenimenti e cambiamenti. La caduta di De Gasperi indebolì, almeno psicologicamente, la posizione italiana, tanto più che sopravvenne dopo che tra Mosca e Belgrado erano stati riallacciati normali rapporti diplomatici in forza dei quali il maresciallo Tito non era più un reprobo né per l'Est né per l'Ovest. Su questa tesa e prolungata fase interlocutoria si abbatté il 28 agosto 1953 una nota dell'agenzia ufficiale di stampa iugoslava, la *Jugopress*, che nel suo passo più significativo affermava: «La Iugoslavia ha perduto la pazienza con l'Italia per quanto concerne la questione di Trieste e sta pensando ad un cambiamento del suo moderato e tollerante atteggiamento probabilmente annettendosi la Zona B in risposta alla fredda annessione della Zona A da parte dell'Italia».

Il riferimento della *Jugopress*, nell'ultima frase, era ad alcune misure adottate dalle autorità angloamericane di Trieste nel maggio del 1952, dopo che, in marzo (per l'anniversario della Dichiarazione tripartita), s'erano avuti in piazza dell'Unità gravi incidenti tra i dimostranti e la polizia alleata che fecero un morto e alcuni feriti. Due mesi dopo, come s'è accennato, gli alleati decisero di liberarsi d'una parte delle responsabilità per Trieste. Al consigliere politico britannico e a quello americano si aggiunse, con pari poteri, un consigliere italiano. L'amministrazione fu assunta da un «direttore superiore italiano» che dipendeva dal comandante della zona e aveva come collaboratori diretti due direttori (per l'Interno e per l'Economia) anch'essi italiani, come la totalità del personale subalterno. La gestione alleata si era insomma ridotta a un guscio vuoto: rimasero di sua competenza solo la Giustizia, la Pubblica sicurezza, le Poste, il Porto e le Informazioni pubbliche. Ma il principio d'un territorio libero diviso in due zone e sottoposto agli angloamericani – Zona A – e agli iugoslavi – Zona B – non era stato formalmente intaccato. Per questo la *Jugopress* parlava di «fredda annessione».

La nota provocò a Roma un'emozione e un'agitazione spropositate. Pareva che Tito dovesse da un momento al-

174

l'altro annettersi la Zona B e magari tentare di incorporare la Zona A che il quotidiano *Borba* aveva definita «parte integrante del territorio iugoslavo». In concitate riunioni Pella e i suoi collaboratori presero in esame un'azione italiana verso la Zona A, qualora Tito si fosse annessa la Zona B. Se si fosse arrivati a questo, le conseguenze sarebbero state serie, per i rapporti tra l'Italia e gli alleati: i quali erano disposti a cedere la Zona A, ma non a farsela prendere. Secondo l'ambasciatore Mario Toscano, eminenza grigia del Ministero degli Esteri, Pella avrebbe detto di voler «far sparare, se necessario, anche sulle forze angloamericane qualora ci fosse stato vietato di entrare nella Zona A». Pella smentì questa versione, e sostenne d'aver dato, in un telegramma alle nostre maggiori ambasciate all'estero queste direttive: «Qualora nostra occupazione Zona A dovesse incontrare resistenza fisica non assumeremmo naturalmente iniziativa provocare versamento di sangue tra alleati, ma ne prenderemmo atto e ne trarremmo conseguenze. Prima fra queste sarebbe necesssità per governo, che ha fondato sua politica estera su pilastro Alleanza atlantica, dimettersi e lasciare al Parlamento di interpretare sentimenti e volontà Nazione».

Mentre Pella si consultava con i massimi responsabili della diplomazia italiana, e anche con Einaudi e De Gasperi assenti da Roma (Andreotti, che secondo la sua indole minimizzava, se ne era invece andato alle corse al trotto a Montecatini), veniva deciso di spostare contingenti di truppe verso il confine. In un primo tempo – stando sempre alla testimonianza di Toscano – il segretario generale degli Esteri, conte Zoppi, aveva addirittura pensato d'inviare la flotta a Trieste. Gli era stato obbiettato che, quand'anche gli alleati avessero consentito, entro pochi mesi sarebbero stati costretti a dare a Tito analoga autorizzazione «e noi avremmo ottenuto soltanto di far mandare a Trieste anche la flotta iugoslava».

Le misure militari italiane trovavano giustificazione, oltre che nel linguaggio aggressivo della *Tanjug* e della *Borba*, anche nel raduno oceanico previsto a Okroglica (San Basso), a sei chilometri dal confine, per un discorso che Tito avrebbe pronunciato il 6 settembre (1953). Settantadue treni speciali e altri mezzi di trasporto avrebbero portato sul posto 250 mila ex partigiani, e migliaia di altri antiitaliani esagitati: tra essi una rappresentanza degli sloveni abitanti in Italia. L'importanza dei movimenti che alcune divisioni italiane effettuarono in quei giorni è contestata dal massimo esperto della questione giuliana, Diego De Castro: «Fu deciso di muovere le truppe verso la zona di Gorizia, con lievissimi spostamenti rispetto alle loro sedi abituali. Gli spostamenti in questione, aventi soltanto uno scopo dimostrativo, data la loro insignificante entità, venivano invece a toccare una grossa questione di principio: l'Italia era membro della Nato e le truppe erano state mosse senza avvertire gli alleati. Si sarebbe potuta verificare una forte reazione; per contro non solo nessuno si scompose ma quando poco dopo il generale Gruenther, comandante dello Shape, venne a Roma, non ne fece la minima parola».

Quel gesto di fierezza e d'intraprendenza di Pella fu puramente simbolico sotto il profilo militare (con diecimila soldati alleati a Trieste, uno scontro diretto italo-iugoslavo era da relegare nel novero delle possibilità remote). Ma il significato politico dell'iniziativa fu profondo. Lo fu per l'opinione pubblica italiana, presto infiammata con recrudescenze di antichi, sopiti ma non spenti rancori antiinglesi, anche a causa del generale britannico Winterton che a Trieste comandava. E lo fu in senso sostanziale. Là dove De Gasperi, per non rinnegare le promesse elettorali del '48, rifiutava d'incamerare la Zona A, considerando questa mossa il preludio ad una mossa analoga iugoslava, Pella e molti esponenti di rilievo della diplomazia italiana pensavano che l'acquisizione della Zona A fosse un passo necessario. Sottintendendo che il problema di diritto internazionale sarebbe rimasto impregiudicato.

Tra i movimenti di truppe italiane – seguiti da un incrociarsi di note di protesta iugoslave e di note italiane che le respingevano – e il discorso di Tito, vi fu una presa di posizione americana: che, *more solito*, accrebbe la confusione, anziché dissiparla. Il segretario di Stato John Foster Dulles, che era uomo di grande energia e coerenza, ma di poca cautela, era stato interrogato dai giornalisti sul problema giuliano. Domanda: «Signor segretario, ha ella una politica ufficiale su Trieste dopo la Dichiarazione tripartita del 1948 in base alla quale tutto il territorio di Trieste sarebbe stato dato all'Italia?». Risposta: «Gli Stati Uniti, da allora, hanno esplorato altre alternative e sono stati sempre ben disposti verso altre alternative. In altre parole noi non dobbiamo considerare quella dichiarazione come le leggi dei Medi e dei Persiani, che erano valide per sempre. Per ora non siamo arrivati ad altre proposte ufficiali». Il richiamo storico era raffinato, ma la dichiarazione era una *gaffe*. Pella la definì «particolarmente sfortunata non solo per il modo in cui è stata formulata ma anche e soprattutto per il momento in cui è stata pronunciata». Infatti gli iugoslavi dissero che «la breve e secca dichiarazione di Dulles è il decreto di sepoltura ufficiale, da parte americana, della Dichiarazione tripartita». Ci si mise poi una pezza tardiva e poco convincente: l'ambasciata italiana a Washington strappò a Foster Dulles una precisazione secondo la quale gli Stati Uniti mantenevano fermo il loro precedente atteggiamento, per quanto riguardava Trieste.

Quando si rivolse, il 6 settembre, alla folla immensa dei suoi partigiani, Tito fu duro, spesso ironico, a tratti sprezzante. Alle accuse per gli orrendi massacri nelle foibe replicò elencando con puntiglio – e certamente ingiganten-

177

doli – i crimini e soprusi commessi dagli occupanti italiani. Parlò di 67 mila sloveni rinchiusi in campo di concentramento, undicimila dei quali morti. Rievocò i rastrellamenti, fece ascendere a 438 mila persone gli uccisi dall'esercito italiano in Iugoslavia, disse che erano state distrutte 142 mila case, valutò a 10 miliardi di dollari i danni subiti dal suo Paese. Posta questa premessa che trovò nell'uditorio rispondenza indignata e solidarietà osannante, si occupò del Territorio libero. La Iugoslavia, sottolineò sarcasticamente, non aveva nessuna intenzione di annettersi qualcosa, come la Zona B, che aveva già in mano. La questione dunque riguardava unicamente il resto del Territorio libero: e la Iugoslavia lo pretendeva. Definì «aggressione» il rafforzamento dei presidi confinari italiani, e volgendo l'occhio al di là della frontiera, che era a due passi, aggiunse: «No, la Zona A non l'occuperete. Perciò sarebbe meglio far rientrare le divisioni nelle caserme, dov'erano, e cominciare una conversazione, e vedere se esistono punti di contatto, se possiamo metterci d'accordo, in questa situazione, se non su tutto almeno su qualcosa». Respinse inoltre l'idea d'un plebiscito perché la sua attuazione avrebbe richiesto l'impossibile ripristino della situazione ante-1920.

Il 13 settembre Pella rispose a Tito. Lo fece in Campidoglio, dove si celebrava, nella sala degli Orazi e Curiazi, l'anniversario della Resistenza romana e il sacrificio dei suoi caduti. «Domenica scorsa – disse Pella – è stato pronunciato a San Basso un discorso su cui mi consentirete di intrattenermi brevemente...» Avvertì che si sarebbe astenuto da violenze di linguaggio, affermò con pacatezza che il problema triestino doveva trovare una soluzione «aderente alle attese dell'anima nazionale», definì «strumento valido e non rinunciabile» la Dichiarazione tripartita, rilevò l'arroganza di Tito. «Nel discorso di San Basso non si è esitato a dichiarare che la Zona B è ormai definitivamente nelle mani iugoslave, affermazione che non saprei se dire più insultante nei confronti del diritto internazionale o dell'ammirevole sopportazione alleata.» Infine Pella riaffacciò una proposta che già in passato era stata indicata come democratica e risolutrice, ma che Tito non gradiva: un plebiscito in tutto il Territorio libero, «in base al principio democratico dell'accertata volontà della maggioranza per una scelta tra Italia e Iugoslavia, beninteso senza la presenza delle truppe delle due parti interessate». L'idea di Pella, non nuova e in sé ineccepibile, era anche irrealizzabile. Ma rientrava in una schermaglia nella quale le due parti – ciascuna secondo il suo stile – facevano la faccia feroce, sapendo che in qualche modo si sarebbe arrivati a un compromesso ingrato ma inevitabile.

Pella tuttavia presentò questa proposta come taumaturgica e indilazionabile, sottoponendola a termini che parvero ultimativi. «Una riunione a brevissima scadenza da tenersi in località neutrale» con «rappresentanti dei governi americano, britannico e francese insieme con quelli italiano e iugoslavo» avrebbe dovuto definire le modalità del plebiscito. Se Belgrado avesse rifiutato «tutti dovranno trarne le debite conseguenze: primi fra tutti gli Stati Uniti e la Gran Bretagna, entrati e rimasti a Trieste come esecutori d'un trattato che l'Italia ha subito protestandone l'ingiustizia e di cui essi stessi hanno riconosciuto l'ineseguibilità». Nella conclusione Pella si disse fiducioso che la giustizia avrebbe trionfato. «Se ciò non dovesse verificarsi, e mi rifiuto di crederlo, Parlamento e governo saprebbero rendersi interpreti degli interessi del Paese e della volontà della Nazione.»

Giulio Cesare Re, che di Pella era uno stretto collaboratore, e che aveva messo mano alla stesura del discorso, ha lasciato una cronaca vibrante dell'accoglienza che il discorso ebbe, a caldo: «applausi scroscianti», «le autorità gli si fanno intorno e si congratulano», «Pella è costretto a sostare nella sala degli Orazi e Curiazi più del previsto, e quando finalmente si avvia verso lo scalone per scendere e lasciare il palazzo si tenta di spingerlo al balcone del piano perché possa rispondere al saluto della folla che si accalca nella piazza, tutt'attorno alla statua di Marc'Aurelio, e lo acclama a squarciagola scandendo il nome: Pel-la, Pel-la, Pel-la».

Tra tanti consensi, mancò a Pella quello che, forse, più gli premeva. A De Gasperi il discorso non piacque. La figlia Maria Romana ha reso nota una lettera che lo statista trentino aveva preparato, e che – secondo lo stesso Re – Pella non ricevette mai: probabilmente perché De Gasperi, essendosi accorto d'avere ecceduto in severità, preferì lasciarla nel cassetto. La lettera di De Gasperi – un promemoria critico, piuttosto – era fitta di punti interrogativi. «Il deferire la decisione al Parlamento significa trovare una soluzione? Evidentemente no... C'è il pericolo che (le Camere, *N.d.A.*) subordinino al T.l.T. la fedeltà alle alleanze e la collaborazione europea? Sì, il pericolo esiste, perché il governo ha affermato l'inscindibile concatenazione dei nostri fondamentali problemi esteri... dichiara che in caso di rifiuto o anche solo di tattica dilatoria tutti dovranno trarne le conseguenze. Tutti vuol dire in prima linea gli alleati... Ma gli altri siamo noi. Noi, che cosa faremo?... È da pensare che Tito si pieghi a compromessi prima delle elezioni?... Che cosa possiamo fare in caso negativo? La guerra, no. Sarebbe, oltretutto, la vittoria del comunismo. La disdetta della Nato? Sarebbe la vittoria del neutralismo con quel che segue. Immagino che tutte queste cose le hai pensate da te e l'abbiano meditate a Palazzo Chigi; e forse è superfluo che te ne scriva.» Formula retorica per dire: evidentemente non hai pensato a queste cose, e te le ricordo.

Pella era stato forse un po' gigione, nel suo atteggiamento, De Gasperi a sua volta enfatizzava troppo le inco-

180

gnite e le minacce. Le cose procedevano per loro conto verso un epilogo scontato. La tesi del plebiscito, cui nessuno credeva, aveva, forse proprio per questo, raccolto molti consensi: da quello di Saragat a quello di Nenni e di Pacciardi. Togliatti faceva invece parte per se stesso, insistendo sull'effettiva indipendenza del Territorio libero, dal quale avrebbero dovuto allontanarsi tutte le truppe di qualsiasi Paese: il che significava la smilitarizzazione totale di un'area in cui si trovava un forte contingente angloamericano. L'Urss ne sarebbe stata deliziata, insieme a Togliatti.

L'8 ottobre 1953 i governi di Washington e di Londra compirono un altro passo per sbloccare la crisi. Annunciarono di non potersi ulteriormente addossare la responsabilità dell'amministrazione nella Zona A, e di volerla pertanto rimettere al governo italiano. Senza indugi Pella chiarì che «l'eventuale accettazione da parte italiana della responsabilità e degli oneri dell'amministrazione di Trieste e della Zona A non avrebbe potuto in alcun modo significare rinuncia alla rivendicazione di tutto il Territorio libero di Trieste». Tito andò su tutte le furie, o fece mostra d'andarci: disse che avrebbe reagito con le armi se le truppe italiane fossero entrate in Trieste, e si rivolse perfino all'Onu (di cui l'Italia non faceva parte, vi fu ammessa solo nel 1955). Gli angloamericani ebbero così le mani legate. E l'Italia si trovò nella spiacevole condizione di non poter più invocare la famosa Dichiarazione tripartita, che l'annuncio dell'8 ottobre aveva sostanzialmente accantonata, e di non poter nemmeno prendersi ciò che l'8 ottobre le era stato promesso. Temendo di uscire malconcio – moralmente e politicamente – da questa morsa, Pella incaricò l'ambasciatore a Washington Tarchiani di chiedere formalmente a Foster Dulles se davvero gli alleati avessero intenzione di onorare la loro dichiarazione dell'8 ottobre. Foster Dulles lesse il *memorandum* italiano e lo restituì bruscamente a Tarchiani: «Non avendo il governo italiano fiducia nella parola di quello americano, è inutile che io aggiunga altro per spiegare la posizione degli Stati Uniti». L'ostentata stizza mascherava presumibilmente un profondo imbarazzo.

Il 4 novembre Pella parlò a Venezia dopo aver reso omaggio, nell'anniversario della Vittoria, ai caduti di Redipuglia. Centomila persone gremivano la piazza San Marco. Il Presidente del Consiglio promise «per Trieste buona guardia. Sì, amici, siatene certi. Per l'Italia, per la sua dignità, per i suoi vitali interessi, questa è la consegna a cui questo governo – ogni governo italiano – ubbidirà: buona guardia!». Mentre Pella concionava con periodare rotondo, cominciarono ad arrivare notizie di disordini gravi a Trieste, dove la passione della folla italiana era incandescente, e si scontrava con un servizio d'ordine cui il generale Winterton aveva dato disposizioni rigorose. Quello stesso 4 novembre la polizia del Gma (Governo militare alleato) aveva caricato la folla; alcuni arresti, feriti e contusi.

Ma il peggio doveva venire. Ecco come Giulio Cesare Re ha riassunto i successivi avvenimenti: «Il giorno dopo (5 novembre 1953, *N.d.A.*) davanti alla chiesa di Sant'Antonio Nuovo, la polizia spara sulla folla inerme, in mezzo a cui si sono rifugiati gruppi di giovani inseguiti dalle forze dell'ordine: due morti e una cinquantina di feriti. Il comunicato diramato in serata dal generale John Winterton ignora la profanazione del tempio. Il 6 novembre i disordini continuano: la polizia spara sui dimostranti senza usare prima le bombe lagrimogene e gli idranti. Alla fine della giornata si registrano altri quattro morti e ancora una cinquantina di feriti».

La stampa inglese fu acida verso il governo italiano, e attribuì l'accaduto agli eccessi di piazza. A sua volta il ministro Anthony Eden respinse una protesta che gli era stata presentata dall'ambasciatore Brosio (passato a quel posto dalla precedente sede di Mosca) affermando che il Gma godeva del pieno appoggio del Foreign Office. Pella avrebbe voluto intervenire ai funerali delle vittime, ma ne fu vivamente sconsigliato da Diego De Castro, commissario civile del governo di Roma presso il Gma. Perciò si limitò a indirizzare al Paese un radiomessaggio molto equilibrato, nel quale deplorava lo spargimento di sangue innocente, e chiedeva la punizione dei responsabili: invitando nel contempo gl'italiani di Trieste a «contenere» la loro indignazione.

Ma intanto i moti triestini avevano offerto agli iugoslavi – e a chi per gli iugoslavi simpatizzava – il destro di individuarvi segni di risorgente fascismo. Contro queste insinuazioni Luigi Sturzo, con la sua autorità indiscussa di oppositore del regime mussoliniano, scrisse che i tragici incidenti erano stati il cattivo frutto d'una politica sbagliata, non di nostalgie deprecabili: e ricordò la Carta atlantica secondo la quale non vi dovevano essere «mutamenti territoriali che non fossero conformi ai voti liberamente espressi dai popoli interessati».

Dovette trascorrere quasi un altro anno prima che il nodo triestino avesse un suo scioglimento teoricamente provvisorio, ma destinato a durare e a consolidarsi nel trattato di Osimo che gli diede veste definitiva. Nel frattempo – lo vedremo – Pella era caduto, era caduto anche un meteorico governo Fanfani, e la Presidenza del Consiglio era finita nelle mani di Scelba, rientrato alla grande nella politica. Ma Einaudi aveva in qualche modo avocato a sé – tra questi rivolgimenti di ministeri e di coalizioni – la questione triestina. Il senatore a vita Jannaccone, amico di Einaudi, disse addirittura nell'aula di Palazzo Madama, riferendosi al problema di Trieste, che un dibattito al riguardo «non poteva aver luogo perché era viziato dal fatto che il Presidente della Repubblica si era assunto tutte le responsabilità».

Così si continuò a negoziare: e finalmente il 5 ottobre 1954, a Londra, l'ambasciatore Brosio, il rappresentante degli Stati Uniti Llewellyn Thompson, il sottosegretario aggiunto al Foreign Office Geoffrey Harrison e l'ambasciatore iugoslavo Vladimir Velebit siglarono un *memorandum d'intesa* il cui articolo 2 (quello fondamentale) prescriveva: «Non appena il presente *Memorandum d'intesa* sarà stato parafato e le rettifiche alla linea di demarcazione da esso previste saranno state eseguite, i governi del Regno Unito, degli Stati Uniti e di Iugoslavia porranno termine al governo militare nelle Zone A e B del Territorio. I governi del Regno Unito e degli Stati Uniti ritireranno le loro forze armate dalla zona a nord della nuova linea di demarcazione (Zona A, *N.d.A.*) e cederanno l'amministrazione di tale zona al governo italiano. I governi italiano e iugoslavo estenderanno immediatamente la loro amministrazione civile sulla zona per la quale avranno responsabilità». Il governo italiano, diventato «amministratore» a tutti gli effetti della Zona A, s'impegnava a mantenere a Trieste il porto franco. Entro un anno coloro che già risiedevano nelle Zone A e B e che se ne erano allontanati potevano farvi ritorno, con gli stessi diritti degli altri residenti: coloro che non volessero far ritorno, o che intendessero nel frattempo andarsene, erano autorizzati a trasferire i loro fondi.

La mattina del 26 ottobre, in un tripudio di bandiere tricolori e in una immensa commozione di folla, i soldati italiani entrarono in Trieste restituita per la seconda volta all'Italia. Alle celebrazioni del 4 novembre 1954 intervenne, acclamatissimo, Luigi Einaudi.

L'Italia poteva ottenere di più? Forse, se avesse agito con maggiore tempismo. Comunque avrebbe potuto arrivare molto prima, solo che lo si fosse voluto, al compromesso del 5 ottobre 1954. Fu più conveniente la tattica attendista di De Gasperi, o quella di rottura di Pella? Tutto sommato si deve arrivare alla conclusione che De Gasperi, paralizzato dai suoi tormenti morali e calamitato dal suo disegno europeo, s'illuse sull'utilità del rinvio e della dilazione. Nella sua azione Pella – bollato da Domenico Bartoli come «uno dei più mediocri Capi di governo dell'Italia repubblicana» – fu a sua volta maldestro, con una buona dose di jattanza (comunque di gran lunga meno di quella tonitruante di Tito): ma diede uno scossone all'ingranaggio inceppato, e rese possibile l'eliminazione del contenzioso triestino. Semmai gli si può rimproverare – se è un rimprovero – d'essersi comportato come se alle sue spalle stessero una classe dirigente risoluta e un Paese disposto a rischiare e pagare. Mirabili d'intraprendenza e audacia per il loro *particulare*, gl'italiani preferivano, nelle cose riguardanti la collettività, gli slanci emotivi agli sforzi tenaci. «Bisogna pur dire – ha annotato impietosamente l'ambasciatore Toscano – una cosa sgradevole: il popolo italiano sentiva profondamente i problemi nazionali, e più di ogni altro sentiva il problema di Trieste, ma all'aspirazione di risolverli non corrispondeva una volontà seria di sacrificio. Quando don Sturzo chiese all'Italia di non ratificare il Trattato di pace... urtò contro l'indifferenza e l'assenteismo degli italiani, della classe politica in particolare. L'Italia fu, in quel torno di tempo, il solo Paese dell'Europa occidentale, tra vinti e vincitori, comprese la Gran Bretagna e la Francia, in cui erano in vendita libera il pane bianco e le paste con lo zucchero. Noi non potevamo avere la botte piena e la moglie ubriaca: avevamo però la botte piena e cioè il pane bianco, lo zucchero eccetera. Si gridava molto anche per le colonie, ma non si voleva pagare il prezzo necessario. Così per la questione di Trieste.» Diagnosi molto dura ma non campata in aria.

Quanto alle recriminazioni dei giuliani e di taluni accesi ambienti nazionalisti (del tutto comprensibili le prime, non così le seconde), si deve soltanto osservare che la Zona A, la Zona B e le terre istriane non furono perdute né alla firma del Trattato di pace né alla firma del *memorandum d'intesa*. Furono perdute il 10 giugno 1940, quando Mussolini precipitò l'Italia nella seconda guerra mondiale.

CAPITOLO TREDICESIMO
UNA CRISI PER SALOMONE

Alcide De Gasperi era stanco, malato, sconfitto, desideroso di quiete e di solitudine: ma era anche un «animale politico» che alle sirene della politica non sapeva resistere. Il Partito lo voleva, e lui voleva che il Partito lo volesse. Così accettò, in settembre (1953) l'elezione a segretario della Dc. S'era illuso che la votazione fosse una formalità, e l'unanimità una sicurezza. Sbagliava di grosso. Alle quarantanove schede di consiglieri nazionali della Dc che portavano il suo nome si contrapposero ventidue schede bianche: in gran parte, si suppose, di sindacalisti affiliati alla corrente di Giulio Pastore.

Il carisma dello statista trentino era stato appannato dall'insuccesso elettorale, si profilavano dissidenze ambiziose. Anche dal governo Pella De Gasperi aveva qualche dispiacere. Quel monocolore, monopolizzato dal tema triestino, gli appariva sordo ad altre urgenze, come quella della Ced. Nei dibattiti parlamentari la mancanza d'una maggioranza organica apriva spiragli a iniziative dissennate. Lo si vide con particolare evidenza, secondo Andreotti, durante la discussione sull'amnistia. «La Camera era alla mercé degli emendamenti più bizzarri. Poco mancò che si commutasse con una piccola contravvenzione la pena agli ergastolani.»

Ancora il 18 ottobre 1953, in un discorso a Milano, De Gasperi disse: «Pella in agosto ha assunto con un atto di patriottismo la sua pesante responsabilità. Oggi insisto: bisogna sostenerlo». Eppure i sintomi d'inceppamenti si moltiplicavano nel rapporto tra Pella e la Dc, e anche nel rapporto tra Pella e De Gasperi. «A differenza di Vanoni che godeva all'interno della Dc del supporto di una corrente non numerosa ma resa qualitativamente importante da Enrico Mattei, Pella – ha osservato Andreotti – si era sempre occupato poco del Partito ritenendo che un buon lavoro nel governo fosse sufficiente per essere considerato da piazza del Gesù e dagli iscritti.» Che errore madornale, sembra dedurne l'estensore di queste righe, insuperato esperto in materia.

Due fatti non connessi, ma coincidenti, rafforzarono l'impressione che Pella fosse visto dalla Dc con distacco, se non con ostilità. In un articolo sulla *Discussione*, il settimanale del Partito (articolo che aveva per scopo di tonificare il governo), De Gasperi inserì una frase che, non a torto, fu isolata e sottolineata dai commentatori. «È nostro obbligo – scrisse – appoggiare idealmente un governo amico che nella difficile situazione interna e internazionale rappresenta e difende gli interessi supremi.»

Governo amico: quindi, netta distinzione di soggetti e di responsabilità, e quindi contrapposizione personale e collegiale. Come si dirà, trentaquattro anni dopo, del governo a guida democristiana, ma soltanto «amica» di Giovanni Goria. Più pesantemente, Scelba aveva auspicato il 12 dicembre, parlando a Novara, l'avvento di un governo a base solida, ossia sorretto da una maggioranza quadripartita. Secondo Scelba il governo Pella non dava nessuna garanzia di sapere e potere essere all'altezza dei compiti che gli erano stati affidati: e nella questione triestina aveva portato elementi di complicazione. Con la Iugoslavia, insistette Scelba, si doveva usare toni molto energici, ma tali da evitare che fossero chiuse le porte ad una eventuale intesa. Scelba, anche se in provvisorio «ritiro», era pur sempre un autorevole membro della direzione democristiana: la sua non poteva essere scambiata per una sortita individuale, e casuale. A ciò che Scelba aveva detto, *Il Po-*

polo, nella sua edizione di Milano, diede oltretutto un'evidenza eccezionale: servizio d'inviato, e cinque colonne di titolo in prima pagina.

Colto di sorpresa benché *Il Popolo* dipendesse da lui in quanto segretario del Partito, De Gasperi s'infuriò, e naturalmente non se la prese con Scelba, ma con i giornalisti che «sono tremendi quando si mettono a fare dello zelo; ecco come si può provocare una crisi». L'incolpevole direttore del giornale, Vittorio Chesi, ch'era stato sicuro d'interpretare la volontà di De Gasperi, si sentì investire al telefono. Il fare e disfare i governi spettava al segretario del Partito, non al *Popolo*, gli disse De Gasperi, e lo convocò a Roma. Chesi viaggiò col cuore in tumulto e s'affacciò nello studio di De Gasperi – che intimoriva tutti, tranne Andreotti – con i sudori freddi. De Gasperi lo fece aspettare, leggiucchiando le carte che aveva davanti a sé, poi alzò gli occhi, si tolse gli occhiali, e Chesi capì che la rabbia era sbollita. «Non tutto il male viene per nuocere – disse –, il malinteso giornalistico ha accelerato i tempi e io ne profitterò per risolvere il caso Pella.»

Anche Pella era deciso a risolvere il suo caso. Il 19 dicembre diede al suo portavoce Giulio Cesare Re l'incarico di diffondere una dichiarazione. «Sarà una bomba» gli osservò Re. «E ciò che desidero.» «Come? Che cosa è successo?» «Sono parecchie settimane che ho perso i contatti con il Partito. De Gasperi non risponde al telefono. Vai vai: assicurati, prima di parlare, che la Camera abbia chiuso i suoi lavori. Vai!»

La dichiarazione elencava alcuni sintomi di sfiducia della Dc verso il Presidente del Consiglio: e precisamente una deliberazione della direzione che aveva preso posizione in favore di certe richieste degli statali senza preventivamente informarne Pella, il discorso di Scelba a Novara, l'articolo di De Gasperi. E concludeva: «L'on. Pella sta compiendo un approfondito esame della situazione politica... e si riserva di trarne le conseguenze». Pella aveva puntato i piedi, e nella Democrazia cristiana tutti si mostrarono stupefatti della sua irritazione dovuta, fu precisato, a equivoci.

La mattina del 20 dicembre 1953 De Gasperi si fece vivo con Pella, dopo lungo silenzio, per fissargli un incontro a colazione, nella sua (di De Gasperi) villa di Castelgandolfo. I due discussero e s'accordarono sull'esigenza d'un rimpasto del governo: che avrebbe dovuto essere promosso da governo amico a governo democristiano a pieno titolo. Il Partito insomma non avrebbe più dovuto sostenere Pella (l'incisiva espressione è di Nenni) «come la corda sostiene l'impiccato». L'«increscioso incidente» pareva così composto.

Il 3 gennaio («data già fatale per la storia contemporanea d'Italia» ha rilevato Re, riferendosi al discorso di Mussolini del 3 gennaio 1925 che annunciava l'instaurazione della dittatura), De Gasperi e Pella s'incontrarono nuovamente a Castelgandolfo. Meno gravido di conseguenze storiche funeste, quel 3 gennaio 1954 non diede tuttavia la luce verde al Pella II. Nella lista che il Presidente del Consiglio aveva portato a De Gasperi, era prevista la promozione di Andreotti a ministro per la Gioventù. Piccioni aveva gli Esteri, Fanfani l'Interno, Moro la Giustizia, Vanoni le Finanze. I guai derivarono dall'assegnazione d'un dicastero in fin dei conti minore, l'Agricoltura, che doveva passare dalle mani del senatore Rocco Salomone a quelle di Salvatore Aldisio. De Gasperi arricciò il naso. Il bilancio dell'agricoltura era l'unico contro il quale i monarchici avevano votato: il che avrebbe indotto a credere che essi avessero chiesto, e ottenuto, la testa di Salomone, per rimpiazzarlo con un siciliano vicino agl'interessi dei latifondisti. Tanto più che l'autorevole padre Antonio Messineo, su *Civiltà cattolica*, aveva scritto: «Grandi agrari del Mezzogiorno di tendenza conservatrice, perché personalmente toccati nei loro interessi dalla riforma agraria, si sono coalizzati sotto il segno monarchico, dietro il quale hanno camuffato i loro intenti difensivi verso la proprietà fondiaria».

Fu consigliato a Pella di rinunciare al cambiamento: ma Pella, che era uomo di carattere e di puntigli, rispose no, confortato dall'opinione di don Sturzo secondo il quale non era stato il caso Aldisio a creare la crisi, ma la crisi già latente aveva creato il caso Aldisio. Come emissario di De Gasperi (che aveva tra l'altro tentato d'indurre Aldisio a rinunciare spontaneamente), Andreotti scongiurò Pella «di non dar retta a chi gli diceva che, dimettendosi, la Dc sarebbe andata *in ginocchio* a pregarlo di ritornare». Niente da fare, il biellese ostinato ascoltava il suo «piccolo consiglio della corona» anziché Andreotti. Tra i parlamentari democristiani tirava vento di tempesta contro il Presidente del Consiglio, che ricevette il 5 gennaio i presidenti dei due gruppi, Aldo Moro per la Camera e Stanislao Ceschi per il Senato. Il messaggio ch'essi gli lessero dava una scontata e superficiale approvazione al rimpasto, ma aggiungeva che i ritocchi «per quanto riguarda l'eventuale sostituzione del titolare del dicastero dell'Agricoltura, debbono essere tali... da assicurare la continuità della politica agraria della Democrazia cristiana». «Cosa si deve leggere tra le righe?» domandò Pella. «Salomone, non Aldisio.» «Ho capito, trarrò le debite conseguenze.» Le dimissioni erano inevitabili.

Il modo in cui si era arrivati alla bocciatura di Pella non piacque a Luigi Einaudi, che attribuiva ancora valore all'articolo 92 della Costituzione in base al quale «il Presidente della Repubblica nomina il Presidente del Consiglio dei ministri e, su proposta di questo, i ministri». Convocati al Quirinale i capigruppo parlamentari della Dc, Ceschi e Moro, Einaudi lesse loro una «nota verbale» che, avvertì preventivamente, non richiedeva risposta. «Nella giornata del 5 gennaio – disse severo Einaudi – si è verificato un fatto nuovo, certamente non mai osservato da quando esiste lo Stato repubblicano, e forse non mai accaduto dopo la proclamazione dello Statuto albertino. In un documento che non fu ufficialmente portato alla conoscenza del Presidente della Repubblica, ma che il Presidente medesimo non può ignorare perché reso di pubblica ragione... fu affermato: 1) che la persona incaricata di presentare proposte al Presidente della Repubblica (ed in quell'occasione un Primo ministro in carica) aveva dovuto prendere atto di una esclusiva; 2) che per conseguenza la proposta che il Primo ministro stesso avrebbe poi presentato al Presidente della Repubblica non era più la "sua" proposta, ma una proposta condizionata da una esclusiva pronunciata da chi la Costituzione non delega a siffatto ufficio... Egli (Presidente della Repubblica, *N.d.A.*) quindi non può fingere di ignorare che le dimissioni del gabinetto hanno tratto occasione da una mutazione che, certo involontariamente, pur si sarebbe apportata nella origine delle proposte dei nomi dei ministri presentate a lui dal Primo ministro.»

Ceschi e Moro incassarono in silenzio, forse scioccati dalla reprimenda di Einaudi, forse sorpresi della sua ingenuità. Lo scrupoloso maestro di liberalismo aveva toccato con mano i guasti della partitocrazia. In sostanza non poteva contrastarla. Ma volle tuttavia sottolineare la scorrettezza che era stata compiuta, e che dopo d'allora molte altre volte fu disinvoltamente ripetuta.

Pella uscì di scena con straordinaria eleganza e discrezione. Mentre in casa democristiana divampava la solita contesa per la designazione d'un candidato, e per l'assegnazione dei ministeri, il Presidente del Consiglio uscente se n'andò in Piemonte a visitare la madre, e fece frequenti gite automobilistiche. Al Viminale lo si vide poco, per firmare documenti. Alla Dc in piazza del Gesù ancor meno.

Declinò cortesemente ma con fermezza la proposta di Einaudi d'un reincarico. Sapeva che la Dc era orientata in altro modo.

Tra i nomi possibili, s'impose infatti quello di Amintore Fanfani, *leader* d'una sinistra del Partito che stava perdendo i suoi connotati più aggressivi, per adeguarsi allo stile pragmatico e dinamico dell'uomo guida. Fanfani aveva saputo cattivarsi l'appoggio di De Gasperi che lo riteneva capace di raggruppare «i democristiani di tutte le gamme». «In quanto al proprio nome – ha scritto Andreotti – De Gasperi pregava di non prenderlo nemmeno in considerazione.»

Impaziente e imprudente, Fanfani si mise all'opera con alacrità, e condensò in disegni di legge da sfornare belli caldi al Parlamento nel momento stesso dell'investitura i punti principali del suo programma. Pensava, insomma, di riuscire a raccattare una maggioranza – sia pure con un monocolore se possibile più fragile di quello di Pella – e di mantenersela aggregata. A un certo punto Nenni lo incoraggiò. Scrisse nel suo diario, sotto la data del 15 gennaio 1954: «Ieri sera Fanfani era a terra. Oggi è di nuovo in piedi a causa di un mio articolo, *E se no non vale la pena*, che promette il nostro appoggio. Il passo dell'articolo oggetto di tutti i discorsi e di tutti i commenti (oh, vanità nenniana, *N.d.A.*) è questo: "Non si tratta di un punto programmatico in più o in meno, se si teme di dire al Paese una parola franca e nuova, dare uno scossone, rompere con gli interessi di destra annidati all'interno della stessa Dc: si tratta di dare prova dell'apertura sociale muovendosi verso le masse. In questo caso Fanfani sappia che può contare sulla nostra astensione, e questa può mutarsi in fiducia. Se no, non vale la pena"».

Le premesse erano incoraggianti, il seguito non lo fu per niente. L'instancabile aretino formò un governo nel quale Piccioni aveva gli Esteri, Andreotti – finalmente ministro, e che ministro – gli Interni, Vanoni il Bilancio, Taviani la Difesa. Ma il fantasma del quadripartito incombeva distruttore anche su Fanfani: gli ex-alleati della Dc non si risolvevano – in particolare i socialdemocratici – a riformare la coalizione con la Dc, ma nemmeno ammettevano d'appoggiare a lungo un governo cui fossero estranei. I socialisti avrebbero probabilmente elargito l'astensione se Fanfani si fosse rassegnato ad accantonare la discussione sulla Ced, l'esercito europeo, subordinandola all'approvazione parlamentare francese: ma il nuovo Presidente del Consiglio non volle, su quel punto, contraddire il nume tutelare De Gasperi. I monarchici erano lacerati tra collaborazionisti e non collaborazionisti; alcuni insistevano sul fatto che il loro appoggio, per essere dato, doveva essere esplicitamente richiesto. Il che non andava a genio né a Fanfani né a De Gasperi.

In un estremo tentativo di salvataggio De Gasperi prese la parola alla Camera sulle comunicazioni del neonato governo. L'esordio fu tutt'altro che diplomatico: ma rieccheggiava la sua amarezza per le espressioni aspre («imperialismo cattolico», «egemonia democristiana») usate dai socialdemocratici. «Dopo un brevissimo intervento alla Costituente – disse – è questa la prima volta che io parlo da questi banchi (ossia non dal banco del governo, *N.d.A.*) e per mio conto avrei preferito dimenticare nel silenzio lo spettacolo di questa miseria parlamentare che segue a pochi anni le luminose speranze nate nella prima assemblea della Repubblica.» Poi, in toni divenuti pacati, De Gasperi rivolse un invito a tutte le forze politiche, con l'eccezione dei comunisti e dei missini, perché contribuissero a una «maggioranza parlamentare che, fatte salve le caratteristiche di ciascun gruppo, dovrebbe avere la comune preoccupazione di conservare l'attuale regime libero».

Era un invito indiretto ai monarchici: indiretto perché,

se fosse stato diretto e formale, ne sarebbe derivata a sinistra una valanga di defezioni. La manovra, riabbozzata nel discorso programma di Fanfani, non riuscì. Un suicidio, secondo Nenni, perché s'era avuta «una brusca chiusura a sinistra senza nessuna apertura a destra, almeno nel senso in cui essa sarebbe efficace, cioè come aperto invito ai monarchici». La Camera mise la pietra tombale sul monocolore di Fanfani: 303 no (compreso quello del sindacalista democristiano Rapelli), 260 sì (i democristiani), 12 astenuti, i liberali.

Nella convulsa fase politica che portò alla formazione e alla dissoluzione del governo Pella e del governo Fanfani s'inserì un episodio di cronaca nera che assunse ben presto i connotati e le dimensioni d'uno scandalo, anzi d'un «affare»: torbido rigurgito di accuse, insinuazioni, calunnie, pettegolezzi, polemiche che investì in pieno uno degli uomini di primo piano della Democrazia cristiana, Attilio Piccioni. Su di lui si abbatté il liquame giornalistico e giudiziario d'un «caso» che tenne le prime pagine dei quotidiani per tre anni: e che fu il prodotto d'un insieme di circostanze delle quali possiamo, *a posteriori*, ricostruire le grandi linee. Ma senza l'ambizione di restituire, a chi non ne fu testimone, l'atmosfera arroventata e stralunata in cui questo mistero finito in nulla si dipanò, coinvolgendo personalità «eccellenti» e gentucola infima, e portando alla ribalta d'un processone memorabile la più stravagante fauna italiana che mai si fosse vista.

Il Paese si divise in innocentisti e colpevolisti, i secondi di gran lunga più numerosi: perché l'affare Montesi, così come era ricostruito dall'accusa, aderiva perfettamente all'immagine che molti italiani si facevano di certo mondo in cui si muovevano i politici astuti, i gaudenti figli di papà, i *grands commis* dello Stato pronti a servire il potente, gli affaristi che s'arricchivano rapidamente, le mantenute scaltre e vendicative. L'«affare Montesi» divampò con facilità perché quella d'allora era l'Italia delle crisi ministeriali, dei *boom* industriali, delle nuove ricchezze e dei vecchi malesseri. Per di più la storia aveva tutti i migliori ingredienti del romanzo d'appendice. La morte equivoca, per mano di viziati signorini, d'una ingenua ragazza del popolo (e la droga a far da condimento), le pressioni della *Nomenklatura* affinché sull'episodio fosse fatto silenzio, i lunghi coltelli delle faide di partito.

L'avvio della vicenda era stato insignificante. Un *fait divers* che sarebbe piaciuto a Simenon giovane, cronista di nera. Nel pomeriggio del 9 aprile 1953 Wilma Montesi, vent'anni, figlia di un falegname, bruna prosperosa e belloccia, era uscita dalla sua modesta casa di via Tagliamento a Roma ed era salita sul treno per Ostia. Fu vista, verso le 18, mentre vi prendeva posto. Non tornò né quella sera né la successiva, e il suo cadavere venne rinvenuto la mattina dell'11 aprile sulla spiaggia di Tor Vaianica, allora disabitata e quasi selvaggia, circa 35 chilometri a sud di Ostia. Il corpo era ricoperto dalla sottoveste, logora e rattoppata. Mancavano le scarpe, le calze, il reggicalze, il vestito. Nessuna traccia di violenza e, per quanto si poté successivamente accertare, nessuna traccia nemmeno di droga o di altre sostanze tossiche.

Nelle ore in cui i Montesi, disperati per la scomparsa di Wilma, s'erano dati a febbrili ricerche, furono formulate ipotesi plausibili: che fosse scappata di casa, o che avesse raggiunto un suo antico spasimante a Rocca di Papa. I genitori erano stati accompagnati, nella loro affannosa indagine, dal fidanzato della ragazza, l'agente di polizia Angelo Giuliani, che prestava servizio a Potenza, e da Giuseppe Montesi, fratello del padre di lei, Rodolfo: lo «zio Giuseppe» sul quale si sarebbero a un certo punto addensati pesanti sospetti. Quando Wilma fu ritrovata, i familiari spiegarono che era andata a Ostia per immergere in acqua salata i piedi, doloranti per un paio di scarpe nuove: la tesi, poi ridicolizzata, del pediluvio seguito da annegamento. La polizia archiviò l'episodio che, nonostante le sue stranezze, poteva essere considerato di *routine*.

Non lo fu più quando, il 4 maggio successivo, il quotidiano napoletano *Roma* scrisse che Wilma aveva frequentato a Tor Vaianica «il figlio di una nota personalità politica governativa» e il settimanale satirico *Il merlo giallo* pubblicò una vignetta in cui un piccione viaggiatore portava nel becco un reggicalze, vignetta corredata da un'allusiva dicitura che inseriva nella trama il musicista Piero Piccioni (in arte Piero Morgan) figlio del ministro Attilio.

L'estate, che come sappiamo fu politicamente tempestosa, con la bocciatura della «legge-truffa» e con la caduta dell'ottavo e ultimo governo De Gasperi, trascorse senza che la vicenda di Tor Vaianica riaffiorasse nelle cronache. Si dovette attendere l'autunno perché un settimanale sconosciuto, dal titolo *Attualità*, diretto da un pubblicista altrettanto sconosciuto, Silvano Muto, divulgasse la sua «verità sulla morte di Wilma Montesi», dando la versione che la magistratura avrebbe più tardi avallato e che coinvolgeva Piero Piccioni. La ragazza – questa la tesi di *Attualità* – era stata colta da malore per eccesso di droga durante una riunione – «orgia» fu il termine in voga – nella riserva di caccia della Capocotta di proprietà di Ugo Montagna: un faccendiere di 45 anni, amico di molte persone in vista, che si fregiava d'un altisonante e dubbio titolo nobiliare, Marchese di San Bartolomeo. Wilma sarebbe stata portata in riva al mare, per timore di scandalo e di inchieste, e lì lasciata.

Lo scandalo era ormai incontenibile, e la stampa, anche quella seria, «ci inzuppò il pane» come dicono a Roma. Con particolare accanimento lo fece la stampa di sinistra, che dello scandalo si serviva per colpire, con Piero, Attilio Piccioni, e con lui la Dc. Muto fu querelato per la diffusione di notizie false e, difendendosi, citò a sostegno delle sue

197

affermazioni due giovani donne: Adriana Concetta Bisaccia, una avellinese di burrascosi trascorsi e abbastanza mitomane, e Anna Maria Moneta Caglio, di ben diversa pasta. Ottima famiglia milanese, figlia di un notaio, intelligente e di lingua prontissima. La Caglio aveva avuto con Montagna una «affettuosa amicizia» che proprio in quel tempo si stava guastando. Per i suoi abiti e per il suo lungo collo, che sarebbe piaciuto a Modigliani, fu presto battezzata «il cigno nero». La Caglio narrò d'aver captato una telefonata tra Montagna e Piero Piccioni nella quale il musicista chiedeva all'amico di accompagnarlo dal capo della polizia, Tommaso Pavone, perché gli stavano addossando la responsabilità della morte di Wilma.

A questo punto il quadro era completo. Ugo Montagna, padrone di casa alla Capocotta dove, secondo la Caglio, il bel mondo si abbandonava a festini dissoluti, e padrino di loschi traffici, era il complice, anzi il favoreggiatore. Piero Piccioni, amico di Alida Valli, compositore e jazzista di talento, ridotto al panico dall'incidente con la Montesi, era il principale colpevole; Saverio Polito, questore di Roma, vecchio e spregiudicato arnese di Ps (dopo il 25 luglio 1943 aveva scortato Mussolini a Ponza, e poi accompagnato la moglie del Duce, Rachele, alla Rocca delle Caminate facendole, si racconta, *avances* lascive) era il funzionario di moralità elastica che s'era prestato a insabbiare la verità per compiacere il suo diretto superiore, il prefetto Pavone, nonché il ministro e il figlio del ministro.

Allorché il fascicolo approdò sulla scrivania di Fanfani, in quel momento ministro dell'Interno di Pella, maneggiarlo era già rischiosissimo, tanto più che la stampa ribolliva di rivelazioni a getto continuo, e i testimoni o accusatori volontari erano ormai folla. Fanfani non era in alcun modo legato ai fatti e ai personaggi dell'affare Montesi. Inoltre era *leader* della corrente democristiana di «Iniziativa democratica» che sgomitava per impadronirsi delle

198

redini del Partito, e che si scontrava, nella manovra, con la dirigenza «storica», di cui Piccioni era cospicua parte. Da qui al supporre che Fanfani avesse dato una mano a gonfiare lo scandalo, il passo fu breve. Ma d'un suo comportamento fazioso non si ebbe mai prova. Egli affidò un'inchiesta collaterale al colonnello dei carabinieri Umberto Pompei, comandante della legione del Lazio, e fu un'iniziativa ragionevole: la polizia non poteva indagare su se stessa. Parve tuttavia che lo zelo inquisitore avesse preso la mano a Pompei: e qualcuno non esitò a ricordare il cattivo sangue che spesso corre tra le varie branche delle forze dell'ordine. Sta di fatto che il rapporto del colonnello era denso di sottintesi colpevolisti. Vi era scritto che Montagna era uso «dare convegno a donne di dubbia moralità allo scopo di soddisfare i piaceri e i vizi di tante personalità del mondo politico» e che non si poteva escludere né che il marchese avesse favorito convegni con uso di droga e invitati di alto rango alla Capocotta, né che uno di quei convegni fosse malamente finito.

La magistratura entrò in scena con il passo pesante del presidente della sezione istruttoria presso la Corte d'Appello di Roma, Raffaele Sepe, un napoletano cinquantaseienne corpulento (era impressionante vederlo a tavola, «beveva» le bistecche) che si sentì investito d'una Alta Missione Redentrice: colpire le degenerazioni del bel mondo e della classe politica. Nel luglio 1954 – ritracciamo questa vicenda anche al di fuori e al di là dei limiti cronologici di questo libro, per esigenze di completezza – Piero Piccioni e Ugo Montagna furono arrestati (ottennero la libertà provvisoria dopo qualche mese). L'Italia sembrò non pensare ad altro, nemmeno la morte di De Gasperi riuscì a distrarla a lungo dal fumettone che procedeva di capitolo in capitolo, tra accertamenti ufficiali e mirabolanti scoperte di veggenti, radioestesisti, *medium*, barboni, ciarlatani, squilibrati. Nello scambio di colpi bassi la Dc riuscì ad un certo punto a vibrarne uno alle sinistre. Il noto avvocato comunista Giuseppe Sotgiu, presidente dell'amministrazione provinciale di Roma, che si era distinto per accanimento nella polemica sull'affare Montesi, fu a sua volta coinvolto in uno scandalo a sfondo sessuale (e privato). Il fango schizzava da ogni dove, e colpiva dovunque.

Attilio Piccioni portava la sua carica di ministro degli Esteri, ormai, come un cilicio, si aggirava cupo per i corridoi di Montecitorio, ingenerosamente evitato da molti. Finalmente si dimise in settembre (1954), sostituito dal liberale Gaetano Martino. La Democrazia cristiana non fece cerchio attorno al vecchio notabile, la sinistra era scatenata, anche Pavone dovette far fagotto. Sepe non aveva dubbi o almeno non ne mostrava. Procedeva come un *bulldozer* lungo il suo itinerario colpevolista, che gli procacciava facile popolarità: tanto che nelle elezioni dell'aprile 1955 per la Presidenza della Repubblica vi furono parlamentari che scrissero nella scheda il suo nome.

La sentenza di rinvio a giudizio che egli aveva elaborato era monumentale per dimensioni (circa cinquecento pagine) ed era anche un monumento all'illazione elevata a prova. Non fu dimostrato, in essa, che Piero Piccioni avesse non si dice frequentato e indotto alla droga, ma visto una sola volta in vita sua Wilma Montesi: del castello di accuse lanciate contro di lui, nessuna era rimasta in piedi. Nel 1957 il dibattimento davanti al Tribunale di Venezia fu a senso unico. I difensori – tra i quali si contavano alcuni tra i maggiori nomi del Foro italiano, da Francesco Carnelutti a Filippo Ungaro, da Giacomo Delitala a Giuliano Vassalli – ebbero un compito di tutto riposo. Assoluzione piena per gl'imputati, come da richiesta dello stesso P.M. Palminteri.

Una bolla di sapone. Ma una bolla di sapone che per anni aveva intossicato l'Italia, avida sempre di dietrologie scandalistiche e di misteri pruriginosi. L'epilogo giudiziario fu ineccepibile. La verità sulla morte di Wilma Montesi non la sapremo mai, anche se è sommamente improbabile che la ragazza – qualora avesse avuto amici così altolocati e vizi così sofisticati – si recasse ad un appuntamento con gl'indumenti intimi rammendati e sdruciti. La notorietà dei personaggi che si sussurrava fossero implicati nella faccenda divenne probabilmente causa di manovre maldestre: la vocazione di alcuni alti funzionari allo zelo cortigiano li indusse a tacere e dissimulare ciò che non aveva nessun bisogno d'essere taciuto e dissimulato.

L'affare Montesi fu uno dei tanti segni di malinconica decadenza che accompagnarono la fine dell'era De Gasperi, e l'inizio di un'era nuova, non migliore. Attilio Piccioni, che ebbe almeno la consolazione di vedere il figlio riabilitato, non abbandonò la politica: ma vi si dedicò svogliato, amareggiato, triste. Aveva partecipato a sei governi per 58 mesi di presenza prima del caso Montesi; dopo il caso Montesi entrò in altri sette governi per un totale di 100 mesi di presenza (tra l'altro fu ministro degli Esteri nel quarto gabinetto di Fanfani e nel primo di Leone). Formalmente risalì la china. In realtà non era più lui, quel colpo l'aveva segnato. Stava a rimorchio degli avvenimenti senza più nessuna ambizione di guidarli.

Agli inizi di quello stesso 1954, che fu un anno di smarrimento politico e – coincidenza non casuale – di malsano scandalismo, anche De Gasperi ebbe il suo processo. L'ebbe perché lo volle, a riparazione d'una informazione calunniosa pubblicata su *Candido*, l'aggressivo settimanale di Giovanni Guareschi.

L'autore di *Don Camillo* era stato per il passato, alla sua maniera sanguigna, irruente e innocente, un animoso sostenitore della Democrazia cristiana in momenti decisivi: in particolare nella campagna per le elezioni politiche del

1948. Refrattario alle duttilità e ai compromessi della politica, Guareschi aveva dopo d'allora insistito in un linguaggio e in un atteggiamento da crociato anticomunista che era stato in perfetta sintonia con i Comitati civici e con le prediche apocalittiche di padre Lombardi: ma che il trascorrere degli anni rendeva sempre più inattuale, e in antitesi con l'evoluzione dell'elettorato, e con la mutata situazione parlamentare. L'anticomunismo di De Gasperi e l'anticomunismo di Guareschi, l'uno e l'altro indubitabili e fermissimi, non erano più sulla stessa lunghezza d'onda.

Accadde così a Guareschi d'avvicinarsi agli atteggiamenti dei missini, che vedevano in De Gasperi «il trentino prestato all'Italia», l'italiano a metà, il negoziatore dell'iniquo Trattato di pace, il resistente che anteponeva la sconfitta del fascismo al bene dell'Italia. Un'intera pagina del *Candido* riprodusse, il 24 gennaio 1954, una lettera dattiloscritta recante la firma di De Gasperi che aveva la data di dieci anni prima, 12 gennaio 1944, e che in sostanza invocava bombardamenti alleati su Roma. Qualcuno sospettò allora – e ne riferì ad Andreotti – che Guareschi avesse preso la sua iniziativa per «punire» De Gasperi, cui risaliva la responsabilità della caduta di Pella. La spiegazione è fondata ma semplificatrice. L'allontanamento di Guareschi dalla Dc di De Gasperi durava da tempo, nelle «politiche» del 1953 lo scrittore aveva avversato la «legge-truffa». Una spinta passionale e contingente indusse Guareschi, che era un galantuomo generoso, ad attaccare con insensata virulenza e leggerezza un altro galantuomo. Il documento – o pseudo tale – che *Candido* aveva divulgato apparteneva ad un carteggio che i possessori sostenevano comprendesse autografi di Churchill, Mussolini, Vittorio Emanuele III. E che era stato offerto in vendita – o come merce di scambio per determinate concessioni e facilitazioni – ai più svariati personaggi. Maria Romana

De Gasperi ha lasciato di questa vicenda un resoconto minuzioso, e in più d'un passaggio divertente.

In una occasione la condizione per la consegna dei documenti era che alcuni ex-fascisti condannati in base alle leggi eccezionali fossero scarcerati. In un'altra occasione Andreotti – poteva mancare? – fu tramite della consegna a De Gasperi d'una copia dattiloscritta della lettera compromettente a lui attribuita. «Io mi misi a ridere, era tutto talmente assurdo» spiegò poi De Gasperi. La lettera era arrivata alla presidenza tramite il *boss* dell'Eni Enrico Mattei «che aveva accompagnato dal sottosegretario Andreotti un ex-comandante partigiano il quale si dichiarava pronto, assieme ai suoi compagni, a versare tutto l'incartamento Mussolini-Churchill con le lettere attribuite a De Gasperi, in cambio di alcune concessioni di esportazioni di riso». Il ricavato sarebbe andato a ex-partigiani disoccupati. Infuriava la febbre dei memoriali e delle rivelazioni; un carteggio giacente in Svizzera era stato visionato da un esperto, il professor Vedovato, cui fu mostrata anche la lettera del 12 gennaio 1944. De Gasperi, cui la cosa era stata riferita, s'informò alla Segreteria di Stato, dove gli fu risposto che i numeri di protocollo erano immaginari e del tutto diversi dal sistema usato nella burocrazia pontificia.

Qualcuno non si stancava tuttavia di offrire quella merce sensazionale e l'editore Mondadori, sollecitato a sua volta, domandò a Pella Presidente del Consiglio – era il settembre del 1953 – di autorizzare una verifica. Pella ne incaricò l'ambasciatore Toscano, che andò in Svizzera assieme ad alcune persone di fiducia dell'editore: non vide gli originali, ma solo delle fotocopie, ricavandone «un'impressione negativa, o per lo meno assai dubitativa». Finché Guareschi autenticò, con la sua popolarità e il suo prestigio, un inganno nel quale nessun altro giornalista ed editore era caduto.

La lettera che si voleva scritta da De Gasperi – su carta intestata della «Segreteria di Sua Santità» – era indirizzata a un tenente colonnello inglese Bonham Carter, al recapito della *Peninsular base section*, a Salerno. Eccone il testo: «Signor colonnello, tramite lo stesso corriere affidiamo la presente contenente la nostra più ampia assicurazione che quanto S.E. Alexander desidera venga effettuato, come azione collaterale da parte dei nostri gruppi patrioti, sarà scrupolosamente attuato. Ci è purtuttavia doloroso, ma necessario, insistere nuovamente, affinché la popolazione romana si decida ad insorgere al nostro fianco, che non devono essere risparmiate azioni di bombardamento nella zona periferica della città nonché sugli obbiettivi militari segnalati. Questa azione, che a cuore stretto invochiamo, è la sola che potrà infrangere l'ultima resistenza morale del popolo romano, se particolarmente verrà preso di mira l'acquedotto, punto nevralgico vitale. Ci urge inoltre e nel più breve tempo possibile, il già sollecitato rifornimento, essendo giunti allo stremo. La preghiamo di assicurarci di tutto, e di credere alla nostra immutabile fede nella lotta contro il comune nemico nazi-fascista».

Era un falso, e un falso clamoroso, replicato da un analogo falso (una lettera in data 19 gennaio, sempre attribuita a De Gasperi). Erano falsi gli autografi di Mussolini, erano falsi gli autografi di Churchill – che li aveva definiti frutto di grossolana imitazione, ed aveva ironizzato su alcuni errori di lingua – erano falsi gli autografi di De Gasperi. Bonham Carter, che era passato alla vita civile, andò a Milano per testimoniare, e spiegò come i suoi compiti, quand'era a Salerno, non avessero nulla a che fare con il servizio informazioni, e come ignorasse il nome di De Gasperi fino al giugno del 1944 e alla presa di Roma. Ma tutto era inverosimile, dall'invio d'un messaggio così compromettente su carta intestata del Vaticano, alla richiesta d'una azione militare (il bombardamento dell'acquedotto) che già era stata realizzata, sollevando le proteste sia della Santa Sede sia delle autorità italiane.

Secondo *Candido* il «corriere» era stato catturato dai fascisti, e la lettera era di conseguenza caduta nelle loro mani: la propaganda di Salò, disponendo di questo ghiotto argomento, non ne avrebbe fatto uso? Le incongruenze erano patenti per tutti, tranne che per Guareschi, il quale s'intestardì, con la sua aria da contadino diffidente, a rivendicare l'autenticità dei documenti. Forse fu in buona fede fino all'ultimo. Certo pagò di persona. Condannato a un anno di reclusione – il processo si svolse a Milano dal 13 al 15 aprile 1954 – rifiutò la condizionale, e volle scontare la pena nel carcere di Parma.

De Gasperi non meritava quest'offesa che contribuì ad amareggiare i suoi ultimi mesi di vita: e Guareschi non meritava di trovarsi con la genia dei calunniatori e degli speculatori di carte false che profittarono della sua sprovvedutezza. «Questo processo – disse poi De Gasperi – non l'ho fatto per vendetta. La persona di Guareschi mi era indifferente: i suoi continui ripetuti attacchi li consideravo di secondaria importanza... Ho intrapreso di mala voglia la via dei Tribunali perché è sempre un'umiliazione il dover dimostrare di non essere mai stato un congiurato contro la Patria e contro il benessere del popolo per chi, come me, ha agito costantemente in una casa di vetro.» Chi vide De Gasperi durante la deposizione in dibattimento ne notò il pallore, l'aspetto affaticato, anche qualche incertezza nell'esporre. Era minato dal male.

CAPITOLO QUATTORDICESIMO

L'ULTIMO DISCORSO

Per il terzo governo post-degasperiano, Einaudi convocò dapprima Attilio Piccioni che non volle tuttavia assumersi una così alta responsabilità mentre l'affare Montesi lo investiva con violenza d'uragano. Venne così il turno di Mario Scelba, che del resto aveva posto la sua implicita candidatura a presiedere un nuovo quadripartito col discorso di Novara. I socialdemocratici avevano operata un'altra delle loro numerose conversioni, ed erano disposti ad entrare nel governo: in compenso Scelba fu largo nell'assegnazione di ministeri agli alleati.

Il 10 febbraio 1954 lo Scelba I era fatto. Il Presidente del Consiglio si era riservato, per irrefrenabile vocazione, anche gli Interni, Saragat aveva la vice-presidenza, il torturato Piccioni gli Esteri. Tre socialdemocratici, Vigorelli, Romita e Tremelloni andavano rispettivamente al Lavoro, ai Lavori pubblici e alle Finanze. Un liberale, Gaetano Martino, all'Istruzione che la Dc s'era sempre tenuta, dal 1945 in poi. Rimasero fuori due personaggi di grande spicco, Amintore Fanfani che in quel periodo stava svolgendo un'azione intensa per affermare nella Dc la supremazia della sua corrente e sua personale, e Giulio Andreotti provvisoriamente retrocesso a deputato dopo il breve avanzamento a ministro.

Il governo Scelba, la cui etichetta era tecnicamente di centrosinistra, ebbe l'immagine e l'impronta di chi lo dirigeva. In qualche modo fu anch'esso un governo «amico», perché i veri giuochi della Dc, nella quale Scelba non era in condizioni di dettar legge, si facevano all'esterno. E fu, per la propaganda di sinistra, un governo repressore, guidato da un uomo per il quale «Stato ideale è quello di polizia. Tutti schedati! Tutti sorvegliati! E in cima alla piramide statale: la Celere! Povera democrazia e ancor più povera socialdemocrazia!» (Nenni).

L'aria che tirava nei riguardi di Scelba la si vide quando il governo fu presentato alle Camere, il 18 febbraio. Per sfortuna del neo-Presidente del Consiglio, il suo discorso programmatico aveva avuto, nel Paese, un prologo tumultuoso fino alla tragedia. A Milano un operaio era morto – per cause naturali – mentre rientrava da una manifestazione di disoccupati sciolta dalla Celere. Si disse che gli erano state inferte alcune manganellate e le polemiche divamparono. Cariche e caroselli anche a Roma per uno sciopero di operai dell'industria. L'episodio più grave era avvenuto a Mussomeli, nella Sicilia di Scelba, dove i carabinieri erano intervenuti duramente per far sgombrare il cortile del Municipio, invaso da dimostranti. Nel fuggi-fuggi che seguì il lancio di bombe lagrimogene, rimasero uccisi tre donne e un ragazzo. Poiché Scelba si azzardò a dire che il governo si associava alle parole di cordoglio pronunciate da deputati della sinistra, i comunisti e i socialisti siciliani cominciarono a inveire: «Assassino, assassino». Il putiferio durò una mezz'ora buona, dopo la quale il presidente della Camera Gronchi, esauriti i vani tentativi di ristabilire la calma, sospese la seduta. Alla ripresa Togliatti dichiarò che i parlamentari del suo partito avevano sempre mostrato deferenza verso la presidenza ma che «lo sdegno morale dei comunisti è esploso... Dopo aver lavorato anni per creare un clima di distensione nel Paese, è tornato un uomo e sono tornati i morti». Quindi, seguito da tutti i suoi compagni, Togliatti uscì dall'aula. Commentò successivamente *Civiltà cattolica* che Togliatti «non si ritirava sul Monte Sacro, ma in via delle Botteghe Oscure a smaltire lo sdegno morale, dimentico di non averne provato alcuno quando Tito e i suoi amici riempivano le foibe di morti italiani».

Altri clamori durante la seduta (10 marzo) in cui Scelba ottenne la fiducia, con 300 voti favorevoli, 283 contrari, un astenuto. Il fuoco alle polveri fu dato questa volta da Giancarlo Pajetta, che prese lo spunto da un documento letto durante un'udienza del processo per diffamazione contro Silvano Muto (il pubblicista, si ricorderà, che diede corpo alle voci sulla morte di Wilma Montesi). Si trattava d'un rapporto dei carabinieri, demolitore per il marchese Ugo Montagna. Pajetta si lanciò dunque (citiamo dal diario di Nenni) «in una invettiva feroce contro gli amici del lenone che forniva donne ai gerarchi democristiani, dopo averle fornite ai fascisti e ai tedeschi e contro il governo che non può fare pulizia perché ha le mani sporche. Ne è nato un tumulto infernale».

Com'era accaduto in passato, durante analoghe tempeste, Scelba faceva mostra d'impassibilità. Era Presidente del Consiglio, ma il suo comportamento rimaneva quello del ministro dell'Interno che era stato (e che era). Onesto, servitore dello Stato, risoluto nel discriminare i comunisti quando gli pareva che potessero «infiltrarsi» in gangli vitali dell'amministrazione, codino della censura sugli spettacoli cinematografici o d'altro genere. E difensore ad oltranza dei prefetti, e della loro neutralità armata. Ha raccontato il suo biografo, Corrado Pizzinelli, che quando Scelba si sedette nel suo ufficio al Viminale e cominciò a compulsare le pratiche, incappò in alcune nomine prefettizie, fatte da Fanfani ministro dell'Interno, che non gli piacevano. Quei funzionari lui li aveva bocciati. Uno perché due suoi fratelli erano stati condannati per pluriomicidio. Un altro perché la moglie pretendeva sconti nei negozi (sconti sostanziosi, del cinquanta-sessanta per cento). «Come può lei controllare una provincia, una città, la polizia e l'amministrazione – gli aveva gridato tempo prima

Scelba, negandogli la promozione – se non è capace di controllare sua moglie al mercato?» Un terzo prefetto «fanfaniano» era stato vice ad Arezzo. «Era stato scartato anche lui per incapacità. Fanfani invece l'ha promosso. Con lui Scelba si diverte trasferendolo subito proprio ad Arezzo. "Fanfani l'ha nominato e Fanfani l'abbia nella sua città" dice. Dopo qualche mese, al primo errore, lo manda a fare il commissario alla scuola infermiere.» Piacevolezze tra democristiani dotati di grinta. Questo «poliziotto» retto poté anche avere tentazioni di maccartismo. Non ebbe quella, che è stata ed è di tanti politici, di porre il Partito al disopra di tutto, anche del Codice penale.

Scelba governava e De Gasperi si affannava a tenere le redini d'un partito che, lo sentiva, gli sfuggiva di mano. Il quinto Congresso della Dc, da tenersi a Napoli, era stato indetto per il 27 giugno (1954). «Dalla metà di maggio – ha scritto Andreotti – (De Gasperi) risparmiò coscientemente tutte le sue forze allo scopo di *arrivare al Congresso*, ed era diventato docilissimo nell'obbedire alle prescrizioni di riposarsi... Scrisse tutto il discorso per il Congresso stando a letto perché l'azotemia aveva raggiunto una punta paurosa... e la debolezza fisica era così accentuata che anche l'attraversare una stanza rappresentava per lui una vera impresa.» Era quello congressuale un lungo, elaborato, appassionato discorso, che la moglie dello statista, Francesca, e il suo medico avrebbero voluto fosse accorciato: ma De Gasperi fu irremovibile. Così pure rifiutò di addurre una laringite per incaricare qualcun altro di parlare in sua vece. Quando si alzò e salì sul podio degli oratori, i suoi intimi trattennero il fiato. Per mezz'ora procedette senza inciampi, ma si vedeva che era stremato. Per sua buona fortuna, la partenza di un delegato della democrazia cristiana francese che doveva porgere il suo saluto gli offrì una pausa d'una ventina di minuti.

La Dc cui De Gasperi si rivolse era sempre più una federazione di partiti, anziché un partito. Al momento del Congresso le correnti – pienamente operanti o *in fieri* e soggette a continui travasi e rimodellamenti – erano otto. Anzitutto il «Centro», che raggruppava la vecchia guardia, con De Gasperi alla testa, Scelba, Piccioni, Spataro, Tupini e altri. Finché c'era De Gasperi questa poteva essere considerata la trave portante del Partito. Ma se De Gasperi cedeva, cedeva anche la trave. Poi la fanfaniana «Iniziativa democratica», nata, come sappiamo, dall'evoluzione – con fratture – dei dossettiani di *Cronache sociali*. Questi «ragazzacci» e «professorini» erano rapidamente cresciuti, in prestigio e in potere. Si affiancavano a Fanfani Moro, Rumor, Taviani, Colombo, Zaccagnini. Terza la «Base» fatta di giovani, lombardi in prevalenza, che si stringevano attorno a Vanoni, e che sapevano di poter contare sull'appoggio e sul foraggio di Enrico Mattei. Insomma andava a metano. Alla Base piaceva molto, già allora, l'idea d'un avvicinamento ai comunisti. Vi militavano De Mita, Marcora, Granelli, Galloni, Sullo. Nell'occasione congressuale la Base parve quasi una propaggine di Iniziativa democratica: Vanoni volle che si schierasse senza esitazioni a fianco di Fanfani. «Forze nuove» (quarta corrente) aveva i suoi *leaders* nel sindacalismo democristiano: Pastore, Storti, Donat Cattin, Labor. La quinta, «Politica sociale», era una corrente personale: s'imperniava sulla figura del presidente della Camera, il discusso e da molti ammirato Giovanni Gronchi, prossimo Presidente della Repubblica. Anche Gronchi, un po' come quelli della Base, era per «i garofani bianchi e i garofani rossi assieme», ma portava in questa vaga visione strategica i suoi tatticismi spregiudicati. Gli era compagno di strada il sindacalista ribelle Rapelli. Alla destra del Partito si collocava (sesta corrente) «La Vespa» di Renato De Martino e Renato Tozzi Condivi, così chiamata perché i suoi adepti si riunivano nella sede del

Vespa Club di Roma. I vespisti erano anticomunisti a ol-tranza. Non meno anticomunisti, ma con più pacato lin-guaggio, erano Andreotti ed Evangelisti fondatori della corrente «Primavera» (la settima) che nacque proprio al-lora. La stampa le aveva dato quel nome per l'età di chi la capeggiava: un'etichetta mutuata dalla nazionale giovani-le di calcio. Infine si andò formando un gruppo eteroge-neo, con caratteristiche moderate, che raccolse Gonella, Aldisio, Pella, e al quale finirono per unirsi Andreotti e Gronchi, rinunciando a far parte per se stessi. Lo si chiamò «Concentrazione», l'ottava corrente, o se preferite alleanze di personalità. In Concentrazione era importan-te, più che un programma in positivo, l'avversione all'in-traprendenza di Fanfani.

L'esposizione di De Gasperi all'assemblea ribollente di fervori e livori ebbe ampio respiro. Spiegò puntigliosa-mente come fosse composto l'elettorato democristiano: per far capire che ogni politica non interclassista era de-stinata a danneggiare il Partito. Da ciò trasse spunto per sottolineare che, in base a una recente indagine, su undi-ci milioni e mezzo di famiglie dell'Italia che progrediva, un milione e quasi 400 mila avevano ancora un tenore di vita miserabile, e un altro milione e 300 mila un tenore di vita disagiato. La socialità consisteva nel por rimedio a co-sì patenti ingiustizie. Ma rivendicò egualmente alla Dc il merito dell'avanzata economica, con un reddito lordo che nel 1953 era aumentato del 7,5 per cento rispetto al 1952. De Gasperi si occupò della «legge-truffa», e se ne occupò, con sorpresa di molti ascoltatori, affermando che «più lo-gico sarebbe stato il ritorno al collegio uninominale con ballottaggio o con voto alternato». E aggiunse: «Dovendo tener conto di altre forze nucleari della democrazia, pen-sammo al collegamento tra i partiti democratici... Il prin-cipio della legge era giusto, la nostra preoccupazione di consolidare la democrazia parlamentare era più che giustificata... La legge sarebbe anche formalmente scattata se si fosse preveduto un ufficio elettorale imparziale che avesse giudicato rapidamente intorno alle contestazioni... Sostengo anche oggi l'onestà democratica della nostra iniziativa e solo spero che l'esperienza parlamentare futura non renda anche troppo evidente che il tentativo meritava maggior fortuna» (osservazione profetica). De Gasperi fece appello all'unità del Partito, senza ottenerla. Ebbe la consolazione, tuttavia, di vedere il suo nome sia alla testa della lista di Iniziativa democratica e della Base coalizzate, sia alla testa della lista di Primavera, che con Forze nuove era uscita allo scoperto. Iniziativa democratica stravinse, Fanfani fu segretario della Dc, e De Gasperi presidente del Consiglio nazionale (all'unanimità, per sua consolazione). Ma di fatto, perso il pieno controllo del Paese, aveva perso anche quello della sua Dc.

A fine luglio partì per Sella di Valsugana, un po' disorientato dalle tante facce nuove e sconosciute che aveva visto affiorare nel Partito (avrebbe voluto conoscere questi novizi ricevendoli un giorno in montagna, disse), amareggiato dalle notizie sulla Ced: che stava andando al naufragio. La Germania e i tre Paesi del Benelux avevano ratificato il trattato che costituiva l'esercito europeo. L'Italia, secondo sua abitudine, aveva invece nicchiato, aspettando che si pronunciasse la Francia, e molti si chiesero, successivamente, se una decisione italiana non avrebbe reso più arduo il dietro-front di Parigi. Pierre Mendès-France, nuovo Presidente del Consiglio e ministro degli Esteri francese, aveva subordinato il sì all'approvazione di una serie di emendamenti: i quali erano stravolgimenti, e snaturavano l'essenza del patto. Dal 19 agosto – il giorno in cui morì De Gasperi – i ministri degli Esteri dei sei Paesi della Comunità europea discussero sulla Ced a Bruxelles. Mendès-France restò sulle sue posizioni, e il 30 agosto il Parlamento francese affossò con un espediente procedurale – un rinvio *sine die* del dibattito – il progetto di esercito europeo. Mai più fu possibile resuscitarlo.

Pietro Nenni, che era ancora in bilico tra frontismo e autonomismo, ma scivolava impercettibilmente verso quest'ultimo, riaffermò tuttavia la sua soddisfazione per il naufragio della Ced. In una dichiarazione all'*Avanti!* disse che il voto francese contro la Ced «non mi sorprende» e aggiunse: «Malgrado le enormi e scandalose pressioni che si sono esercitate sulla Francia, ho sempre considerato che il trattato della Ced non poteva essere ratificato. Quando in un Paese uomini delle più diverse provenienze politiche e sociali come il vecchio Herriot o il generale De Gaulle, come il comunista Thorez o come il socialdemocratico Jules Moch, come Daladier o come il vecchio nazionalista Marin s'incontrano in una battaglia di fondo come quella contro la Ced, non c'è astuzia di politicanti né minaccia di mercanti che possano trionfare... Lungi dall'isolare la Francia, il voto dell'Assemblea nazionale può mettere la Francia alla testa di una politica di distensione e di sicurezza europea suscettibile di portare l'Europa fuori dalla guerra fredda e dalla corsa agli armamenti. Da noi il voto coglie del tutto impreparato il governo e i gruppi dell'effimera maggioranza quadripartita».

Con il tramonto di De Gasperi finiva quel miracolo politico che fu l'Italia dell'immediato dopoguerra, guidata e impersonata da un uomo, anche lui della Provvidenza: ma in modo ben diverso da come lo era stato l'Altro. Si delineava invece il miracolo economico. La divaricazione tra l'itinerario della politica e l'itinerario dell'economia fu così clamorosa da lasciare ancora stupefatti, a distanza di decenni. Il Palazzo romano si abbandonava alla voluttà dell'instabilità, e i partiti – tranne il comunista – al piacere perverso della rissa interna. La vita politica si degradava, nell'imperversare di scandali, mentre l'economia si consolidava, impermeabile al contagio di Roma. Gl'italiani lavoravano duro, le cinquanta ore settimanali non erano un'eccezione, la macchina stessa dello Stato conservava una certa efficienza. Gli stipendi rimanevano inferiori al livello europeo: erano cresciuti di oltre ottanta volte rispetto all'anteguerra – il dato dice poco in se stesso – ma cominciavano ad essere rivalutati anche in termini reali di potere d'acquisto. Le gerarchie economiche europee erano in via di assestamento, gli operai inglesi guadagnavano ancora più degli altri (sarebbe durato poco). Gli operai italiani – il calcolo fu fatto dall'*Economist* nel 1956 – avevano un salario inferiore del 50 per cento a quello inglese, del 30 per cento al francese, al tedesco, al belga. Il divario si andava tuttavia attenuando. La struttura della società conservava aspetti «vecchi» (un quinto delle famiglie, secondo un'indagine riportata da Giovanni Cavallotti nel suo *Gli anni cinquanta* poteva permettersi il lusso d'una domestica, solo un decimo aveva l'automobile) ma il nuovo si faceva largo impetuosamente.

La lira, che la seconda guerra mondiale aveva polverizzato riducendola a un centesimo del suo valore 1938, e che l'impatto della guerra di Corea – con i rincari delle materie prime – aveva depresso d'un altro venti per cento abbondante, era nel 1954 tornata a una soddisfacente stabilità. Negli anni successivi molti prezzi, soprattutto di prodotti industriali, sarebbero addirittura diminuiti: anche perché l'Italia diventava un mercato importante per frigoriferi, automobili, motociclette, e la fabbricazione in serie di questi prodotti consentiva economie di scala, e una riduzione del costo unitario. L'operaio guadagnava tra le 50 e le 100 mila lire al mese, una differenza giustificata dalle diversità di categoria, dagli straordinari, dalle indennità, dai superminimi. Più modesto il salario del bracciante, tra le 37 e le 40 mila lire mensili. Per un impiegato medio lo stipendio variava tra le 100 e le 120 mila lire, per un magistrato agl'inizi della carriera era sulle 180 mila lire. Ai deputati andava mezzo milione al mese più i gettoni di presenza.

Queste retribuzioni devono essere poste a confronto con i prezzi: 25 lire un quotidiano, 40 lire un caffè, mille lire un pasto in trattoria. E ancora: 300 lire un chilo di coniglio, 500 un chilo di nodini di maiale, mille un chilo di filetto o di orata, 3.000 un paio di scarpe di qualità media, 62 mila lire un frigorifero da 60 litri, 90 mila lire una lavatrice con centrifuga, 60 mila lire un ciclomotore, da 108 a 150 mila lire, secondo i modelli, la Lambretta o la Vespa, 665 mila lire una Topolino C «chiavi in mano». L'acquisto di beni che appena esulassero dalle prime necessità – il pane e la pasta costavano pochissimo – richiedeva sacrifici e sudore. Ma le formiche italiane si sacrificavano, e riuscivano a risparmiare.

Era un momento di grande debolezza dei sindacati, il più delle volte l'un contro l'altro armati: e di «paternalismo» nelle aziende, che realizzavano ingenti profitti, e potevano premiare con aumenti di merito i dipendenti ritenuti migliori. Semmai l'azione sindacale – sostenuta da un moto spontaneo d'opinione pubblica – si rivelava più efficace quando avvenivano grandi sciagure sul lavoro: come un'esplosione del 4 maggio 1954 nella miniera di Ribolla, in Toscana: 43 operai persero la vita, e fu posto sul tappeto un problema che era autentico e drammatico. Quello della sicurezza nelle fabbriche, e dei cosiddetti «omicidi bianchi».

V'era in questo straordinario slancio italiano molto di caotico, di egoistico, di selvaggio. I temi che oggi sono in primo piano – protezione dell'ambiente, tutela della salute – stentavano ad affiorare perché non erano chiaramente percepiti dalla coscienza comune. Il sindacato disperdeva le sue forze in battaglie politiche o comunque astratte: Di Vittorio fu costretto a respingere con argomenti discutibili, in un direttivo della Cgil, gli addebiti che venivano mossi alla sua strategia: «Non è vero che abbiamo fatto troppi scioperi politici, non è vero che abbiamo logorato le nostre forze in inutili battaglie». Invece era vero.

Ed era vero anche per il democristiano Giulio Pastore che si impegnò a fondo per ottenere che le aziende a partecipazione statale fossero inquadrate in un organismo «padronale» diverso dalla Confindustria. Insistette su questa linea – facendola alla fine trionfare – anche se la Confindustria stessa aveva prospettato sensatamente i pericoli dell'operazione: «La duplice contrattazione collettiva avrebbe creato una situazione di disordine nel settore sindacale, e nel settore economico avrebbe accentuato gli squilibri tra redditi di lavoro e redditi d'impresa, già rilevati come uno dei maggiori pericoli per le nostre strutture economiche». L'allarme non era infondato. Accadde negli anni successivi – dopo che nel 1956 il distacco diventò effettivo – che le aziende di Stato concedessero a cuor leggero, tanto pagava Pantalone, ciò che gl'imprenditori privati spesso non volevano dare, ma qualche volta non potevano. La dialettica della trattativa di categoria ne fu stravolta. Fu determinante, per imporre il distacco, la volontà di Enrico Mattei, potente suggeritore politico.

Gl'italiani risparmiavano. Per farsi la casa, contraendo debiti e mutui gravosi (ma assai meno che gli attuali), per avere l'utilitaria, per acquistare un televisore, in bianco e nero ovviamente (costava sulle 160 mila lire, a 18 pollici). Ufficialmente la televisione italiana nacque il 3 gennaio 1954, con un ritardo di 25 anni sugli Stati Uniti 10 sulla Francia, 9 sull'Urss. Tuttavia le trasmissioni di prova erano cominciate già nel 1949. Alla fine del 1953 i possessori di televisori erano soltanto 16 mila, ma si moltiplicarono a ritmo vertiginoso. Finché – ma si era già nel 1955 – un giovane italoamericano, Mike Bongiorno, che aveva fatto gavetta negli Stati Uniti, e che si era guadagnato qualche popolarità con una rubrica, *Arrivi e partenze*, in cui intervistava famosi personaggi di passaggio, introdusse nella televisione il telequiz. *Lascia o raddoppia?* sarebbe diventato un fenomeno di costume oltre che di spettacolo, le strade si sarebbero vuotate durante la trasmissione, con folle di spettatori nei bar e nei cinematografi: in questi ultimi la normale proiezione veniva sospesa per lasciar posto, sul grande schermo, alle domande milionarie, seguite da polemiche furiose come quella per il Controfagotto di Lando Degoli.

Il «miracolo» si annunciava in maniera tortuosa, disordinata, con connotati che ai più sfuggivano. L'apparenza era torbida, la sostanza era solida e valida. L'Italia – almeno l'Italia economica – meritava fiducia ma ancora non ne ispirava. Tanto che negli ultimi anni Quaranta e per tutti i Cinquanta il fenomeno dell'emigrazione ebbe una ripresa imponente.

Vi fu un'emigrazione «europea», di gente che in Italia non trovava lavoro, o lo trovava a condizioni ingrate, e che andava a cercarselo in Francia, in Svizzera, in Germania, in Belgio. Era un'emigrazione che non significava un taglio definitivo con il proprio Paese, che era determinata da necessità e disagi contingenti, e che diede luogo a molti avvicendamenti e ritorni. E vi fu un'emigrazione oltreoceano, nella quale ebbero una parte di rilievo individui e famiglie di buona condizione economica e di discreto livello d'istruzione: convinti che il futuro potesse riserbare soltanto guai alla nostra sovraffollata penisola, e che fosse meglio cercarselo in Paesi giovani, cui gli oroscopi economici promettevano prosperità. Le statistiche d'uno studio a cura di Gianfausto Rosoli su *Un secolo di emigrazione italiana* abbracciano il periodo dal 1946 al 1961: si portano cioè oltre l'anno – il 1954 – che segna il traguardo cronologico di questo libro. Ma sono egualmente indicative. Nei 16 anni indicati gl'italiani che emigrarono furono quattro milioni e mezzo: due milioni e 700 mila si trasferirono in Paesi europei, il maggior contingente in Svizzera (un milione e 200 mila), il secondo in Francia (840 mila), poi il Benelux, la Germania, la Gran Bretagna. Molti tra loro (il 54 per cento secondo le cifre ufficiali) rientrarono a breve o lunga scadenza. Un milione e mezzo andò in America, circa 250 mila in Australia e Nuova Zelanda, qualche decina di migliaia in Africa, particolarmente in Sud Africa (per l'Africa in generale furono prevalenti i rimpatri, soprattutto di residenti nelle ex-colonie). Solo un quarto degli emigrati in Sud America rientrò: solo un decimo degli emigrati negli Stati Uniti, ma un quaranta per cento abbondante, invece, degli emigrati in Venezuela. La maggioranza degli emigrati oltreoceano vi mise insomma radici: per la lontananza, per il costo del viaggio e quindi la difficoltà di venire in Italia a vedere di persona come stessero le cose, e quali opportunità si presentassero. Il più alto numero di espatri fu nel Veneto (14 per cento) seguito dalla Campania, dalla Sicilia, dalla Calabria, dalle Puglie. Nel complesso le regioni meridionali offrirono il più largo apporto, e il minor numero di rimpatri.

Le sorti di questi emigrati – ci riferiamo specialmente a quelli partiti con l'intenzione di non più tornare – furono diversissime. Molti si affermarono nella terra che avevano scelta per rifarsi una vita, raggiungendovi posizioni lusinghiere dal punto di vista economico e sociale. Molti altri vi vivacchiarono alla meglio. Altri ancora scelsero la via del ritorno, sconfitti. Certo è che le valutazioni dalle quali erano stati indotti ad andarsene si rivelarono, per parecchi tra loro, totalmente sbagliate. La ricca Argentina si è ridotta alla bancarotta, ed è stata flagellata da ipersvalutazioni a ripetizione. Lo stesso gigante Brasile che a un certo punto decollò – economicamente – e presto si riafflosciò, ha riserbato amarezze, come il Venezuela provvisto di gigantesche riserve di petrolio. Mentre le Nazioni giovani faticavano a trovare una strada economica percorribile con buoni risultati, la vecchia Italia saliva nella gerarchia dei Paesi sviluppati dell'Occidente, fino ad installarsi in uno dei primi posti. La storia, e l'economia, hanno di queste sorprese. E di questi miracoli, appunto.

Per chiudere l'argomento emigrazione, si deve accennare a quella politica. Ci riferiamo a quei personaggi di maggiore o minore spicco e rappresentatività che in Italia affrontavano, o temevano, pendenze giudiziarie, e che cercarono scampo oltre frontiera: scegliendo santuari che fossero in sintonia con la loro ideologia, e che non aprissero il varco ad estradizioni. Vi fu dunque un'emigrazione di sinistra e un'emigrazione «nostalgica»: alimentata, la prima, da partigiani, «giustizieri» che avevano visto nella fine della guerra e nell'avvento della democrazia l'occasione per abbandonarsi a sanguinarie purghe o per realizzare palingenesi eversive; alimentata, la seconda, da gerarchi e gerarchetti fascisti, o da scherani di Salò, il cui problema era – superata senza danni la spicciativa giustizia delle settimane immediatamente successive al 25 aprile 1945 – di rimanere al riparo mentre i processi, le condanne, gli appelli, le amnistie facevano il loro corso, fino a un generalizzato colpo di spugna. Vi fu anche qualche caso anomalo, di generali cui venivano imputati comportamenti criminali: così Mario Roatta, capo di stato maggiore dell'esercito l'8 settembre 1943 e protagonista inglorioso della fuga in massa, promosso a Brindisi e successivamente incriminato e rinchiuso nell'ospedale militare del Celio, da dove evase riuscendo a raggiungere la Spagna franchista.

L'emigrazione politica di sinistra prese dunque la via dell'Est: soprattutto la contigua Iugoslavia – fino allo scisma di Tito – e la Cecoslovacchia raggiungibile abbastanza agevolmente attraverso l'Austria. In Iugoslavia trovarono benevola accoglienza, ad esempio, alcuni tra i partigiani che nella notte dal 6 al 7 luglio 1945 irruppero nelle carceri di Schio – gremite di detenuti fascisti o presunti tali – e abbatterono 53 persone (tra esse 15 donne) ferendone altre 15. La Corte d'Assise di Milano inflisse ai colpevoli, nel 1952, la pena dell'ergastolo: ma uno solo degl'imputati assistette al dibattimento, gli altri erano contumaci (la Corte di Cassazione ridusse poi l'ergastolo a 10 anni di reclusione). La rottura tra Belgrado e Mosca rese la Iugoslavia, lo si è osservato, impraticabile per i comunisti ortodossi: che elessero in larga parte Praga a loro rifugio (ma ve ne furono diversi che invece si insediarono a Mosca o in altre capitali «satelliti»).

Il più noto tra gli ospiti di Praga fu Francesco Moranino, comandante (con il nome di battaglia di «Gemisto») di formazioni partigiane rosse nel Biellese. Moranino aveva un rango elevato nella gerarchia comunista, tanto che fu eletto deputato alla Costituente e venne anche scelto dal Partito per occupare un posto di governo: sottosegretario alla Difesa. Senonché il riaffiorare d'un vecchio truce episodio gli complicò molto la vita. Con la sua autorità di capo partigiano Moranino aveva fatto fucilare, tra l'ottobre del 1944 e il gennaio del 1945, cinque partigiani «bianchi», accusati d'essere spie dei tedeschi e dei fascisti: in aggiunta aveva ordinato l'eliminazione delle mogli di due di loro, essendovi il dubbio, spiegò, che mettendosi a curiosare per sapere dove fossero finiti i mariti, danneggiassero la Resistenza. La Corte d'Assise di Milano che inflisse al Moranino l'ergastolo, poi ridotto a 10 anni di reclusione, ritenne che egli avesse agito per odio settario, e non nella sincera convinzione di eliminare delle spie. La requisitoria affermò che «il vero movente di Moranino, in mancanza di altri apprezzabili, appare da individuare nel proposito di impedire il sorgere e l'affermarsi, nella zona del Biellese da lui controllata, di unità partigiane di diverso colore». Se comunque l'uccisione dei partigiani «nemici» poteva trovare qualche legittimità in un movente politico, seppure stravolto, ingiustificabile era l'uccisione delle due donne. Moranino – non più tutelato dalla immunità parlamentare, perché la Camera aveva concesso l'autorizzazione a procedere – mise dunque casa a Praga fin quando, nel 1965, il Presidente Saragat gli concesse la grazia. Rientrato in Italia, fu difeso a oltranza dal Partito comunista, che gli garantì un seggio senatoriale e dopo la morte, avvenuta nel 1971, ne chiese la riabilitazione.

A Praga Moranino non era rimasto in ozio. A lui era stato affidato il controllo delle trasmissioni in italiano di Radio Praga. Egli mise particolare zelo nel suo lavoro e creò una rubrica, *Oggi in Italia*, la cui virulenza contro il governo italiano era tale che la Farnesina reagì con una protesta ufficiale. Nelle mani di Moranino, Radio Praga fu uno strumento propagandistico impudente e aggressivo. In Italia il popolo soffriva sotto la sferza del capitalismo, all'Est il popolo era felice. Si dice che le informazioni e i commenti più importanti – in quegli anni di totale sudditanza del Pci a Mosca – fossero forniti direttamente dalla redazione milanese dell'*Unità*.

I gerarchi fascisti non potevano contare su un'«assistenza» altrettanto efficiente e ufficiale. Franco, Salazar mettevano la sordina ai connotati fascistoidi dei loro regimi: e impedivano ogni azione politica a chi invocasse e ottenesse asilo. In cambio della protezione esigevano la discrezione. Più aperto fu Juan Domingo Perón, che aveva imposto all'Argentina un pasticciato regime social-fascista, nutrito di *slogans* e imputridito dalla corruzione. Questo demagogo ebbe comunque la lealtà di non rinnegare i vincoli ideologici con il fascismo: e di consentire ai fascisti, fino a quando la sua dittatura cadde – 1955 –, di dichiararsi tali. Gli esponenti fascisti lasciavano l'Italia, a volte, con barbe vere o posticce, ma recenti, e passaporti falsi: e riacquistavano la loro vera identità non appena mettevano piede oltreoceano. Si dice che molti espatri – di uomini e ancor più di capitali siano stati favoriti da Licio Gelli, che non era nessuno, a quel tempo, ma come nessuno già si dava da fare.

La colonia nostalgica di Buenos Aires fu così fiorente che poté essere pubblicato un periodico *Popolo Italiano*, che era l'organo locale del Msi: e che ospitò articoli di Vittorio Mussolini, nato per l'anonimato e costretto a stare sotto la luce dei riflettori da quel suo importante e ingombrante cognome. La storia di Vittorio fu un po' la storia di tanti altri. Il pericolo d'una fucilazione «a caldo», poi i processi e la clandestinità in un istituto religioso, infine il viaggio verso l'Argentina (dicembre 1946) su una carretta, la *Philippa*, che batteva bandiera panamense. L'anno dopo si riunirono a lui la moglie e i figli: fu piccolo imprenditore tessile, senza molta fortuna, quindi assicuratore; e occasionalmente giornalista, con corrispondenze anche al *Secolo d'Italia*. Sognava di produrre un «film fascista» per narrare (come ha spiegato Antonio Spinosa nel suo *I figli del Duce*) ciò che «i fascisti in buona fede avevano sofferto». «Lo so – aggiungeva – che anche gli antifascisti hanno sofferto, anche i partigiani hanno sofferto. Ma hanno vinto, hanno trionfato. Chi perde soffre di più.» Quando un colpo di Stato rovesciò Perón, l'Argentina diventò meno gradevole per Vittorio, che del resto si era già riaffacciato saltuariamente in Italia, dove tornò, per rimanervi, nel 1967. Per lui l'Argentina fu una lunga parentesi, per altri «politici», come per centinaia di migliaia d'emigrati comuni, fu la nuova patria: una patria nella quale le comunità italiane erano molto più vicine alla sensibilità «nostalgica» di quanto lo fosse la patria vecchia, lasciata alle spalle.

Nel luglio del 1954, mentre il caso Montesi occupava sempre più prepotentemente la scena politico-giudiziaria, anche il Pci ebbe il suo scandalo. Non una storiella piccante alla Sotgiu, ma un vero infortunio politico-finanziario. Certamente più consistente del caso Montesi, per taluni aspetti più grave: ma sussurrato, ovattato, ufficialmente ignorato dalla *Nomenklatura* comunista, che riuscì a confinarne gli echi quasi esclusivamente nell'ambito del Partito. Fu lo scandalo Seniga: che offrì a Togliatti un motivo eccellente per sbarazzarsi senza chiasso di Pietro Secchia, ingombrante e recalcitrante vice-segretario del Partito, protetto e diletto di Mosca, fautore – non appena gli avvenimenti l'avessero consentito – dell'insurrezione armata e della rivoluzione proletaria.

Pietro Secchia, responsabile dell'organizzazione oltre che vice-segretario, aveva per uomo di fiducia, amico, confidente Giulio Seniga detto «Nino». Un cremonese bel ragazzo, di modi un po' insolenti, inseparabile dalla sua pistola, che era stato operaio dell'Alfa Romeo, ed aveva fatto la guerra partigiana – da coraggioso – con Cino Moscatelli nell'Ossola. Secchia se l'era portato a Roma fin dal 1947, affidandogli dapprima compiti di autista e di guardia del corpo, poi un posto di responsabilità nella sezione vigilanza. Lo considerava uno di famiglia. Con questi titoli Seniga non sovrintendeva soltanto alla predisposizione di alloggi per i capi del Pci: si occupava anche di riporre in casseforti disseminate negli appartamenti e villette del Partito i fondi neri (dollari in *travellers cheques* e banconote) che dovevano essere disponibili per eventuali situazioni d'emergenza. Seniga era sempre più inquieto e scalpitante. Avrebbe voluto un Pci ricalcato sul modello della Rivoluzione d'ottobre o delle violente prese di potere nei Paesi dell'Est, e si ritrovava con il gradualismo burocratico di Togliatti. Secchia mugugnava, tesseva qualche timida trama antitogliattiana, ma in definitiva subiva. Una mattina di fine luglio del 1954 Giulio Seniga accompagnò al cinema il figlio di Secchia, Vladimiro, con il quale era rimasto a Roma (Secchia padre doveva partecipare, a Torino, a una commemorazione del 25 luglio e della caduta di Mussolini). Avevano scelto il cinema Reale di Trastevere dove si proiettava un film della Monroe, *Come sposare un milionario*. «Nino» acquistò il biglietto per il ragazzo e gli promise di andarlo a riprendere alla fine della proiezione. Quando Vladimiro uscì, Seniga non c'era. Vladimiro prese un tassì e si fece portare a casa: vuota. «Nino» era sparito, e con lui il «tesoro» del Partito, che nessuno ha mai potuto stabilire (al di fuori della cerchia togliattiana) a quanto ammontasse, ma che sembra fosse di circa un milione di dollari, 620 milioni di lire del tempo. Era prescritto che quelle somme potessero essere consegnate solo a Togliatti o a Longo o a Secchia: ma di Seniga tutti si fidavano ciecamente. Era il fido tra i fidi.

Quando un Secchia stravolto gli portò la notizia, Togliatti ascoltò impassibile. Disse di non fare nulla. Niente denunce, per carità: sarebbe stato imbarazzante dover spiegare quale fosse la provenienza di quelle centinaia di milioni, così preveggentemente convertite in dollari, valuta *passepartout*. A metà agosto Secchia poté stabilire un contatto con Seniga, e chiese a Cossutta, che era a Milano, di procurargli una macchina veloce con i documenti necessari per passare la frontiera. La procurò Giangiacomo Feltrinelli. L'incontro non avvenne tuttavia in Svizzera – come dapprima stabilito – ma a Cremona, nella Federazione comunista. Nuovo colloquio il 20 agosto, mentre si svolgevano i funerali del padre di Seniga. Secchia era convinto che il malloppo gli sarebbe stato restituito: quello di Seniga era stato, si consolava, il colpo di testa d'un militante deluso. Avvenne invece – lo ha raccontato Miriam Mafai – qualcosa di assai diverso: «Quando la bara viene alzata sulle spalle e prende la via del cimitero, Seniga non guarda nemmeno dalla parte dove c'è Secchia, l'uomo al quale è stato legato per anni da un affetto più che filiale. Circondato e quasi protetto dai parenti, si avvia verso una macchina di fronte alla quale l'aspettano due sconosciuti. E con loro scompare». Seniga comunque non lasciò l'Italia, né si rese tecnicamente irreperibile. A chi, rintracciatolo, gli chiedeva precisazioni sull'entità della somma trafugata, rispondeva: «Di' ai compagni della direzione comunista che me la facciano loro un'accusa precisa, e allora parlerò».

Ma l'accusa non veniva, non poteva venire. Infatti un giorno Scelba, a chi gl'imputava di non avere adeguatamente sfruttato quest'episodio che sottintendeva del losco nel comportamento del Partito comunista (e anche nel comportamento dell'ambasciata sovietica, alla quale non doveva riuscire del tutto nuova l'esistenza del «tesoro») replicò freddamente: «Io non potevo fare nulla perché non era stata presentata nessuna denuncia, e nessuna sottrazione di fondi era stata segnalata all'autorità italiana».

Dove siano finiti i quattrini è difficile dire. Forse a movimenti operaisti che si opponevano al Pci imborghesito. Né i precedenti né gli atteggiamenti successivi di Seniga lasciano supporre che si sia preso il tesoro per avidità personale. Aderì per un certo tempo ad «Azione comunista», un movimento extraparlamentare, poi litigò anche con i nuovi compagni che pubblicamente affermarono di non voler aver più nulla a che fare con lui. Al che Seniga replicò che quelli di Azione comunista erano tutti agenti di Togliatti e di Secchia. Un invasato lucido. Che magari – non si può escluderlo – fu raggirato da qualcuno cui aveva affidato, in tutto o in parte, i fondi.

Secchia disse più volte che il caso Seniga fu provvidenziale per Togliatti: perché gli consentì di sbarazzarsi di lui, Secchia. L'intervento provvidenziale fu pagato molto caro. Ma può darsi che Secchia avesse almeno in parte ragione. Messo sullo scivolo, andò perdendo incarichi e prestigio, furente e impotente: perché chiunque poteva chiudergli la bocca con quel nome, «Nino»; il suo incorruttibile, indispensabile «Nino».

CAPITOLO QUINDICESIMO

IL 19 AGOSTO, LASSÙ SULLE MONTAGNE

Fino all'annuncio della morte, il 19 agosto del 1954, nessuno – tranne pochi familiari e intimi – aveva sospettato che Alcide De Gasperi fosse affetto da una malattia incurabile e irreversibile: tanto che si parlò e si scrisse di «fine improvvisa». Ma il verdetto infausto era stato pronunciato dai medici già nei primi mesi del 1953. I disturbi che De Gasperi accusava non erano, di per se stessi, molto allarmanti: crampi ai polpacci, attacchi d'asma, pressione alta. Acciacchi e disfunzioni che sembravano comuni, e che l'attività stressante dell'ultrasettantenne statista in larga parte giustificava.

Ma la visita cui lo sottopose il 4 febbraio 1953 il professor Giovanni Borromeo, primario ospedaliero e assessore comunale democristiano a Roma – in precedenza De Gasperi si era affidato a un altro clinico che era, anche lui, un amico, il professor Caronia –, diede motivo di seria preoccupazione. La pressione massima era di 230, la minima di 130: per di più De Gasperi accusava una sete costante. Sorse il sospetto d'una sclerosi renale, confermato da un'analisi del sangue: il tasso di azotemia era dell'1,60, altissimo. Trascriviamo qui, per la sua chiarezza, la spiegazione tecnica della malattia che Andreotti ha dato nelle sue biografie di De Gasperi: «L'azotemia può aumentare anche di molto in condizioni morbose acute: ad esempio durante una nefrite acuta, una malattia infettiva e simili. In questi casi può essere un'alterazione del tutto regredibile... Ma quando nel corso di una sclerosi del rene, senza nessun fenomeno acuto intercorrente, ci si trova di fronte a cifre così elevate (del tasso di azotemia, *N.d.A.*), si tratta di un verdetto di morte come quello che comporta la diagnosi di un cancro inoperabile».

Dopo un consulto col professor Frugoni, che concordò pienamente sulla diagnosi e sulla prognosi, Borromeo informò De Gasperi, con qualche ricorso alla involuta terminologia scientifica, delle sue condizioni. Per rendersene conto, De Gasperi consultò l'Enciclopedia Treccani alla voce «azotemia»: e decise che la sua attività politica non doveva risentirne, finché fosse stato umanamente possibile. Si prodigò nella campagna per le «politiche» del 1953, e nei successivi travagli parlamentari e di partito: nonché nei consessi internazionali dove si faceva appello al suo europeismo. Per la «vetrina» De Gasperi era quello di sempre. Poiché erano divenuti leggendari taluni suoi svenimenti ritenuti – per la loro opportunità – diplomatici, vi fu chi non prese troppo sul serio i segni di stanchezza che gli si leggevano sul viso, o che affioravano dal comportamento.

Già abbiamo accennato allo sforzo che De Gasperi s'impose per scrivere, e soprattutto per pronunciare il suo discorso al Congresso della Dc. Sperava di rimettersi in forze con il soggiorno estivo a Sella di Valsugana: l'aria della montagna gli era sempre stata di giovamento: superò con un'alzata di spalle i timori di chi avrebbe voluto una villeggiatura non montana per via del cuore. Ma a lui, che era stato un camminatore, costò molto percorrere, a fine luglio, il breve tratto dall'ingresso della stazione Termini al treno.

Erano a salutarlo diversi amici, ma meno, molti meno che ai tempi in cui De Gasperi non era il saggio che consigliava, ma il potente che governava. A Sella non ebbe telescrivente, né segretari, né un gruppo di giornalisti che lo tallonasse in cerca di notizie. Quasi un pensionato e sicuramente per molti, anche nella Dc o soprattutto nella Dc, un superato.

Le figlie, un po' per scherzo, un po' perché ce n'era bisogno, si offrirono di fargli da collaboratrici, appuntandosi sulle camicette cartellini con le scritte «stenodattilografa specializzata in lingue estere», «segretaria particolare abilissima», «scaccia-visitatori inopportuni». Lo sperimentato tessitore avvertiva insieme il calo delle forze e quello della sua influenza sugli avvenimenti: paziente e indomabile, insisteva nei consigli, nelle pressioni, negli ammonimenti. Aveva fretta di veder assestate situazioni e risolti problemi che lo angosciavano: invece le une e gli altri si andavano complicando. Scriveva a Fanfani per incoraggiarlo a ridare unità ed efficienza ad una Dc insidiata dai veleni della disgregazione. «Guai se il tuo sforzo fallisse.» Ma lo sforzo di Fanfani portava anche al monopolio della sua corrente «con il correttivo della Presidenza del Consiglio nazionale affidata a De Gasperi e con l'additivo di Scelba quale Presidente del Consiglio dei ministri» come scrisse Andreotti. Dunque campana a morto per il notabilato tradizionale della Dc, nella quale il solo De Gasperi veniva veramente salvato, come uomo-simbolo. Scriveva al fido Paolo Canali, a Rumor, allo stesso Fanfani per sapere se si potesse salvare la Ced, e con Scelba ebbe, a questo proposito, una telefonata dai toni drammatici.

«Questo non è un problema da gioco parlamentare sul quale si possa giungere a compromessi – si sfogava con le figlie –, è una pietra angolare. Se l'Unione europea non la si fa oggi, la si dovrà fare inevitabilmente tra qualche lustro: ma cosa passerà tra oggi e quel giorno Dio solo lo sa. Se io potessi essere a Bruxelles (l'inizio della riunione di Bruxelles sulla Ced coincise, lo si è visto, con la morte di De Gasperi, *N.d.A.*), sento che anche questa battaglia si spunterebbe. Saprei porre certi responsabili di fronte alla loro coscienza di uomini prima che di politici, e sono cer-

228

to che non uscirebbero di là, senza aver firmato.» C'era in queste parole un lancinante rammarico d'essere accantonato, di essere malato, d'essere lontano. La Ced fu il tema dominante nel suo ultimo documento politico, la già citata lettera che inviò a Fanfani il 14 agosto: «Se le notizie che giungono dalla Francia sono vere, anche solo per metà, ritengo che la causa della Ced sia perduta... Che una causa così decisiva e universale sia divenuta oggetto di contrattazione ministeriale proprio fra gruppi democratici e gruppi nazionalisti, che sognano ancora la gloria militare degli imperatori, è veramente spettacolo desolante e di triste presagio per l'avvenire. Tu puoi appena immaginare la mia pena aggravata dal fatto che non ho la forza né la possibilità di alzare la voce, almeno per allontanare dal nostro Paese la corresponsabilità di una simile jattura».

Ancora De Gasperi, pur così alieno dal protagonismo velleitario, lasciava intendere quanto la sua presenza sarebbe stata utile, e quanto la sua assenza togliesse, di prestigio e di convinzione, all'impegno italiano per l'esercito europeo. Poi un rimbrotto alla Dc: «Non comprendo perché lo stesso Partito, che pure nel Congresso di Napoli ha definito in modo inequivocabile la nostra visione del problema, non abbia creduto di dire una parola in codeste sue ultime sedute. Certamente avrete avuto delle ragioni tattiche che non conosco e di lontano non posso giudicare».

L'atteggiamento francese era visto da De Gasperi, in questo suo scritto che non voleva ma finì per essere un testamento, con grande lucidità: «La Francia tenta di creare un provvisorio, per trarsi ora dall'imbarazzo ed essere libera domani di mutar fronte... Se le proposte di Mendès-France sono queste, è meglio che l'Italia dichiari senz'altro e subito di non accettarle, e ne avverta preventivamente gli altri contraenti. Forse il ritardo della ratifica, fonte della nostra debolezza, può d'altro canto essere uti-

lizzato per dire che il Parlamento italiano non accoglierebbe mai le proposte modificazioni». La conclusione era
accorata: «Io non sono purtroppo in grado di recarmi a
Roma... Sono molto buio, e spero che forse il mio isolamento mi faccia vedere più nero di ciò che sarà».

Fanfani rispose a giro di posta, dando notizia di un comunicato stampa che la Dc aveva diramato il 18 agosto,
dopo una riunione della direzione, e che «esprimeva il voto che le conversazioni di Bruxelles conservassero alla
Ced le caratteristiche fondamentali di strumento capace
di preparare le funzioni di una comunità politica dei popoli europei». Quando la spiegazione di Fanfani arrivò a
Sella di Valsugana, De Gasperi era già morto: l'avesse avuta in tempo, non ne sarebbe stato consolato. Quel *far voto*
generico e distratto contrastava con il suo linguaggio che,
per la Ced, era netto, perfino perentorio. L'insistenza vigorosa e generosa d'un De Gasperi cui restava poco tempo per vivere – e lo sapeva – su un tema di alto respiro politico e morale, non su meschine questioni di bottega partitica o di potere personale, diede un'impronta finale, e
inequivocabile, alla sua levatura di statista.

La fine di De Gasperi è stata raccontata con accenti toccanti, ma senza sdolcinature, dalla figlia Maria Romana:
«Il 18 (agosto) mattina, in seguito a un attacco di cuore,
restò a letto tutto il giorno, e a turno gli tenemmo compagnia. A me toccò dopo cena verso le 21. Tutti gli altri erano nel soggiorno al piano di sotto. Improvvisamente ebbe
un attacco, lo feci alzare e non ebbi il tempo di chiamare
la mamma: volle mettersi in poltrona. In pochi minuti tutto passò. Si riprendeva così bene e così presto che non mi
resi conto quale grave pericolo avesse superato. Mia sorella e mio marito andarono con la macchina fino al paese a
cercare il dottore... Dissi lentamente: "Le montagne questa sera erano tutte rosa". Alzò gli occhi pieni di tenerezza

e mi rispose: "Non sapevo che mi volessi così bene". La mia voce mi aveva tradito. Quando il dottor Toller arrivò gli fece un'iniezione e restò a riposare con noi dicendo che avrebbe cominciato una nuova cura il mattino dopo. Andammo tutti a dormire. Alle 2,30 il grido della mamma. "Ragazzi, papà muore."... La mamma in ginocchio gli teneva una mano: "Ma Alcide, non dici niente!". Fece ancora per lei lo sforzo di un sorriso mentre la voce chiara di Lia leggeva le preghiere dei moribondi dove lui stesso aveva messo un segno: "...ti venga incontro la splendente schiera degli angeli...". "Gesù" disse con l'ultimo respiro e finalmente tolsi il mio braccio irrigidito dal peso delle sue spalle e me ne andai a cercare un po' di buio per il mio pianto».

La notizia piombò come una folgore sull'Italia in ferie, e sulle redazioni turgide di affare Montesi. Suscitò commozione, suscitò una sensazione diffusa e impalpabile di rimorso: per come il Paese, la classe politica, il Partito avevano compensato, sconfiggendolo alle elezioni e giubilandolo dopo le elezioni, il grande ricostruttore e il grande moderatore. Scelba si precipitò a Sella di Valsugana, ed ebbe la cortesia, e il tatto, di invitare a prendere posto sull'aereo anche Giulio Andreotti, che non aveva cariche di governo, ma aveva avuto l'affetto paterno di De Gasperi: affetto ricambiato. «La comunicazione datami dalla Presidenza del Consiglio mi colpì come ho provato soltanto alla morte di mia madre» scrisse Andreotti, e per quanti sospetti abbiamo sulla sua sincerità, in questo caso possiamo credergli senza riserve.

Togliatti inviò un messaggio nel quale riconosceva che l'azione pubblica di De Gasperi si era sempre ispirata alla buona fede e al personale disinteresse. Era molto, da parte di chi aveva avuto con lo scomparso polemiche spinte fino all'insulto. Fu anche tentato, Togliatti, d'intervenire ai funerali, ma poi rinunciò, nel timore che un così solenne omaggio sembrasse eccessivo ai suoi, e agli altri ipocrita o strumentale. In Nenni il generoso sangue romagnolo prevalse sulla ragion politica. Un suo articolo *Il limite di De Gasperi*, fu non solo rispettoso ma affettuoso (secondo Nenni stesso l'articolo piacque a Fanfani «il quale non pare affatto impressionato dalla eredità che gli è caduta sulle spalle»). Gli appunti di Nenni sul diario (19, 20, 23 agosto) risentono di un'emozione genuina. «La sorpresa è pari al dolore. Ignoravo che De Gasperi stesse così male. Da un anno era disperato per l'insuccesso della sua politica, non disperato, credo, per ciò che gli toglieva di potere e di onori, ma perché gli eventi lo inducevano a domandarsi se la scelta che aveva fatto nel 1947 era giusta. La crisi della Ced deve avergli dato il colpo di grazia. De Gasperi meritava di vivere ancora a lungo. Nel 1947 sbagliò per paura del comunismo, ma sbagliò al servizio di forti convinzioni politiche e religiose. Io ho avuto con lui quattro anni di fiduciosa collaborazione e sei anni di opposizione. Il tratto dominante fu sempre il reciproco rispetto e una vena di sincera reciproca simpatia... Egli aveva il piede sul freno, io sull'acceleratore... Grande è tuttavia la mia mestizia mentre il nome di Alcide De Gasperi s'iscrive tra i morti... Andrò a Roma, ma se il ginocchio, che ancora mi duole, non avesse sconsigliato un lungo viaggio in automobile, avrei preferito rivederlo un'altra volta sul suo letto di morte a Sella di Valsugana... Per decisione del governo egli è sepolto a San Lorenzo. Ma quanto sarebbe stato meglio lasciarlo tra i suoi monti e i suoi boschi, dove per certo aveva sempre pensato di dormire l'ultimo sonno.» Tempo prima Nenni aveva definito la casa di Sella la Rocca delle Caminate di De Gasperi, che s'era molto inquietato: e da Sella aveva mandato ad Andreotti una fotografia della modesta costruzione, pregando di farla pubblicare sui quotidiani, così che le proporzioni – tra Mussolini e lui, tra la Rocca delle Caminate e Sella – fossero ristabilite.

Dopo i funerali privati a Sella, il feretro fu trasportato a Roma per la sepoltura nella basilica di San Lorenzo al Verano, gravemente danneggiata dai bombardamenti del 1943. Così era stato deciso dal governo, e la famiglia consentì. Durante il tragitto in treno, che durò molte ore, si vide quanto De Gasperi, questo scarno italiano così poco «tipico», fosse amato. Folla ovunque, e soste impreviste del treno perché la gente, la gente comune, voleva rendere omaggio all'uomo che se n'era andato con tanta discrezione. I funerali di Stato, nella chiesa del Gesù, accanto alla sede della Democrazia cristiana (era una chiesa dove spesso De Gasperi sostava la mattina per una preghiera), furono imponenti ma meno suggestivi di quelli di Sella, dove i valligiani seri e timidi erano accanto ad ambasciatori e ministri. Monsignor Montini fu tra coloro che piansero, in chiesa, perché avevano perduto un amico di lunga data. Successivamente la collocazione della tomba provocò qualche problema: una cappellina laterale che si prestava allo scopo era preclusa per reconditi motivi liturgici o canonici. Finalmente fu scelto il portico d'accesso «affidando a Giacomo Manzù di comporre – e lo fece in modo egregio – un monumento che insieme soddisfacesse l'umiltà di De Gasperi e la solennità dell'attestato perenne di riconoscenza nazionale» (Andreotti).

La Democrazia cristiana si appropriò della memoria di De Gasperi. Un'appropriazione politicamente e umanamente ineccepibile, perché De Gasperi fu soprattutto cristiano, e insieme democristiano, fino all'ultimo respiro. Ma l'Italia sentì – anche se presto altri avvenimenti la distrassero – che quel democristiano era d'una specie particolare: un gradino al di sopra e al di fuori degli schemi di partito. Non per caso, ai funerali di Sella, mentre la bara veniva portata a spalle da una calca di volontari in lagrime, «un uomo con i capelli già bianchi, un avversario di parte laica» volle unirsi agli altri, anzi quasi si insinuò a forza sotto la pesante cassa gridando «"De Gasperi è nostro" e lo accompagnò fino alla chiesa dimentico di asciugarsi le lacrime» (nei ricordi di Maria Romana). De Gasperi era di tutti perché, prestato all'Italia, pensava all'Italia prima che alla Dc e a se stesso: perché, credente senza turbamenti, sapeva rispettare i dubbi altrui; perché, cattolico fin nelle più intime fibre, conosceva i pericoli e le tentazioni del clericalismo e dell'integralismo, contro i quali s'era battuto associando al governo gli alleati laici; li volle in momenti in cui non erano necessari, ed erano magari fastidiosi.

Era un politico: con le astuzie, i temporeggiamenti, i compromessi e se proprio era indispensabile, le bugie del politico. Ma della politica evitò sempre due rischi: il potere per il potere, e il successo del Partito, o personale, ottenuto sulla pelle del Paese. I suoi errori furono onorevoli. Come le sue sconfitte. Nessuno dei diadochi di De Gasperi ereditò tutte le sue qualità, ve ne furono che non ne ereditarono nemmeno una. Scelba ebbe la sua onestà e il suo senso dello Stato, Fanfani il suo pragmatismo sorretto da una religiosità autentica, Pella la sua dignità, Moro la sua arte del compromesso. Ma nessuno raggiunse la sua completezza. Dopo il politico che era anche statista vennero i politici che, nei casi migliori, erano soltanto politici. Se ne ebbe il primo segno l'anno dopo quando, alle elezioni per la Presidenza della Repubblica, il posto di Luigi Einaudi fu preso da Giovanni Gronchi.

NOTA BIBLIOGRAFICA

Come per *L'Italia della Repubblica*, la pubblicistica riguardante il periodo storico trattato nell'*Italia del miracolo* è vastissima, e altrettanto vasta è, in questo caso, la gamma delle testimonianze. Per non affollare pagine e pagine di titoli e citazioni, e per non offrire indicazioni incomplete, abbiamo deciso di rinunciare a una sistematica bibliografia. I riferimenti essenziali sono tuttavia indicati nel testo.

CRONOLOGIA ESSENZIALE

1948

20 marzo – Dichiarazione tripartita sul Territorio libero di Trieste.

18 aprile – Elezioni politiche in Italia: la Dc ottiene la maggioranza assoluta in Parlamento.

11 maggio – Luigi Einaudi eletto Presidente della Repubblica.

23 maggio – Quinto Ministero De Gasperi (coalizione quadripartita Dc, Psli, Pri e blocco nazionale liberale).

28 giugno – Vengono definiti gli stanziamenti americani, nell'ambito del piano Marshall, per la ripresa economica in Italia. Espulsione della Iugoslavia dal Cominform.

14 luglio – Attentato a Togliatti. Gravi disordini in tutta Italia.

18 ottobre – Scissione delle componenti non comuniste dalla Cgil.

1949

4 aprile – Firma a Washington del Patto atlantico.

8 agosto – Apertura della prima sessione del Consiglio d'Europa.

21 novembre – L'assemblea dell'Onu decide in favore di una eventuale indipendenza delle ex-colonie italiane.

4 dicembre – I lavoratori agricoli cominciano a occupare le terre al Sud.

1950

27 gennaio – Sesto governo De Gasperi.

gennaio-febbraio – Proseguono le occupazioni delle campagne da parte dei contadini.

1° aprile – L'Italia assume l'amministrazione fiduciaria della Somalia.

25 giugno – Inizio della guerra in Corea.
10 agosto – Istituzione della Cassa del Mezzogiorno.

1951
18 gennaio – Visita di Eisenhower in Italia.
18 aprile – Viene firmata a Parigi l'istituzione della Ceca.
1º maggio – Costituzione del nuovo Partito socialista (Psdi) guidato da Saragat.
26 luglio – Settimo Ministero De Gasperi formato da democristiani e repubblicani.
10 ottobre – Prima dichiarazione dei redditi secondo la legge proposta da Vanoni.
14 novembre – Alluvione in Polesine.

1952
27 maggio – Elezioni amministrative in Italia.
Firma del trattato per la Comunità europea di difesa (Ced).

1953
5 marzo – Muore Stalin.
7 giugno – Elezioni politiche in Italia. Bocciata la «legge-truffa».
26 luglio – L'ottavo Ministero De Gasperi non ottiene la fiducia.
15 agosto – Giuseppe Pella diventa Presidente del Consiglio.
4-6 novembre – Violente manifestazioni a Trieste.

1954
5 gennaio – Inizio della crisi di governo per le dimissioni del governo Pella.
19 gennaio – Amintore Fanfani forma un monocolore democristiano che viene subito sconfitto in Parlamento.
10 febbraio – Mario Scelba forma un governo di coalizione tra democristiani, socialdemocratici e liberali.
febbraio – Inizio di negoziati segreti fra Usa, Gran Bretagna e Iu-

goslavia per la questione di Trieste, estesi poi anche all'Italia (giugno).

27 giugno – Quinto Congresso Dc a Napoli.

19 agosto – Muore Alcide De Gasperi.

26 ottobre – Passaggio dei poteri fra l'amministrazione alleata e quella italiana a Trieste.

INDICE DEI NOMI

INDICE DELLE ILLUSTRAZIONI
AI CAPITOLI

INDICE GENERALE

BUR
Periodico settimanale: 20 settembre 2000
Direttore responsabile: Evaldo Violo
Registr. Trib. di Milano n. 68 del 1°-3-74
Spedizione in abbonamento postale TR edit.
Aut. N. 51804 del 30-7-46 della Direzione PP.TT. di Milano
Finito di stampare nel mese di settembre 2000 presso
Tip.le.co - via S. Salotti, 37- S. Bonico PC
Printed in Italy

ANNOTAZIONI

ANNOTAZIONI

ANNOTAZIONI

ISBN 88-17-86498-6